教育部高等学校心理学类专业教学指导委员会

2023—2024 年度教育教学改革项目"乡村振兴背景下小学

教育公费师范生《小学教育心理学》课程教学改革研究"

教师教育系列教材

小学教育心理学(微课版)

李淑莲　主　编

徐华丽　张文霞　孙　强　副主编

清华大学出版社
北京

内 容 简 介

《小学教育心理学》是一本系统介绍小学生心理发展规律及其教育应用的教材，基于心理学与教育学的交叉视角，整合国内外最新研究成果，构建了符合小学教育需求的心理学知识学术著作体系。全书严格遵循《教师教育课程标准》和《小学教师专业标准》，以"学与教"为核心主线，系统阐述了小学生认知发展、学习动机、知识迁移等基础理论，并结合课堂教学实际，深入分析了学习困难干预、教学评估等实践问题。书中特别融入了当代儿童发展研究的新成果，包括信息化教学环境下的心理适应等前沿内容，通过理论分析与案例研讨相结合的方式，为教育工作者提供兼具科学性和操作性的专业指导。

本书内容体系完整，既有扎实的理论基础，又注重实践应用，是小学教师专业发展的重要参考读物。通过学习这门课程，未来的小学教师可以更好地理解小学生的心理特点，有效地应对教学中的各种挑战，从而促进学生的全面发展。

本书的主要读者对象为高校心理学、小学教育专业本科生，以及心理健康教育、小学教育方向的研究生，同时也可作为广大小学心理教师的教辅书。

图书在版编目(CIP)数据

小学教育心理学：微课版 / 李淑莲主编. -- 北京：清华大学出版社，2025. 9.
(教师教育系列教材). --ISBN 978-7-302-70009-8

Ⅰ. G44

中国国家版本馆 CIP 数据核字第 2025AM8668 号

责任编辑：陈冬梅
封面设计：刘孝琼
责任校对：马宏华
责任印制：杨 艳

出版发行：清华大学出版社

    网　　　址：https://www.tup.com.cn, https://www.wqxuetang.com

    地　　　址：北京清华大学学研大厦 A 座　　邮　　编：100084

    社 总 机：010-83470000　　　　　　　邮　　购：010-62786544

    投稿与读者服务：010-62776969, c-service@tup.tsinghua.edu.cn

    质量反馈：010-62772015, zhiliang@tup.tsinghua.edu.cn

    课件下载：https://www.tup.com.cn, 010-62791865

印 装 者：三河市天利华印刷装订有限公司

经　　销：全国新华书店

开　　本：185mm×260mm　　印　张：16.5　　插　页：1　　字　数：400 千字

版　　次：2025 年 9 月第 1 版　　　　　　印　次：2025 年 9 月第 1 次印刷

定　　价：49.80 元

产品编号：107777-01

前　　言

在当今社会，随着教育的不断发展和进步，小学教育心理学逐渐展现出其不可或缺的重要性。作为心理学与教育学的交叉学科，小学教育心理学不仅关注小学生的心理发展规律，还深入探索这些规律在教育实践中的应用。鉴于此，我们精心编写了这本《小学教育心理学》教材，旨在为小学教育工作者提供一本既有理论深度又富有实践指导意义的参考书籍。

在编写本书过程中，我们始终坚持以小学生心理发展及其教育应用为核心，力求体现以下几个方面的特点。

首先，注重理论与实践的紧密结合。本书不仅系统介绍了小学教育心理学的基本理论，还结合了大量实际教学案例，帮助读者更好地理解和应用所学知识。同时，针对小学教育中的具体问题，我们提出了切实可行的解决方案，使读者能够在理论学习的基础上，有效提升教学实践能力。

其次，充分吸收教育行业的最新研究成果。在编写过程中，我们广泛借鉴了国内外儿童发展与教育心理学研究的前沿成果，将这些先进理念融入教材内容，使读者能够站在时代前沿，掌握最新的教育心理学知识。

此外，特别关注小学生的心理特点和教育需求。书中深入探讨了小学生的认知发展、情感发展、社会性发展等方面的问题，并针对这些问题提出了相应的教育策略和建议。同时，我们还关注了小学生的个体差异和学习困难等问题，为教育工作者提供了有效的指导和帮助。

最后，致力于培养具备专业素养的小学教师。通过本书的学习，读者不仅能够掌握小学教育心理学的基本理论和方法，还能够培养敏锐的观察力和分析能力，从而提升教育教学的专业水平和质量。

总之，《小学教育心理学》教材旨在为广大小学教育工作者提供一本全面、系统、实用的参考书籍。我们希望通过本书的学习，教育工作者能更好地理解和关注小学生的心理发展，优化教育教学策略，提升教育质量，为培养身心健康、全面发展的小学生贡献自己的力量。

在未来的教育实践中，我们相信，《小学教育心理学》将成为小学教育工作者不可或缺的良师益友，帮助他们在教育道路上不断前行，共同创造更加美好的教育未来。

本书由吉林师范大学李淑莲策划并担任主编，吉林师范大学徐华丽、吉林师范大学张文霞、长春财经学院孙强担任副主编。李淑莲拟定编写大纲并统稿，负责编写第一章、第二章、第五章、第六章、第八章；张文霞负责编写第三章；徐华丽负责编写第九章、第十章、第十二章。孙强负责编写第十一章；吉林师范大学李馨负责编写第七章；北华大学卢言昆负责编写第四章。特别感谢吉林师范大学施文在本书的校对工作中付出的辛勤努力。

在编写过程中，我们参考了许多学者的专著和研究成果，并得到清华大学出版社的大力支持。在此，对尹飒爽编辑的耐心指导表示感激，同时对所有给予我们帮助和支持的人表示衷心的感谢。

由于编写时间紧迫，加之我们的水平有限，书中难免存在疏漏与不足，恳请读者提出宝贵意见和建议。

编　者

目　　录

第一章　小学教育心理学概述

本章学习目标

➤ 知识目标：掌握小学教育心理学的研究对象和任务；理解小学教育心理学研究方法的优缺点；了解学习小学教育心理学的意义。
➤ 能力目标：理解并掌握小学教育心理学研究的方法。
➤ 素质目标：激发学生树立投身到基础教育的职业理想；坚定心理育人的教育情怀。

重点与难点

➤ 重点：小学教育心理学研究的方法。
➤ 难点：学习小学教育心理学的意义。

引导案例

她不再以自我为中心了

在一个充满生机与活力的小学三年级教室里，小丽这个独特的小女孩引起了班主任王老师的注意。她的成绩中等，却表现出一种难以言喻的偏执和以自我为中心的倾向。王老师深知，要想帮助小丽更好地成长和发展，就必须深入探寻这背后隐藏的心理因素。

王老师开始通过多种途径了解小丽的家庭环境、社交关系以及日常行为。他与小丽的父母进行了多次深入的交谈，了解到小丽是家中的独生女，从小就被长辈们视为掌上明珠，对她百依百顺。这种溺爱让小丽逐渐形成了偏执的性格，养成了以自我为中心的习惯。

同时，王老师发现，小丽在与同龄人相处时，总是试图模仿那些她认为很酷的孩子，却又因为缺乏适当的社交技能训练而显得笨拙而尴尬。这种矛盾的状态让小丽更加偏执，不愿意接受他人的意见。

王老师开始引导小丽学习如何与他人合作和分享。他组织了一次次有趣的团队活动，让小丽在游戏中逐渐认识到团队的力量和合作的重要性。每当小丽在游戏中展现出一点点的团队精神，王老师都会及时地给予表扬和鼓励，让她感受到自己的进步和成长。

随着时间的推移，小丽的性格逐渐发生了变化。她开始学会倾听他人的意见，尝试理解他人的感受。她的偏执和以自我为中心的性格开始慢慢地改变，取而代之的是成熟和理性的思考方式。

通过这些基于小学教育心理学的教学策略，可以逐步帮助小丽调整偏执和以自我为中心的行为，促进其全面发展。同时，这些策略也能提升教师的专业能力，加深对儿童心理发展的洞察。

（资料来源于本书作者的工作日记）

小学教育心理学是心理学与教育相结合的产物。自从有了人类社会，便出现了以传递人类知识经验、促进人的发展为宗旨的教育。因此，教育是一种永恒的社会现象。心理学是人类对自我的探索，是一门运用自然科学方法研究人的心理和行为的学科。19世纪末20世纪初，随着心理学的发展以及学校教育事业的需求，教育心理学作为一门独立的心理学分支学科应运而生。

小学教育心理学是教育心理学的分支学科，主要研究教育环境中6至12岁儿童的心理发展特点，以及教师和环境对个体心理现象的影响。其研究内容包括小学生的学习动机、个体差异及心理健康问题。小学教育心理学可以帮助教师识别学生的心理需求，并设计出合理的辅导方案，以帮助学生改进学习态度和方法。通过个性化的关怀与支持，教师可以引导学习困难的学生建立积极的学习习惯，逐步提升其学业成绩。此外，小学教育心理学也涉及小学教师的教学方法和心理健康。

如今，"小学教育心理学"是小学教育专业学生在校学习的一门必修课程。本章将介绍小学教育心理学的研究对象、体系与内容、研究方法与意义等。

第一节　小学教育心理学的研究对象与任务

小学教育心理学作为教育心理学的一个分支，是将教育心理学的理论与观点应用到实际教学中的成果。因此，要研究小学教育心理学的对象与任务，必须首先了解教育心理学的学科性质。

小学教育心理学
的研究对象

小学教育心理学
的研究任务

一、教育心理学学科性质

(一)教育心理学的定义

每一门学科的界定，会随着其自身的发展和所处社会背景的不同而发生变化，教育心理学亦是如此。教育心理学的奠基者桑代克提出，教育心理学主要研究人类的本性，探讨这种本性是如何通过后天的学习与教育发展变化的，从而产生个体差异。如今，学者们更倾向于将教育心理学定义为对学校教学情境中所表现出的心理和行为的研究。通过对国内外相关研究的梳理，对教育心理学的定义进行了整理，详见表1-1所示。

表1-1　国内外教育心理学观点

序　号	国外教育心理学观点	国内教育心理学观点
1	教育心理学是研究教育过程中的行为的学科	教育心理学是研究整个教育过程中的种种心理现象变化和发展规律的学科

续表

序 号	国外教育心理学观点	国内教育心理学观点
2	教育心理学是研究教与学的心理学问题的学科	教育心理学是研究学校情境中教与学的基本心理规律的学科
3	教育心理学是研究教育教学的心理规律的学科	教育心理学是促成教育目的实现的学科
4	教育心理学是理解和发展教与学技能的学科	教育心理学是研究学校教与学情境中人的各种心理活动及其交互作用的运行机制和基本规律的学科

(二)教育心理学的学科特点

教育心理学作为一门独特的交叉学科，融合了心理学的严谨性和教育学的理论深度。在学科范畴上，它不仅吸纳了心理学的理论和方法，也融入了教育学的视角；在学科实现的任务上，教育心理学不仅致力于探索教育与心理学的基础理论，更致力于解决实际教学中的问题，研究教学环境中个体的心理和行为，显示出其强烈的应用导向；在学科属性上，教育心理学兼具自然科学的精确性和人文社会科学的深刻性。它采用实验、计算等自然科学方法，同时关注教学情境中人的心理发展，体现了社会科学的视角。综合来看，教育心理学的交叉特性体现在心理学与教育学的结合、基础与应用科学的融合，以及自然科学与社会科学的交汇。研究时，需关注其独特的学科属性，从多维度深入探讨教育情境下的心理行为，以期更全面地理解教育过程中的复杂现象。

二、小学教育心理学的研究对象与研究任务

教育心理学的研究对象在于探讨教学情境下主体的心理发展规律，以及促进个体心理发展的有效策略，研究任务在于揭示个体心理发展的机制和规律，为教学活动提供合理的教学设计。小学教育心理学是教育心理学的一个分支，其研究对象是在教育心理学的基础上，研究小学教育过程中各种心理现象及其变化规律。

(一)小学教育心理学的研究对象

1. 探讨小学教育心理学学科性质、研究对象和任务

小学教育心理学作为一门学科，其性质、研究对象、任务、发展轨迹和研究方法构成了其核心内容。掌握一门学科的首要步骤是理解其本质，界定其研究领域，并明确其研究目标和任务。这些了解是确立学习目的、激发思考和得出有价值结论的基础。对研究方法的深刻认识，将指导研究者采取恰当而有效的方法，科学地探索问题，并真实记录该领域的研究现状。

2. 探讨小学生的学习心理

小学生是小学教育心理学研究的核心对象。深入了解他们的身心发展特征至关重要。研究应聚焦于小学生的学习动机、知识技能的掌握、学习迁移、知识应用以及学习策略，

全面揭示他们的学习心理。这有助于制定有效的教学策略，指导学生的学习，促进其全面发展。

3. 探讨小学生的品德发展

小学阶段是品德发展的关键时期，良好的品德对学生未来人格塑造和良好行为习惯的培养具有深远影响。教师在小学生品德的形成和发展中扮演着引导和培养的关键角色，包括道德认知、情感、意志和行为的培育。

4. 探讨教学活动中的教学心理

教学心理涵盖了教学任务分析、教学目标设定与实现、教学策略选择以及班级管理等方面。在教学实践中，教师作为主导者，负责制定教学计划、选择教学内容、执行教学策略，并引导学生学习，同时管理学生在教学中的行为。

5. 探讨教学情境下的教师心理

教师在教学活动中不仅要传授知识、制定教学计划、提升教学技能，还应积极寻求职业满足感，认识到自身角色的重要性，在学生中建立威信，与学生建立良好关系，关心学生成长，并关注个人素质提升和自我价值的实现。

总而言之，小学教育心理学不仅关注教师和学生在教学活动中的心理发展规律，也重视教学活动本身的实施和效果。

(二)小学教育心理学的研究任务

小学教育心理学专注于探索教学环境中的教与学问题，以及教学过程中教师和学生心理发展的基本规律和机制。其核心使命是揭示小学教育的基本规律，为儿童教育提供理论支撑和实践指导。小学教育心理学的基本任务是以小学生的心理现象为研究对象，以促进学生全面人格发展为目标，不断深化和完善教育理论，客观描述、科学解释、准确预测并有效指导小学生的发展与教育。该学科的任务主要体现在以下两方面。

(1) 它致力于研究小学教育过程中的心理现象，旨在为教育理论的发展提供心理学依据，并为心理科学的进步贡献实证材料和科学概括。作为一门独立学科，小学教育心理学在发展中形成了多种理论流派。一些理论过于强调心理学的自然科学属性，专注于探索人性的普遍原理，却忽视了教育在塑造人性方面的目的；另一些理论则基于动物学习实验，其在解释人类学习时的适用性常受质疑；还有一些理论集中于知识学习的规律，而对情感和人格教育的研究相对不足。

(2) 它揭示小学生品德的形成和发展规律，理解他们的学习心理和策略，培养学生主动构建知识的习惯，掌握创造性思维和知识技能的形成规律。这有助于有效解决小学教育实践中的心理学问题。学校教育面临诸多挑战，如培养学生的良好心理素质、提高学校德育工作的实效、应对家庭变故对学生社会性发展的影响、转化学习困难学生，以及处理学生心理障碍和提供心理辅导等。教育心理学工作者应运用本学科原理，开展应用研究，提出有益见解和建议，服务于教育实践。

第二节 教育心理学的产生与发展

一、教育心理学的产生

现代教育心理学，虽然相较于其他领域起步较晚，但却深深植根于源远流长的历史长河之中。追溯至西方文明的发祥地，我们不难发现，古希腊与罗马时期的哲人智者，诸如柏拉图(Plato)和亚里士多德(Aristotle)，早已在他们的智慧中播下了教育心理学的思想种子。

当历史的车轮驶入 17 世纪，欧洲的杰出教育家夸美纽斯(Johann Amos Comenius)更是对这一领域进行了丰富与拓展。随后，在 19 世纪初期的欧洲，教育思想家裴斯泰洛齐(Johann Heinrich Pestalozzi)与赫尔巴特(Johann Friedrich Herbart)等人，也为教育心理学这一学科的蓬勃发展贡献了他们宝贵的理论见解和实践经验。

在我国深厚的文化土壤中，儒家传统中的"博学、审问、慎思"等教育理念，亦蕴含了教育心理学的深刻精髓。这些理念不仅强调了教师教学能力的重要性，也注重对学生的深入理解和启发式教学，以及因材施教的教育原则。

随着 19 世纪工业革命的完成，世界各大资本主义国家纷纷迈入垄断发展的新时代。这一时期的政治经济格局发生了翻天覆地的变革，从而催生了文化教育的繁荣与发展。这样的历史背景为心理科学与教育科学的深度融合创造了有利条件，为两者的交融搭建了一个广阔的平台。

与此同时，心理科学领域的飞速发展也为教育心理学铺设了一条坚实的道路。从赫尔姆霍兹(Hermann Helmholtz)关于反应时间与视听感知的开创性研究，到韦伯(Ernst Weber)和费希纳(Gustav Fechner)的心理物理学理论，再到高尔顿(Francis Galton)的心理测试和自由联想实验，以及冯特(Wilhelm Wundt)对科学心理学的系统性构建，这些研究不仅开启了普通心理学实验的新篇章，也为教育心理学的实证研究提供了重要的方法论支撑。

在这样的学术背景下，越来越多的学者开始从心理学视角深入探索教育过程的奥秘。其中，1806 年赫尔巴特发表的《普通教育学》一书尤为引人瞩目。该书首次尝试从心理学角度出发，系统阐述教学的核心问题，涉及教育目的、兴趣培养、性格塑造等多个层面，为后世的教育心理学研究提供了宝贵的启示。

随后，基于心理学的学习实验逐渐增多，相关的学术著作也层出不穷。鲍尔文(B. T. Baldwin)的《心理学初步与教育》，以及赫黎斯(W. T. Harris)的《教育心理学基础》等著作，都为该领域的发展做出了重要贡献。这些著作不仅深化了人们对教育心理学的认识，也为科学理念的形成奠定了坚实基础。

终于，在 1903 年，美国教育心理学之父桑代克(Edward L.Thorndike)出版了具有里程碑意义的《教育心理学》一书。这标志着教育心理学作为一门独立学科的正式成立，也为该领域的发展掀开了崭新的一页。桑代克的贡献使他被誉为美国教育心理学的奠基人，他的研究不仅在当时产生了深远影响，也为后世的教育心理学研究提供了宝贵的借鉴和启示。在随后的岁月里，他进一步将研究拓展成三大卷，奠定了西方教育心理学的体系基础，深刻影响了接下来三十年内美国的教育心理学著作，几乎无一不受到桑代克理论体系的深刻影响。

二、教育心理学的发展

教育心理学在 19 世纪末正式确立为独立的学科领域，其发展历程中涌现出两次发展高潮。第一次高潮出现在 20 世纪初，标志着教育心理学从长期的思想积累中逐渐发展为一门科学化的学科；第二次则是在 20 世纪五六十年代，教育心理学逐渐摆脱发展的低谷，走向成熟与完善。

(一)西方教育心理学的发展历程

19 世纪末，美国因大量移民涌入，人口剧增而面临青少年儿童教育的问题。为缓解社会矛盾，政府积极扩建公立学校并制定入学法。然而，学校教育体系的问题也随之凸显，青少年问题频发，使得心理学方法在教育领域的应用变得尤为重要。

在此背景下，1896 年魏特默(Lightner Witmer)在宾夕法尼亚州创立了世界上首家儿童行为矫正诊所，专门向学习行为有问题的少年提供心理服务，这标志着学校心理咨询的诞生。1946 年，美国心理学会第 54 届年会正式成立了学校心理分会，标志着心理学在教育领域的运用得到了社会的广泛认可，并建立了全国性的专业机构。

20 世纪 20 至 50 年代，教育心理学吸收了发展心理学和学科心理学的研究成果，关注人的社会适应能力和心理卫生，推动了教育教学改革。程序教学和机器教学等新型教学方法应运而生。到了 20 世纪 60 年代中期，随着托尔曼的符号学习理论和认知学派的兴起，教育心理学开始从行为主义学派向认知学派转变。这一时期的心理学理论纷繁复杂，包括桑代克的试误说、巴甫洛夫的经典条件反射说、斯金纳的操作条件反射说以及班杜拉的观察学习理论等。这些理论为西方教育心理学的发展提供了丰富的理论支持，推动了教学方法和教学手段的改进，也进一步激发了人们对学习心理学的兴趣。

20 世纪 60 年代，人本主义教育思想逐渐渗透到教育心理学中，形成了著名的教育心理学流派——人本主义流派。该流派强调人的自尊和价值观的重要性，其代表人物如马斯洛和罗杰斯等。罗杰斯提出的"以人为中心"的理论成为人本主义心理学教育观的核心，该理论挑战了传统教育模式和现存教育制度的束缚，强调尊重人、理解人和相信人的教育原则，对当代西方教育改革运动产生了深远影响。

在苏联，教育心理学的发展也经历了独特的历程。十月革命后，苏联教育心理学界尝试用马列主义观点改造教育心理学。然而，直到 20 世纪 30 年代，苏联的教育心理学仍主要依赖普通心理学的研究材料来解释学校生活中的实际问题。之后，苏联教育心理学的发展逐渐转向对理论观点的探索，并重视结合教育教学实际的研究。

(二)中国教育心理学的发展历程

虽然现代教育心理学体系是从西方引入中国的，但我国古代就已孕育了丰富的教育心理思想。例如，孔子提出的发展论、差异论和知学论等思想，至今仍有其独特价值。孟子、韩愈等古代思想家也在教育心理方面提出了许多独到的见解。然而，这些古代教育心理思想缺乏科学依据，主观性较强。

新中国成立后，我国教育心理学发生了明显的转变。起初，我国几乎完全照搬苏联的教育心理学体系。随后，我国教育心理学工作者开始以辩证唯物主义为指导，结合我国的教育教学实际开展研究。随着研究的深入和成果的不断涌现，我国逐渐建立起了自己的教育心理学体系。

随着信息时代的到来，国外许多著名的教育心理学家的主要论著被翻译成中文，为我国学者提供了宝贵的学习和研究资源。在批判吸收国外研究成果的基础上，我国学者结合国内教育教学实际，开展了独立的教育心理学研究，并编写了一大批具有中国特色的教育心理学专著。这些专著不仅丰富了我国教育心理学的理论体系，也为教育实践提供了有力的指导。

总结来说，无论是在西方国家还是在中国，教育心理学的发展都经历了漫长而曲折的历程。在这个过程中，不同的理论观点和学派相互碰撞、融合，共同推动了教育心理学的不断发展和完善。如今，随着科技的进步和社会的发展，教育心理学将继续发挥其重要作用，为培养更多优秀人才提供坚实的理论支持和实践指导。

三、小学教育心理学的演进历程

小学教育心理学，作为心理学与小学教育紧密结合的学科领域，于 19 世纪末至 20 世纪初逐渐发展成为独立的心理学分支。在 19 世纪末，实验心理学的兴起极大地推动了儿童教育问题的研究进程。当时，欧洲的一些知名教育家和心理学家开始运用实验、统计以及测量等多种科学方法，深入探讨小学儿童的身心发展规律及其特点。基于这些研究成果，他们提出了教材与教法应心理化、教学活动应个性化的理念。同时，在智力测验的基础上，他们积极倡导运用测验法来评估学生的智力水平，并将这一方法广泛应用于班级教学的组织、课程的制定、教材的编写以及教学方法的革新之中。

进入 20 世纪 20 至 50 年代末，小学教育心理学迎来了蓬勃发展的时期。这一时期，小学教育心理学广泛吸收心理学各领域的理论观点、研究方法和成果，逐步构建起自身独特的结构体系。到了 20 世纪 60 年代，小学教育心理学开始致力于建立系统的理论体系，重点关注如何有效地进行教学以及如何高效地学习等问题。各学派之间的理论分歧逐渐淡化，开始更多地关注实际应用和解决实际问题。

在这一时期，小学教育心理学与小学教育实践的联系日益紧密，积极为教学实践提供科学指导和支持。同时，随着社会的不断发展和教育改革的深入推进，小学教育心理学在解决各种实际问题中发挥着越来越重要的作用，为培养更多优秀人才提供了坚实的理论基础和实践指导。

第三节　小学教育心理学的研究方法

小学教育心理学是教育心理学的一个重要细分领域，它致力于将教育心理学的理论和方法应用于小学教学实践中。因此，小学教育心理学在研究中必须遵循教育心理学的基本原则，同时紧密结合小学生的身心发展特点和小学教育实践的具体情况，采用合适的研究方法进行探索。

一、小学教育心理学研究的原则

(一)客观性原则

客观性原则强调在教育心理学研究过程中应秉持实事求是的态度，依照事物发展的真实面貌去揭示其本质、机制和规律，充分尊重客观事实。这一原则是进行任何科学研究的基石，它要求研究者避免个人主观臆断、虚构和夸张，从科学问题出发，运用科学方法深入探究教育现象产生的原因，观察其内部过程及变化，用事实来阐明教育教学问题，进而揭示教育教学规律。

在小学教育心理学研究中，遵循客观性原则意味着研究者需要根据小学生的社会生活背景、教育条件以及身心发展状态来进行研究。通过对客观刺激、心理过程以及行为反应的深入探索，揭示各种心理现象的本质和规律。在实际研究过程中，研究者应注意以下几点。

1. 研究计划制定的客观性

在制定研究计划时，研究者应从客观实际出发，坚持实事求是的原则。具体而言，一方面要对小学生的当前身心状况和社会教育环境进行全面分析，准确把握小学生的心理发展规律，明确研究问题，有针对性地解决小学生面临的实际问题。另一方面，在制定研究计划时，应清醒认识到现有研究条件，包括实验资源、实验室器材的精确度、研究人员的专业素养、研究经费的充足性、被试的选择以及相关人员的支持等。只有充分考虑这些因素，从客观实际出发，才能制定出切实可行的研究计划，为后续研究奠定坚实基础。

2. 资料收集与数据采集的客观性

在资料收集过程中，研究人员应根据实际研究内容、步骤和预期结果，如实、详尽地记录作用于被试的各种刺激以及被试的外显行为。应避免用主观经验去推测被试可能出现的行为反应，更不能主观篡改被试的实际行为反应。研究者应如实记录观察到的事实，确保数据的准确性和可靠性。

此外，在数据采集过程中应尽量做到客观准确。通过被试的口头报告、教师的评价以及档案资料等多种途径收集第一手资料，确保所收集资料的客观性、准确性和全面性。客观的资料收集和数据采集有助于研究者更精准地进行数据处理和行为分析，从而深入了解教师和学生的心理规律。

3. 结果处理与行为分析的客观性

对收集到的资料进行处理和行为分析时，应尽可能依据客观标准进行。可以采用客观的数据分析软件或邀请多位专家共同对结果进行分析，以确保分析的全面性和客观性。研究者应杜绝主观臆断和随意得出结论的行为，以免给被试带来身心伤害或对科学研究结果造成损害。当研究结果与预期设想不符时，更应谨慎处理，避免为了验证假设而篡改数据或得出不符合实际的结论。研究者应对所有事实进行全面分析和讨论，确保有理有据、符合实际。

(二)教育性原则

教育性原则强调，在小学教育心理学研究过程中，所选研究方法和手段应以促进学生心理健康和身心发展为核心目标。一切教育研究活动必须符合教育的基本要求，严禁任何违背学生身心发展规律、损害学生心理健康的行为发生。

教育心理学研究的最终目的，不仅是为了获得研究成果，更重要的是揭示学生的心理发展规律，为学生的全面发展提供有力支持和指导。在进行研究时，研究者需要采用一定的手段来获取真实数据，但始终将学生的身心健康放在首位，避免以损害学生正常心理发展为代价进行研究。

具体而言，贯彻教育心理学研究的教育性原则，研究者应在以下方面付出努力：

(1) 研究课题和方案的选择与设计应关注提高教育和教学质量，同时重视培养学生的良好品德、行为习惯和人格。教育心理学研究的选题需紧密结合教学和学生两大核心内容，确保紧贴教学实践，否则会偏离研究初衷，导致研究成果的意义受到质疑。

(2) 在研究实施过程中，要确保各环节在不损害学生的身心健康的前提下，根据学生的年龄特征选择适合该阶段的研究主题，关注学生的身心发展需求，让学生从研究中收获有益的教育体验。坚决杜绝任何可能伤害学生健康成长和发展的行为。

(三)系统性原则

人的心理过程构成了一个统一而复杂的系统。这一系统具有动态发展和层次分明的特征。系统理论强调在心理学问题的研究中，我们需要从实际的教学环境出发，考察个体心理与行为之间的关联性，并通过这种关系来理解整个心理结构。

小学教育心理学应着眼于教育系统这一整体，全面探讨个体心理发展的规律。它要求避免孤立、静止和片面地理解心理现象，而是应进行分层的探索，揭示支配心理层次的规律，并对教育中的心理现象进行动态分析，以识别其产生的原因、过程和作用机制。

遵循系统性原则的研究者应当结合以下 4 个方面进行研究。

1. 结合理论与实践

研究应当针对我国小学教育所面临的真实问题，充分考虑学生的实际需求，并解决教学过程中遇到的难题。研究者需利用现有的教育理论为教学实践服务，并以实践中获得的信息来充实和优化理论框架，以促进小学教育心理学的进步。

2. 结合普遍性与特殊性

小学生的心理发展既具普遍性又有特殊性。例如，在小学阶段，学生的品德形成、创新能力与学习活动均处于关键期。尽管如此，每个学生在这些能力的发展速度和顺序上各不相同。因此，在研究过程中要同时注意到学生心理的普遍特点和个体差异。

3. 结合内因与外因

心理发展是内外因素相互作用的结果。内在因素是心理发展的主导因素，外在因素则通过内在因素的影响间接发挥作用。研究时，需要综合外部宏观因素对心理的影响以及内部生理与心理因素对教育行为的作用。

4. 结合纵向与横向研究

系统性原则还要求研究者将纵向与横向的研究相结合。不仅要揭示不同年龄段学生心理发展的特点和共性，还要从横向角度探讨学生间的个体差异。这样，我们才能全方位、细致地研究学生在各个阶段的心理特征及个体间的差异。

(四)实践性原则

实践性原则指出，所有研究都应基于实际情况，并从客观现实情境出发来探究学生在教育教学过程中的心理活动。这些心理活动不是简单地机械式反应，而是在实践活动中的主动响应。研究小学生的心理和行为时，应关注他们的行动和活动，确保研究课题源于实践、研究过程紧扣实践，并且研究成果能够经受实践的考验并服务于实践。

教育心理学理论依赖于教育实践并对其具有指导意义。实践的需求是推动教育心理学研究和理论形成的动力；教育实践提供了理论发展的可能性；教育实践决定着研究方向、速度和水平；而教育理论也具有一定的独立性，其科学理论全面反映客观实际，并普遍指导教育实践。

二、小学教育心理学研究的方法

(一)研究类型

在对学生心理进行深入探究前，由于时间、地点、研究团队及被试对象等条件的差异，往往会产生多样化的研究类型。因此，在进行具体而详尽的研究之前，根据研究需求选择恰当的研究类型是至关重要的。在已有的研究体系中，研究类型主要归为两大类：横向研究(又称横断研究)与纵向研究，整体研究与分析研究。

1. 横向研究、纵向研究和聚合交叉研究

1) 横向研究

横向研究与纵向研究主要是依据研究的时间维度来划分的。横向研究是在特定时间段内，针对某一或某几个年龄段的小学儿童心理发展水平进行对比研究。当前，大量的研究都是基于这一类型进行的。

横向研究中一个很好的范例是同一时间对 3、6、9、12 年级的儿童进行的一项关于兄弟姐妹关系的问卷调查(Buhrmester＆Furman,1990)。研究结果显示，随着个体年龄的增长，兄弟姐妹互动中的平等关系越来越多，而特权越来越少；到了青少年期，兄弟姐妹之间的亲密感情逐渐减少。研究者认为，这些变化是由以下原因造成的。①弟弟、妹妹的能力和独立性越来越强，他们不再需要也不愿意接受哥哥、姐姐的指令；②青少年的心理依赖逐渐从家庭成员转移到同伴身上，他们投入到兄弟姐妹身上的时间和感情就减少了。

横向研究的优势在于能够同时考察大量研究对象，从而收集丰富的数据资料，短时间内揭示同一年龄或不同年龄心理发展的特点，并据此分析各阶段学生的心理发展规律。这种研究方法经济高效，但也有其局限性，即主要关注某一阶段的心理发展规律，难以揭示个体发展的整体趋势或变化过程。

2) 纵向研究

纵向研究则是对同一或若干研究对象进行长时间的追踪研究，旨在探究其心理发展的连续过程，进而揭示心理发展的内在规律。纵向研究能系统、详尽地考查学生的某一心理发展的连续过程以及量变质变的规律。

曾有一项关于儿童和青少年的焦虑发展情况的调查研究就采用纵向设计方式，目的是探索儿童青少年自我报告的焦虑情况发展的连续性与非连续性问题(Gullone，King，Ollendick，2001)。该研究对 68 名 10～18 岁儿童连续追踪 3 年。研究结果显示，儿童青少年自我报告的焦虑情况总体上随时间的变化而降低；对于正常的恐惧，女孩和年幼儿童的焦虑分数要高于男孩和年长儿童的焦虑分数。然而，那些获得高焦虑分数的儿童在 3 年的追踪过程中，其焦虑情况也表现出降低的趋势。此外，纵向数据也揭示焦虑的发展具有连续性，最初的焦虑水平可以显著地预测追踪后期的焦虑水平。研究者认为，儿童及青少年的焦虑比成年人短暂，成年人的焦虑模型不能应用于青少年。未来研究应重点关注环境因素对儿童及青少年焦虑发展的影响。

纵向研究的优点包括如下几个方面。

(1) 便于了解个体心理发展的连续变化进程。

(2) 便于揭示量变、质变现象，了解心理发展过程中比较稳定和比较迅速的变化时期。

(3) 比较容易发现心理发展事件之间的因果关系。

纵向研究的缺点包括如下几个方面。

(1) 纵向研究的时间较长，不易同时进行大量的研究，并且纵向研究的花费较大。

(2) 纵向研究需要对某一或某些研究对象进行长期调查，所以研究对象容易流失，并且其心理特征会随时间而发生某些不易控制的变化。

(3) 反复测查可能影响被试的发展，影响被试的情绪，从而影响数据的可靠性。

(4) 纵向研究中影响被试的各种条件不易被查明，因而不易对被试进行前后比较。

3) 横向研究与纵向研究相结合的聚合交叉研究

在目前的发展研究中，研究者为解决横断研究与纵向研究的固有问题，提出一些综合两种研究方法的优点、避免其缺点的办法，即横向研究和纵向研究相结合的交叉研究。

这种横断与纵向的交叉研究，一般是先从横断方向抽取不同年龄组进行横断研究，然后按一定的时间间隔对同一批被试者进行所需次数的重复测查，使之又成为纵向研究，从而使横断研究和纵向研究结合在一起。这种研究通过在较长的时间跨度内，对不同年龄的个体进行有限的重复测量，以对个体某一心理特征在较长时间内的发展趋势进行分析。

一个典型的交叉研究范例是关于青春期儿童对其父亲、母亲以及兄弟姐妹之间依恋质量的发展模式的调查研究(Buist，Dekovic，Meeus，et al.，2002)。该项研究的被试取样包括 11 岁、12 岁、13 岁、14 岁、15 岁儿童 5 个样本，对每个样本分别测量 3 次，每次间隔 1 年，整个研究历时 3 年，共有 288 个家庭的儿童报告了他们在青春期阶段与父母及兄弟姐妹之间的依恋关系。研究结果显示，儿童青春期的依恋质量是变化的，这些变化既受儿童性别的影响，也受依恋对象性别的影响。男孩对母亲的依恋质量的平均水平呈非线性变化曲线，而女孩对母亲的依恋质量的平均水平呈直线下降的线性变化曲线。

这类研究在很大程度上是对横向研究与纵向研究优缺点的取长补短，它最大的优点是只需要相对较短时间的追踪测量，就可以分析个体某一心理特征在较长时间的发展变化趋势。这种设计在降低反复测量对结果准确性带来影响的同时，也减少了被试流失的机会，降低了研究费用。此外，由于它同时对几个群体进行观测，所以可以就重复测量的发展趋势是否在不同年龄群体中出现相同问题进行探讨和证实。但由于这种设计对个体内重复测量的次数有限，所以对个体内的发展趋势、行为的连续性以及预测性等问题的研究也只集中在较短时间内，导致从不同群体中获得的数据可能不足以构建完整的发展曲线模型。

2. 整体研究和分析研究

1) 整体研究

整体研究，亦称为系统研究，着眼于儿童心理的整体结构，系统把握其身心发展的特点与规律。例如，在考察小学儿童的智力发展水平时，会全面关注其注意力、记忆力、想象力和思维等多个方面的能力。整体研究有助于全面了解儿童的心理发展全貌，为教育者提供宏观的指导。但此类研究也较为复杂，需要在理论架构和研究方法上进行充分准备，以避免顾此失彼。

2) 分析研究

分析研究则侧重于儿童心理发展中某一具体、局部或较小的问题进行深入探讨。这种方法有助于细化研究内容，深入解析学生的心理特征。然而，它也可能导致过于关注局部而忽视整体，从而无法全面理解心理发展的整体与局部关系。

在心理研究领域中，整体研究与分析研究相辅相成。人的心理发展是一个整体，各心理机能之间相互影响、相互制约；同时，各心理机能又具有相对独立性。因此，在研究小学教育心理学时，应重视整体与局部的相互结合，在正确的方法理论指导下处理整体与局部的关系，以全面、细致和深入地揭示小学儿童的身心发展特征。

(二)具体研究方法

研究小学教育心理学不仅应恪守研究的基本原则，还应根据小学生的身心发展特点，采用契合其心理发展规律的研究方法。目前，在诸多研究方法中，观察法、调查法和实验法被广泛采用。

1. 观察法

观察法是指在特定环境下，对被试的行为表现进行有目的、有计划的系统观察、记录和分析，进而推断其心理活动的方法。这种方法在心理学研究中占据重要地位，应用领域广泛。

1) 观察法的分类

观察法根据研究目的的不同而可分为出多种类型。

(1) 根据观察者是否直接参与被观察者的活动，可分为参与观察法与非参与观察法。

参与观察法要求研究者与被观察者共同生活、学习或工作，通过深入接触和直接体验来观察记录其言行。在此过程中，研究者需确保不被观察者察觉，且在记录数据时需格外谨慎。非参与观察法则要求研究者保持客观立场，以旁观者的视角记录和分析被观察者的行为。

(2) 根据观察内容的范围，可分为全面观察法和重点观察法。

全面观察法旨在全面记录儿童在一定时期内的心理表现，因涉及多方面心理行为，所需观察时间较长。重点观察法则专注于某一特定心理行为或活动过程的观察，如学生在课堂上的举手行为等。这两种方法的选择取决于研究目的和研究课题。

(3) 根据观察时间的长短，可分为长期观察法和定期观察法。

长期观察法适用于对研究对象进行长时间的系统观察，如数月甚至数年，所获数据更具说服力但成本较高。定期观察法则针对特定心理特点进行定期的记录与分析，具有实用性和可操作性。

(4) 根据观察的方式，可分为直接观察法和间接观察法。

直接观察法直接记录所发生的事件或行为，不加以干预。间接观察法则借助仪器如录音笔、摄像机等进行观察，以减少观察者个人因素的影响。

2) 观察法的优缺点

观察法是通过观察被试行为表现来探讨个体心理活动规律的方法，在小学研究中使用得较为普遍。

(1) 观察法具有以下优点。

➤ 观察法是在自然环境下对被观察者的言语行为进行观察，能观察到被试在自然状态下的行为表现，因此能直接获得比较真实的材料。

➤ 观察法可以同时对多个年龄阶段的被试进行观察，且被试没有受到其他外界因素的干扰，因此获得的资料信息比较丰富，被试的表现更自然，研究结果更具可信度。

➤ 观察法是对被试当前行为的即时观察，具有及时性，能够捕捉到正在发生的现象，同时也能搜集到一些无法言表的材料。

➤ 观察法的适用面非常广，不仅能用于不同年龄阶段的学生，还可以对学生的各个心理特征和心理活动的行为表现进行观察，可广泛用于小学教育心理学的研究中。

(2) 观察法虽然在研究小学生心理活动上能给研究者带来一定便利，但其在许多方面也存在缺点。

➤ 研究者只能被动地观察被试的行为表现，往往难以观察到自己想要的资料，并且被试的反应可能仅是个别反应。

➤ 观察法难以控制其他无关因素的影响，这需要研究者具备一定的分析过滤信息的能力，并且研究者较难搜集到全面的材料，这在一定程度上为研究带来了很大的困难。

➤ 观察法只能观察学生的外部行为，并没有直接测到学生的心理活动过程，因此观察法只能得出相关性的结论，而不能得出因果结论，这也是许多实证研究选择实验法而非观察法的原因。

3) 使用观察法的注意事项

在运用观察法时，研究者需注意以下几点。

➤ 选择具有代表性的观察内容。

➤ 选择合适的观察仪器并记录被试的行为变化。

➤ 控制观察时间并采用合适的方法进行重复验证。

➤ 确保被试在不知情的情况下进行观察，以减少干扰。

➤ 若条件允许，可采用单盲实验等方法提高观察的客观性。

2. 调查法

调查法旨在实现特定的研究目的，通过多种方式搜集并深入分析研究对象在某一心理行为方面的数据，进而得出科学结论。其方法与途径多样，例如，问卷法可用于探索学生的学习状况，而面对面访谈则有助于获取更深入的信息。目前，调查法主要包括访谈调查法、问卷调查法以及电话或网络调查法。

1）访谈调查法

访谈调查法是指研究人员通过与被调查者进行直接对话，以揭示其心理状态的研究手段。在访谈过程中，研究者会运用结构化或半结构化的问题进行提问，以获取所需的详细资料。此方法具有较高的针对性和灵活性，且能真实反映人与事件的内外部因素。然而，访谈法亦有其局限，如耗费大量人力、物力和时间，且对研究者的访谈经验要求较高。此外，访谈法的样本规模通常较小，一次只能访谈有限的个体。

2）问卷调查法

问卷调查法是通过书面问题引导被试填写，从而了解其心理和行为特征的方法。例如，在研究小学生的阅读兴趣或能力时，可采用问卷形式进行数据收集。

(1) 问卷调查法具有以下优点。

➢ 能够在短时间内收集大量样本数据，确保研究的广泛性和代表性。

➢ 能直接获取第一手资料，针对性强，且适用于反复测量。

➢ 问卷法便于数据整理和统计分析，适合大规模调查。

(2) 问卷法具有以下局限性。

➢ 需要有被试的真诚合作，否则数据可能不真实。

➢ 需要被试具备一定的自我意识能力和文字能力，小学低年级学生使用时可能存在困难。

➢ 受被试自卫心理的影响，不愿暴露自己内心世界，可能导致测试结果不真实。

➢ 受社会认可性的影响，被试回答问题可能偏向社会认可的方向。

➢ 问卷设计本身是一项复杂任务，需要充分考虑问题的科学性和合理性。

总之，问卷调查法既有其优点，也有其局限性，所以在使用时要谨慎考虑，尤其是在问卷法广泛应用的当下，不要什么问题都用问卷法去研究。

3）电话或网络调查法

电话或网络调查法是指研究者通过电话、网络等通信工具与被调查者进行交流，以获取所需信息的研究方法。此方法具有便捷、省时等优点，能覆盖更广泛的调查对象。同时，由于调查者与被调查者不直接接触，有助于减少被调查者的防御心理，从而获取更真实的资料。然而，此方法亦存在局限性，如无法像访谈法那样进行详细的询问和解释，且难以觉察被调查者的情绪变化。此外，该方法主要适用于电话普及率较高或熟悉网络的人群，因此调查对象存在一定局限性。

3. 实验法

实验法是指实验者在严格控制实验条件的情况下，控制教育情境中的特定变量，并借助专门的实验仪器设备来研究被试的某种心理现象的方法。实验法通常分为自然实验法和实验室实验法。

实验法

1) 自然实验法

自然实验法是在实际教育环境中进行的，通过控制某些条件来研究被试心理活动的方法。例如，在研究不同年级儿童的语言能力发展时，可通过编制阅读材料并观察其背诵和书写作业情况来进行分析。自然实验法的优点在于其研究结果更接近实际教育情境，能有效反映教育过程中的心理现象。同时，与观察法相比，自然实验法具有更强的主动性和严密性。然而，自然实验法的控制条件可能不如实验室实验法严格，因此结果可能受到更多外部因素的影响。

2) 实验室实验法

实验室实验法是在专门的实验室内进行的，通过精密仪器记录被试的心理行为。该方法能严格控制实验条件，减少无关变量的影响，从而获取更准确地实验数据。然而，实验室实验法生态效度可能较低，因为实验环境与实际生活环境存在差异。因此，在教育心理学研究中，实验室实验法通常与其他研究方法结合使用。

3) 实验法的优点及局限性

实验法通过控制变量来研究心理现象，具有以下优点：首先，严格控制实验条件，减少无关变量的干扰；其次，可重复验证实验结果，提高研究的可靠性；最后，能明确揭示变量之间的因果关系。然而，实验法也存在一定的局限性：一方面，实验环境可能与实际生活环境存在差异，导致实验结果难以推广；另一方面，实验过程中可能受到被试主观因素的影响，如期望效应等。因此，在使用实验法进行研究时，需要注意其适用范围和局限性，并结合其他研究方法进行综合分析。

4. 其他的研究方法

1) 个案研究法

个案研究法是对特定个体或群体的问题进行详细探讨的手段，旨在分析教育心理问题形成与发展的原因，并针对性地提出解决策略。结合纵向追踪研究法，个案研究能够系统记录被试心理活动的演变轨迹。该法适用于针对特殊案例进行深入分析，例如调查学生的独特能力、解析学习困难儿童的发展特质、专注于超常儿童以及行为出现问题的儿童等。

在进行个案研究时，研究人员需全面细致地搜集相关材料，并深入了解个案的具体问题，以提供有价值的建议。研究者应与个案保持定期交流与沟通，建立信任关系，这对于获取真实有效的数据并推动研究的顺利进行至关重要。

2) 作品分析法

作品分析法是通过对学生的创作作品(如作文、日记、绘画、手工艺品及学科作业等)进行分析，以揭示学生的心理活动。例如，通过评估小学生的写作和日记可以了解他们的语言和思维发展水平；分析绘画作品可揭示学生的理想和道德观念。尽管作品分析在现有研究中并不普遍，主要是因为它要求研究者具备高度的分析专业技能，并且主观性较强，可能无法全面反映学生的学习心理特点。

在小学教育心理学的研究领域，通常不会单一使用某一种方法。相反，研究方法的选择应基于研究需求和目的，综合运用多种手段。主导的研究方法可以辅以其他技术，或者交替使用不同的方法，从而更有效地洞察学生的心理和行为。通过多方法的结合应用，可以为研究者提供一个更全面的分析视角，以便获得更为深入的洞见。

第四节　小学教育心理学的研究意义

一、拓展教育心理学的理论基础

作为教育心理学领域的一个重要分支,小学教育心理学将理论应用于小学环境中。它涵盖了学生的学习动机、策略、知识技能、创造力、品德发展及班级群体互动等多方面内容,并采纳了教育心理学所推崇的研究方法和流程。通过对小学生心理和行为现象的深入分析,这些理论得以充分应用,且小学阶段特有的年龄特征为该学科提供了新的研究方向和问题,从而进一步丰富了教育心理学的理论体系。

二、为理解学生心理提供理论支撑

小学教育心理学着重探讨小学生在心理和行为上的规律性,涉及此年龄层共有的特征,如身心发展、学习问题(包括动机、策略、迁移等)、品德发展和群体活动中的表现。深入研究这些问题,有助于教育工作者把握学生心理发展的规律,进而制定相应的教学目标、内容和方法。此外,教师可通过研究这门学科,了解到学生差异性的依据,比如在解析学生阅读能力不足的原因时,能从学习策略和动机出发进行深入分析,找到真正的原因并采取相应策略加强阅读训练。因此,掌握小学教育心理学不仅指导教师的教学实践,也能对学生的学习难题提出有针对性的建议,实现因材施教。

三、助力教师个人发展

教师在教育活动中扮演着关键角色,不仅传授知识,还引导学生成长。随着我国对教育的重视不断加深,教师的角色发生了显著变化。现代教师应超越传统的传道授业解惑职能,更应在激发学生潜能、培育创新思维与能力、掌握有效学习策略方面发挥关键作用。当代教学对教师提出了更高要求:不仅要深化科学知识的掌握,还要不断改进教学方法,提升教学能力和素质,以适应教学需求和时代变迁。此外,教师需要持续提升自我修养,因为其道德素养和形象对教育事业和学生的道德发展至关重要。学习小学教育心理学有助于教师规范自身行为,成为促进学生良性发展的榜样。

四、推进教师的专业发展

教育改革是当代教育领域的重中之重。当前小学教育面临多种挑战,如教学方法单一、教学计划和内容与学生实际状况不相符等问题。研究小学教育心理学有助于解决这些问题,推动教育改革取得进展。该学科总结了小学生的年龄特性及其学习状况,为教育工作者实施改革提供了重要参考,避免盲目性。同时,它还包含了有关小学教学设计和教师心理的内容,全面阐述了教师在实际教学中的组织方式、自我行为的控制与角色定位,这为教育改革提供了坚实基础。

本章小结

　　小学教育心理学作为教育学领域中的一个专门分支，致力于探究小学生在知识获取、技能掌握以及情感与社会适应等维度的心理活动和发展规律。本学科的宗旨在于识别并总结不同学习阶段小学生的学习特点和心理规律，旨在为教育教学实践提供科学的参考依据，进而优化教学方法，提升教学成效。本章中，我们详细介绍了小学教育心理学的基础理论、研究对象、学术任务及采用的科研方法。此外，我们亦讨论了掌握该学科对于教育工作者的意义所在。通过本章的学习，学生能够建立起对小学教育心理学的初步认知，并为后续深入学习和实际应用奠定坚实基础。在当前教育改革的背景下，小学教育心理学的作用变得尤为重要。该学科为教育者提供了深入了解小学生心理与学习需求的途径，确保了教学策略、内容及实施步骤能够更好地与学生的发展阶段相匹配。这样不仅避免了教育实践中的盲目性，也确保了因材施教的原则得以贯彻，最终实现教育质量的整体提升。

思考题

(1) 什么是教育心理学？

(2) 教育心理学的研究对象是什么？

(3) 小学教育心理学的研究原则有哪些？

(4) 小学教育心理学的研究方法有哪些？

(5) 小学教育心理学研究方法的优缺点是什么？

第二章 学习及学习理论

本章学习目标

➤ 知识目标：掌握加涅、布鲁姆、奥苏贝尔等国内外学者学习分类的描述与区分方法；理解学习概念的广义和狭义界定及其区分；了解行为主义、认知学习理论以及建构主义学习理论的基本原理和核心观点。

➤ 能力目标：培养学生分析不同学习理论的应用场景和局限性的能力；提升学生运用学习理论来解释实际学习和教学现象的能力；培养学生基于不同理论设计、评价教学策略和学习活动的能力。

➤ 素质目标：激发批判性思维，引导学生对学习理论进行比较、评价和适用性分析；通过理解多元学习过程，增强学生自主学习能力，帮助其适应未来学习和工作环境；提升学生在研究性学习、合作学习和教学对话中的合作与交流技能。

重点与难点

➤ 重点：理解行为主义、认知学习理论和建构主义学习理论的核心观点，并能在教学实践中加以应用。

➤ 难点：实现理论与实践的结合，尤其是在评估学习效果和改进教学方法的过程中，灵活运用相关理论指导实践。

引导案例

小明在学校的一天

小明是一个充满活力和好奇心的小学五年级学生，他在校园中总是活力十足，喜欢与同学们一起玩耍和探索。然而在课堂上，他的注意力却常常像一只飞舞的蝴蝶，难以稳定下来。他常被窗外的风景、同学的小动作或自己的幻想吸引，分散了对老师授课内容的关注。作业方面，小明也面临挑战，常忘记完成作业，或因为分心导致作业匆忙完成且质量不佳。

张老师是一位经验丰富且富有洞察力的教师，很快察觉到小明的课堂分心以及作业拖延的问题。他深知，若这些问题不解决，不仅会影响小明的学习进度，还可能对他未来的学习习惯产生负面影响。因此，张老师决定运用操作性条件作用的基本规律来帮助小明改变不良习惯。

张老师通过观察发现小明对绘画特别感兴趣，便以此为切入点设计教学策略。他在课堂上安排绘画相关活动，并明确告诉小明，只要保持专注听讲、按时完成作业，就能获得绘画机会作为奖励。这一策略效果显著——每当小明集中注意力参与课堂任务时，课后便能享受绘画时间。正强化激励他逐渐养成专注习惯，作业积极性也显著提高。

随着时间的推移，小明在课堂上的表现越来越出色，他的作业质量也有了显著的提升。张老师进一步调整了策略，引入了负强化的概念。他告诉小明，如果他能够连续保持专注并按时完成作业，就可以获得更多的自由创作时间。这种预期的奖励进一步激发了小明的学习动机，使他开始主动规划学习时间，努力避免拖延。

然而改变过程中，小明偶尔还是会犯错误，比如忘记带作业或者未能按时提交作业。针对这些情况，张老师采取了温和惩罚措施。他与小明进行了一对一的交流，解释了按时完成作业的重要性，并且明确了如果不能按时完成作业将会失去一些额外的绘画时间。这种惩罚是适度的，旨在让小明认识到自己行为的后果，而非打击自信。

针对小明课堂上做小动作、与其他同学窃窃私语等行为，张老师采用消退策略——不再对这些行为给予过多的关注，而是更多地鼓励和表扬小明专心听课和积极回答问题的表现。小明逐渐意识到，只有专注才能获得正面关注。

在整个教学过程中，张老师不断地调整策略以适应小明的学习进展。他的耐心和细致不仅帮助小明逐步克服了分心和拖延，还激发了小明对学习的热情和兴趣。小明的进步不仅体现在学业成绩上，更重要的是，他在自我管理和自我激励方面也取得了显著的成长。

通过一个学期的努力，小明的变化让所有人都感到欣慰。他的专注力得到了显著提升，作业质量和完成速度也有了很大的改进。他开始享受专注学习带来的乐趣，并认识到良好学习习惯的重要性。张老师的策略不仅成功地帮助小明改变了不良习惯，还为全班同学树立了一个积极向上的榜样。

这个案例展示了操作性条件作用在教学实践中的巨大潜力。通过对学生个体差异的细致观察和了解，教师可以巧妙地运用正强化(绘画奖励)、负强化(自由创作激励)、适当惩罚(减少特权)和消退(忽视干扰行为)等手段，引导学生养成良好学习习惯。在此过程中，教师的创造力、耐心和坚持是促成学生行为积极变化的关键。

(资料来源于本书作者的工作日记)

第一节　学习及其概念

一、学习的概念

学习的概念

在日常生活中，"学习"一词的使用频率非常高，如"好好学习""学习、学习、再学习"。这些日常概念中的学习，往往指的是知识、技能的学习，更加注重人的行为的改变。而"学习"作为心理学中的一个术语，其内涵与人们日常生活中的理解有所不同。学习的概念有广义和狭义之分。

(一)广义的学习

广义的学习是指人和动物在生活过程中，通过实践或训练，凭借经验而产生的行为或行为潜能的比较持久的变化。这也是目前被大家广泛接受的学习定义。

首先,学习的发生是由于经验所引起的,学生凭借经验与反复练习而产生的行为或行为倾向的变化过程,也就是学习的过程。这里的经验不仅包括外部环境刺激、个体的练习,更重要的是还包括个体与环境之间复杂的相互作用。那些先天具有的、本能的行为模式,即使再复杂,也不是学习。由生理成熟而导致的行为变化也不能称为学习。

其次,学习的结果必然导致学生某些方面的变化。这些变化可以是直接可见的行为的改变,如学生学习了游泳的技能,由原来不会游泳到现在的会游,其行为改变是很明显的;

再次,无论是行为还是行为潜能的变化,都应当是比较持久的。强调学习是相对持久的变化,是为了区别那些因各种原因而引起的行为的暂时变化。例如,当一个人生病、身体疲劳或心情不好时,学习的效果就会受到影响。但这些都是暂时的现象,一旦病愈、疲劳和烦恼消除后,一切又会恢复正常。此外,像药物、创伤、适应等引起的行为变化也都是比较短暂的,不能称之为学习的行为变化。

最后,学习是一个广义的概念,它不仅是人类普遍具有的,而且动物也存在学习。它不仅指有组织的知识、技能、策略等的学习,也包括态度、行为准则等的学习。既有学校中的学习,也包括从出生以来就出现,并一直持续终生的日常生活中的学习。

(二)广义的学习和动物的学习的区别

从上述分析可知,广义的学习是动物和人类所共有的心理现象。学习不是本能活动,而是后天习得的活动,是由经验或实践引起的。任何学习都将导致学生适应性的行为变化,不仅有外显行为的变化,也有潜在的个体内部经验的改组和重建,而且这些变化都是相对持久的。那些由疲劳、成熟、药物、伤病、适应及其他生理变化而导致的行为变化不属于学习。只有通过反复练习、实践使个体行为或行为潜能发生相对持久的变化才能称之为学习。

尽管人类和动物都存在学习,但对动物来说,学习仅是一种生物意义的活动,而对于人类来讲,学习就不是简单地适应环境的活动,而具有其社会意义,与动物学习有着本质的区别。这种区别体现在:第一,人类学习除了要通过直接经验的方式获得个体经验外,还要在与其他人交往中掌握人类世代代积累起来的社会历史经验和科学文化知识;第二,人类的学习是在改造客观世界生活实践中,在与其他人的交往过程中通过语言中介作用而进行的;第三,人类学习是一种有目的、自觉、积极主动的过程。总之,人类学习与动物学习有共同点,但其不同点是根本。人类学习是在社会生活实践中以语言为中介自觉地、积极主动地掌握社会和个体经验的过程。

(三)狭义的学习

狭义的学习专指学生在学校里的学习,它是人类学习的一种特殊形式。与人类一般学习相比,学生的学习有如下特点。

(1) 以接受间接经验为主。

(2) 在教师指导下有目的、有计划、有组织、有系统地进行。

(3) 学生学习不仅要掌握知识、经验、技能,还要发展智能,培养良好行为习惯以及促进人格健全发展。

(4) 学习主动性与被动性并存,学生是学习活动的主体,教师在教学中起主导作用。教学的根本目的在于促进学生发展。能否处理好教与学关系，充分调动学生的主动性，将直接影响学生的发展。

二、学习的分类

学习现象纷繁复杂，不仅涵盖的领域广泛，其形式与内容亦是丰富多彩。为了更为精准地研究学习的内在规律，我们有必要对其进行细致分类。由于不同研究者所持有的理论观点和分类角度的差异性，学习的分类也呈现出多元化的特点。

(一)加涅的学习分类

罗伯特·米尔斯·加涅(Robert Mills Gagne)，美国心理学界的杰出代表，他在行为主义与认知心理学派的融合中展现出独特的折中主义思想。他在教育心理学领域做出了杰出的贡献，特别是在将学习理论研究成果应用于教学设计方面。1970年，加涅根据人类学习的复杂程度不同，提出了独特的学习分类理论。这一理论旨在揭示学习的内在结构和层次关系，为教学实践提供有力的指导。

1. 按学习水平的分类

(1) 信号学习。最简单的一种学习形式。其特点是学习条件容易确立，且主要依赖于个体天生的神经组织。信号学习的典型表现是巴甫洛夫的经典性条件反射，即学生学会对某种信号做出特定的反应，其过程是：刺激-强化-反应。

(2) 刺激-反应学习。另一种基本的学习形式，以斯金纳的操作性条件反射或工具性学习为代表。与信号学习不同，刺激-反应学习强调学生在特定情境下做出反应，并通过强化来巩固这种反应。这里的反应是"随意反应"，而信号学习的反应，是一种"不随意反应"。

(3) 动作连锁学习。这种学习形式涉及将两个或两个以上的刺激-反应联结组合成一系列行动。它是各种动作技能形成的基础。

(4) 言语联想学习。一种言语连锁学习，涉及根据言语刺激与反应行为的顺序组合而成的反应。例如，学生将单词组成句子或翻译外文单词等都属于言语联想学习。

(5) 辨别学习。一种知觉学习，旨在学会识别多种刺激的异同并对之做出不同的反应。

(6) 概念学习。涉及学会认识一类事物的共同属性，并对同类事物的抽象特征做出反应。

(7) 规则学习。规则是指两个或两个以上概念的联合。规则学习旨在理解这些概念之间的关系，进而掌握各种定理、定律或原理。

(8) 解决问题的学习。这是学习的最高层次，旨在利用所学规则解决实际问题。解决问题的学习也被称为高级规则的学习，它要求学生能够在各种情况下灵活运用所学的简单规则，形成高级规则以应对复杂问题。

加涅认为，这八类学习是按由简单到复杂、由低级到高级的顺序排列的，每一类学习都以前一类学习为基础。其中，前四类学习相对基础且简单，许多内容在学龄前就已习得；而后四类学习则更为复杂和高级，需要建立在基础性学习之上。学校教育更加关注后四类学习，因为它们对于培养学生的高阶思维能力和解决问题的能力至关重要。

1971年，加涅对这种分类进行了修正，将前四类学习合并为一类，并将概念学习扩展为具体概念的学习和定义概念的学习两种。这种修正使分类更加简洁明了，有助于更好地理解学习的内在结构。

2. 按学习结果的分类

为了更好地指导教学实践，加涅在上述八类学习的基础上进一步提出了五种学习结果的分类，这些学习结果也可视为以下五种学习类型。

(1) 言语信息的学习。这种学习主要涉及传递各种言语信息，帮助学生掌握以言语形式表达的知识或书本内容。它主要解决"是什么"的问题，是学生学习的基础。

(2) 智慧技能的学习。智慧技能是指学生运用概念符号与环境相互作用的能力。这种学习主要帮助学生解决"怎样做"的问题，即培养学生的实际操作和问题解决能力。加涅认为，智慧技能有简单和复杂之分，从辨别技能到概念、规则再到解决问题等智慧技能，每种技能的学习都以前面的简单技能为基础。

(3) 认知策略的学习。认知策略是一种特殊的技能，它帮助学生管理、调节自身的学习过程。与智慧技能不同，认知策略更多地关注学生如何控制自己的内部行为以应对学习环境。在素质教育背景下，认知策略的培养成为学校教育的重要任务之一。

(4) 态度的学习。态度是一种影响和调节个体行为的内部状态，属于情感领域的学习。态度的形成或改变通常需要较长时间，且在与态度对象相互作用的过程中进行。因此，教师在教学中应注重培养学生的积极态度和价值观。

(5) 动作技能的学习。动作技能是指通过练习逐渐获得的平稳、流畅且精确的动作操作能力。这类学习强调实践性和操作性，对于培养学生的实践能力和动手能力具有重要意义。

这五种学习类型指向不同的学习范畴，它们之间没有明确的层次关系。加涅依据教学目标或学生学习结果所做的学习分类为教师提供了设计教学和帮助学生学习的可靠依据。然而，他的学习分类理论也存在一定的局限性，如过于强调学习之间的递进关系而忽略了相互交叉或相互影响的复杂关系。

总之，加涅的学习分类理论在理论与实践相结合方面表现出独特的优势，为教师设计教学内容和选择教学方法提供了有益的指导。同时，我们也应看到其理论的局限性，并在实践中不断完善和发展这一理论以适应现代教育的需求。

(二)布鲁姆的学习分类

本杰明·布鲁姆(Benjamin Samuel Bloom)，这位享有盛誉的美国著名的教育心理学家，其早期的研究成果在教育领域产生了深远影响。他专注于教育目标分类的研究，与人合著的《教育目标分类学》一书，被视为里程碑式的著作。该书为教育工作者提供了观察、分析学习活动和进行评价的坚实框架，使得教学活动更加有章可循。

布鲁姆的教育目标分类学旨在为教师的教学和科研提供有力支持。他强调以学生的外显行为来陈述目标，并将学生的学习行为按照由简单到复杂的层次进行排列。这种分类方法不仅体现了教育目标的连续性和累积性，而且能够超越学生的年龄和学科内容，为全面的教育评价提供了可能。

在布鲁姆看来，一个完整的教育目标分类学应当涵盖三个基本领域：认知、情感和动作技能。在认知领域，学习被细分为六个层次，包括知识的简单回忆、对所学知识的解释、在特定情境下运用概念和规则、分析事物的内部联系、将思想综合成新的完整思想以及基于内部或外部标准对材料和方法进行评价。

情感领域的学习则分为五个类别，包括：接受或注意、反应、价值评估、组织以及性格化或价值的复合。这些层次体现了学生在情感层面对学习的逐渐深入和内化过程。

动作技能领域的学习则被划分为四个主要类别，包括整体运动、协调细致动作、非言语交流以及言语行为等。这些分类有助于教师更好地理解和指导学生在动作技能方面的发展。

(三)奥苏贝尔的学习分类

戴维·奥苏贝尔(David Paul Ausubel，1918—2008)，美国著名的认知学派教育心理学家，专注于学校课堂中的有意义学习。他的代表作《意义言语学习心理学》和《教育心理学：一种认知观》等作品，为教育心理学领域的发展做出了杰出贡献。

奥苏贝尔对传统学习理论持批判态度，他主张学习理论应更加关注学校或类似学习环境中复杂且有意义的语言学习过程。他根据学习进行的方式和学习材料与原有知识的关系这两个维度，对学生的学习进行了深入分类。

在学习进行的方式这一维度上，奥苏贝尔将学习划分为接受学习和发现学习。接受学习主要涉及学生将定论形式的教学内容内化到自己的认知结构中，以便能够再现或迁移应用。而发现学习则要求学生自行发现学习内容中的未定论部分，并通过内化过程加以掌握，以便日后能够灵活运用。发现学习过程复杂且耗时，更适合于学前儿童和低年级学生的初级概念学习以及实际问题的解决。

在学习材料与原有知识的关系这一维度上，奥苏贝尔将学习分为有意义学习和机械学习。有意义学习强调新知识与原有知识之间建立非人为和实质性的联系，即真正理解新知识的过程。而机械学习则是指新知识与原有知识之间建立人为和非实质性的联系，通常表现为死记硬背。这两个维度相互独立，无必然对应关系。接受学习既可能采用机械方式，也可能采用意义方式；同样地，发现学习既可以是意义性的，也可以是机械性的。实际上，这两种维度上的学习类型处于一个连续体的两端，而学校中的许多学习往往处于这两端之间的某个点上。

奥苏贝尔认为，在学校教育中，应主要采用有意义的接受学习，尤其是有意义的言语接受学习。这种学习方式能够帮助学生有效地将新知识整合到原有的认知结构中，从而促进对知识的深入理解和长期保持。

(四)国内学者的学习分类

我国学者在借鉴国外理论的基础上，结合本国教育实际，对学习进行了多样化的分类。一般来说，依据学习的内容和结果，我国学者将学习分为以下四种类型。

(1) 知识的学习，包括知识的感知和理解等过程。这是学习的基础性阶段，旨在使学生掌握基本的概念、原理和事实。

(2) 技能的学习，主要涉及运动技能、动作技能以及熟练度的提升。这类学习强调实践操作和反复训练，以提高学生的技能水平和操作能力。

(3) 心智的学习，以思维为主，注重培养学生的思维能力、问题解决能力以及创新能力，是提升学生综合素质的重要途径。

(4) 道德品质和行为习惯的学习。这类学习旨在培养学生的道德观念、价值观念以及良好的行为习惯，是教育目标中不可或缺的一部分。

有些学者将动作技能的学习与心智技能学习合并为一类，统称为技能的学习。这种分类方法更加简洁明了，有助于教师组织教学和指导学生进行有针对性的学习。同时，这种分类也符合教育实际的需要，便于从总体上把握学习的特点和规律。

第二节　行为主义学习理论

学习理论在教育心理学中占据着举足轻重的地位，它主要围绕三个核心问题：①探究学习的本质属性，即学习的实质究竟为何；②分析学习的过程机制，即学习是如何发生的；③揭示学习的规律和条件，即学习受到哪些因素的影响以及学习的发展规律是什么。针对这些问题，心理学家们纷纷提出了不同的见解与理论，其中最具代表性和影响力的是行为主义学习理论和认知学习理论。

行为主义学习理论，亦称联结学习理论，其起源可追溯到 20 世纪初的美国。这一理论由美国心理学家桑代克首创，并在随后的岁月里，经过行为主义心理学家华生(John B. Watson，1878—1958)、斯金纳(B. F. Skinner，1904—1990)等人的深入研究与拓展，逐渐形成了以刺激与反应的联结阐释学习过程的系统理论。联结学习理论主张，所有的学习都是通过条件作用，在刺激与反应之间建立起直接的联结来实现的。在这一过程中，强化机制发挥着至关重要的作用，它有助于巩固和加强刺激与反应之间的联结。

在行为主义学习理论的框架内，个体所习得的是一系列的习惯。这些习惯是通过反复练习与强化的过程逐渐形成的。一旦习惯得以稳固确立，当原有的或相似的刺激情境再次出现时，个体便会自然而然地展现出习得的习惯性反应。这一理论体系中，桑代克的尝试-错误说(试误说)、巴甫洛夫的经典条件反射、斯金纳的操作性条件反射，以及班杜拉(Albert Bandura，1925—2021，加拿大心理学家)的观察学习理论等，均被视为联结学习理论的重要代表。这些理论不仅丰富了我们对学习过程的理解，也为教育实践提供了宝贵的启示和指导。

一、桑代克的尝试-错误说

(一)饿猫开迷箱

桑代克的学习规律

学习理论在教育心理学中占据着举足轻重的地位，其中，桑代克提出的尝试-错误说尤为引人关注。桑代克不仅是动物心理学的开创者，还是心理学联结主义的建立者和现代教育心理学的奠基人。他的这一学习理论观点建立在著名的"饿猫开迷箱"实验基础上(如图 2-1 所示)。

在这个经典实验中，桑代克将一只饥饿的小猫放入迷箱中，箱外放着诱人的鱼食。小猫在箱子里四处摸索，试图寻找出路。起初，它可能会盲目地冲撞、抓咬，但随着时间的推移，小猫逐渐学会了如何触动机关、打开箱门，最终成功逃出箱子并吃到鱼。这一过程中，小猫通过不断尝试和修正错误，逐渐形成了有效的行为模式。

图 2-1　桑代克的"饿猫开迷箱"实验

基于这一实验，桑代克提出了尝试-错误说的主要观点。他认为，学习的实质是通过试误在刺激与反应之间形成联结。这种联结通过试误过程逐步建立。

(二)尝试-错误说的主要观点

1. 学习的实质

桑代克深入研究了学习的本质，提出学习的核心在于通过不断地尝试与修正错误，在刺激 S 与反应 R 之间建立起稳固的联结。这种联结并非一蹴而就，而是需要经过多次的盲目尝试和逐渐减少错误的过程，才能逐步稳固和完善。

2. 学习规律

桑代克从实验中总结出以下三条学习规律。

(1) 准备律。桑代克认为，有机体对刺激的反应取决于其准备状态。当学生做好准备并积极参与活动时，他们会感到满足和愉悦；反之，如果学生有准备却未能得到活动的机会，或者在没有准备的情况下被强制参与活动，他们则会感到不满和烦恼。

在实验中，为了确保学习的有效发生，实验用的猫必须处于饥饿状态。而恰恰是这种饥饿状态激发了猫的学习动机，使其更加积极地寻找逃出迷箱的方法。相反，如果猫已经吃饱，它可能会对逃出迷箱的任务失去兴趣，甚至选择睡觉来打发时间。这种准备状态实际上是一种内在的学习动机，它驱动着学生去探索和学习。

(2) 练习律。桑代克认为学习是通过刺激和反应之间的联结来实现的，而这种联结需要通过不断地重复练习来加强。当一个联结被频繁使用(即得到练习)时，它的力量会得到增强；反之，如果一个联结长时间不被使用(即缺乏练习)，它的力量则会逐渐减弱甚至被遗忘。因此，通过持续地练习和重复，我们可以巩固和强化所学知识和技能。

(3) 效果律。这是桑代克理论中最为重要的学习定律之一。他提出，当刺激与反应之间的联结产生积极的结果时，这种联结会得到加强；而如果产生消极的结果，这种联结则会被削弱甚至被淘汰。在实验中，桑代克发现以食物作为奖励对于激发猫的学习行为至关重要。只有当猫成功逃出迷箱并得到食物奖励时，它才会更加积极地尝试和学习新的逃出方法。相反，如果猫在逃出迷箱后受到惩罚或没有得到任何奖励，它可能会对学习任务失去兴趣并放弃尝试。这一发现揭示了奖励在学习过程中的重要作用，同时也强调了积极结果对于加强学习联结的重要性。

桑代克的尝试-错误说为我们提供了一种全新的视角来理解和解释学习过程。通过探索学习的本质和揭示学习的规律，我们可以更好地指导教学实践并帮助学生更有效地学习。同时，这一理论也强调了实践和试错在学习中的重要性，鼓励学生在实践中不断探索和修正自己的错误以取得更好的学习效果。

(三)尝试-错误说的评价及其教育意义

桑代克提出的尝试-错误说为教育领域带来了一个全新的思考角度，使我们能以更深入的视角来理解和剖析学习过程。这一理论不仅深入探索了学习的本质，还揭示了一系列关于学习的规律，为教师们在教学实践中提供了宝贵的指导，并助力学生更高效地掌握知识。

桑代克的尝试-错误说，其核心在于强调实践与试错在学习过程中的不可或缺性。他认为，学习并非一蹴而就的过程，而是需要学生在不断尝试、修正错误中逐步前进。这种理论鼓励学生勇敢地迈出实践的步伐，不怕犯错，敢于面对挑战。因为通过实践，学生才能内化知识，发现自身的不足，进而不断调整学习策略，提高学习效果。

对于小学教师而言，桑代克的尝试-错误说具有重要的指导意义。在教学过程中，教师可以结合这一理论，设计更具实践性的教学活动，让学生在亲身参与中感受学习的乐趣。同时，教师还应鼓励学生敢于尝试、敢于犯错，引导他们从错误中汲取教训，不断成长。

此外，桑代克的尝试-错误说还提醒我们，每个学生都是独一无二的个体，他们在学习过程中会表现出不同的特点和需求。因此，教师在教学时应关注学生的个体差异，因材施教，为每个学生提供适合他们自身特点的学习支持和指导。

二、学习的经典条件反射

经典条件反射的
基本规律

(一)巴甫洛夫的经典条件反射实验

俄国生理学家巴甫洛夫(Ivan Pavlov，1849—1936)，这位杰出的科学家，以其对高级神经活动学说的开创性贡献而闻名于世。他在1904年荣获诺贝尔生理学或医学奖，成为该领域首位获此殊荣的科学家。巴甫洛夫提出了经典条件反射学习论和两种信号系统学说，这些理论至今仍在心理学和教育学领域产生着深远影响。

在巴甫洛夫的经典实验(见图 2-2)中，他精心设计了一个隔音实验室，并利用遥控装置精准地控制实验过程。他选取狗作为实验对象，通过仪器记录狗在不同刺激下的唾液分泌量。实验开始时，他首先向狗呈现铃声这一中性刺激，随后在铃声响起半分钟后给予食物。经过多次这样的配对呈现后，他发现即使只播放铃声而不给食物，狗也会分泌唾液。这一发现揭示了条件反射的形成过程：原本中性的刺激(铃声)，在与一个能引起反应的刺激(食物)反复配对后，便能使动物学会对中性刺激作出反应。

在这一实验中，食物被称为无条件刺激，因为它本身就能引起狗的唾液分泌这一无条件反应。而铃声最初作为中性刺激，并不能诱发狗的唾液分泌。然而，在铃声与食物多次配对后，铃声便成了条件刺激，能够引发狗的唾液分泌这一条件反应。

(二)华生的恐惧形成实验

华生作为行为主义心理学的奠基人，将巴甫洛夫的经典条件反射理论引入学习领域，并形成了自己的经典条件反射学习理论。华生强调刺激与反应之间的关系，认为学习是通过建立条件反射来实现的。

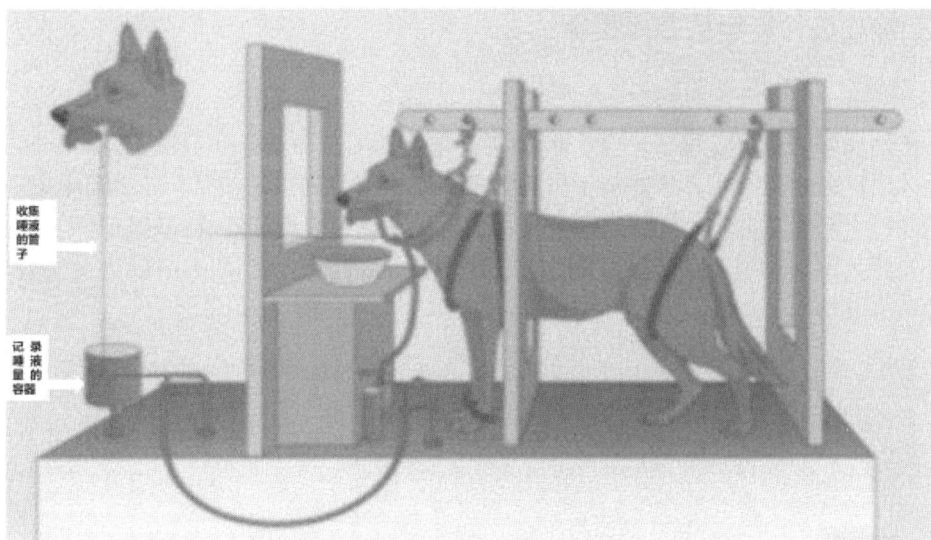

图 2-2　巴甫洛夫的经典实验装置

华生借助一项著名的实验成功验证了经典条件反射理论的实际应用。在这次实验中，他精心选择了一个九个月大、身体健康的婴儿——小艾尔伯特，作为关键的研究对象。

为了全面评估小艾尔伯特是否对某些特定刺激存在恐惧感，研究者向他展示了包括白鼠、猴子、狗等在内的多种动物，同时还呈现了带有或不带有头发的面具以及白色羊绒棉等多种物品。小艾尔伯特对这些动物和物品表现出了浓厚的兴趣，他愿意主动接触它们，并不时伸手去触摸。

为了进一步探索小艾尔伯特对声音刺激的反应，实验者特别设计了一个环节。他们站在小艾尔伯特的背后，用锤子敲击一根长达 1.2 米的铁棒。这种突如其来的巨大声音让小艾尔伯特受到了惊吓，他因此哭泣起来。

在接下来的实验中，研究者开始尝试将白鼠与这种令人恐惧的声音进行配对呈现。起初，小艾尔伯特对白鼠充满了好奇心，他试图伸手去触摸它。然而，每当他即将接触到白鼠时，研究者就会突然敲击铁棒，发出巨大的声音。这种恐惧的刺激重复了三次，给小艾尔伯特留下了深刻的印象。

一周后，研究者再次进行了类似的实验。他们将白鼠与声音进行了七次配对呈现。随后，研究者单独呈现白鼠而不发出声音，此时小艾尔伯特对白鼠产生了极度的恐惧反应。他一看到白鼠就会号啕大哭，转身避开，并朝远离白鼠的方向移动。他的反应如此强烈，以至于研究者不得不迅速冲过去抓住他，以防他从桌子上摔落。

令人惊讶的是，仅仅经过短短一周的时间，小艾尔伯特就从对白鼠毫无恐惧转变为极度的恐惧。一周后，当研究者再次进行测试时，小艾尔伯特依然对白鼠心存恐惧。更令人震惊的是，他还对其他与白鼠相似的物品，如白兔、狗、白色毛皮大衣、棉花团以及华生头上的灰白头发等产生了恐惧反应，甚至包括一个圣诞老人的面具。

这次实验充分展示了经典条件反射理论在塑造个体恐惧反应方面的强大作用。华生的研究不仅为我们揭示了恐惧情绪的形成机制，也为后续的心理学研究提供了宝贵的启示和借鉴。

(三)经典条件反射的基本规律

1. 获得

在条件反射的获得过程中，一个核心要素是条件刺激与无条件刺激之间的时间关系。这两者必须紧密相随，或者条件刺激作为无条件刺激即将到来的信号，应提前出现。例如，在训练过程中，先开启灯光，随后给予食物，这样动物便能逐渐建立起对灯光的条件反射。巴甫洛夫及其团队发现，如果条件刺激在无条件刺激之后出现，那么对动物形成条件作用将变得异常困难。

2. 消退

当条件刺激反复呈现，而无条件刺激不再伴随时，原先建立的条件反应会逐渐减弱，最终消失，这一现象被称为消退。然而，值得注意的是，完全消除一个已经形成的条件反应，其难度通常高于建立这个反应。

3. 刺激泛化

人和动物在学会对某一特定条件刺激作出反应后，往往会对与该条件刺激相似的其他刺激也产生类似反应。这种现象被称为刺激泛化。比如，一只狗在被训练对某一特定音调的铃声作出反应后，它可能会对相近音调的其他铃声也产生反应。这种现象类似俗语所描述的，"一朝被蛇咬，十年怕井绳"，形象地描述了刺激泛化在心理反应中的体现。

4. 刺激分化

通过选择性强化和消退的方法，我们可以使有机体学会对条件刺激和与其相似的其他刺激做出不同的反应，这一过程被称为刺激分化或辨别。例如，在实验中，当某种特定音调的铃声后伴随食物出现时，而其他音调的铃声不伴随食物，狗便会学会只对那个特定音调的铃声分泌唾液，而对其他音调则无反应。

(四)经典条件反射的评价与教育意义

巴甫洛夫对条件反射的开创性研究，不仅揭示了学习活动背后的生理机制，更为后来的心理学家提供了宝贵的实验方法和研究思路。他的理论成果在心理学领域产生了深远影响。

华生作为另一位杰出的心理学家，他将巴甫洛夫的理论引入了学习领域，推动了行为主义学习理论的形成。华生的研究促进了心理学的客观化发展，扩大了心理研究的领域，并为心理学的应用提供了有力支持。然而，他的学习理论也存在一定的局限性，如过分强调环境和教育的作用，而忽视了人的主观能动性和内在条件对学习过程的影响。

经典条件反射在教育领域具有如下重要意义。

(1) 教师需预防消极情绪的条件反射形成。在实际教育过程中，许多学习经历可能通过经典条件反射与消极情绪相联系，从而影响学生的学习态度和效果。因此，教师需要预见到这种可能性，并尽力避免创造可能导致消极情绪的条件。

(2) 教师可以通过建立学习与积极情绪的联系来促进学生的学习。例如，为学生创造一个舒适、愉快的阅读环境，使他们在享受阅读过程的同时，逐渐将积极的情绪与阅读活动相联系，从而提高阅读兴趣和效果。

(3) 教师还应帮助学生学会恰当地运用泛化和分化策略。在面对复杂的学习任务时，学生需要学会分辨哪些刺激应该与哪些反应建立联系，以及如何对相似的刺激进行区分和鉴别。通过培养学生的这种能力，教师可以帮助他们更好地应对学习中的挑战，提高学习效果。

三、学习的操作性条件反射

(一)斯金纳的经典实验

斯金纳不仅是新行为主义学习理论的奠基人，还是后期行为主义对学习心理学领域产生深远影响的重要代表人物。他提出了极具创新性的操作性条件反射学习理论，为现代学习科学的发展奠定了坚实基础。

在探索学习机制的过程中，斯金纳设计出了一种独特的实验装置——"斯金纳箱"，这一装置在教育学和心理学界广为人知。如图 2-3 所示，斯金纳箱内部设有一个精巧的杠杆，杠杆与供应食物的盘子紧密相连。实验中，斯金纳将饥饿的白鼠置于箱内，白鼠在箱内四处奔跑寻找食物。当白鼠无意中触碰到杠杆时，一粒食物便会自动滚入食物盘内，白鼠因此得以进食。在获得食物强化后，白鼠开始有意识地反复按压杠杆，以获取更多的食物，直至满足为止。

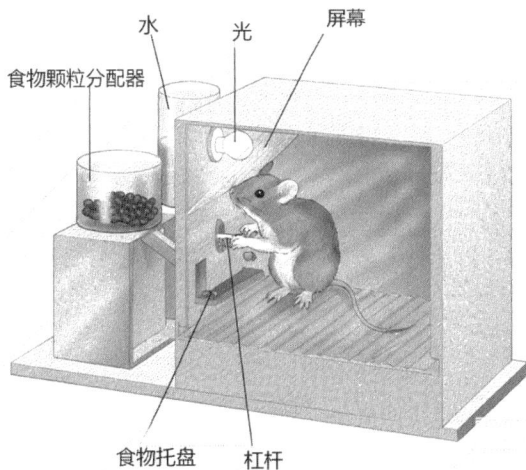

图 2-3　斯金纳箱

斯金纳通过这一实验观察到，有机体的行为与其后续所遇到的刺激条件之间存在着密切的关联，这种关联显著影响行为的形成与发展。他发现，这种关联能够影响有机体在未来做出类似行为的概率。基于这一发现，斯金纳提出了学习的本质在于反应概率的变化，而强化则是提高反应概率的有效手段。

在斯金纳的理论框架中，先由动物作出某种操作反应，随后通过给予奖励或惩罚等强化手段来调节这种反应的概率，这种现象被称为操作性条件反射。这一理论不仅揭示了学习的内在机制，还为教育工作者提供了有效的教育方法和策略。

从实验中可以看出，操作性条件反射与经典条件反射有着明显不同，具体见表 2-1 所示。

表 2-1　经典条件反射与操作性条件反射的区别

比较范畴	经典条件反射	操作性条件反射
代表人物	巴甫洛夫、华生	斯金纳
行为	无意的情绪、生理的反应(人不能控制)	有意的(人能控制行为)
顺序	行为发生在刺激之后	行为发生在刺激(后果)之前
学习的发生	中性刺激与无条件刺激的匹配	行为后果影响随后的行为
例子	学生将课堂与教师的微笑联系在一起，于是课堂能引发学生积极的情绪	学生回答问题后受到表扬，于是下次还积极回答问题

(二)操作性条件反射的基本规律

斯金纳在其研究中深入剖析了人和动物的行为，将其划分为应答性行为和操作性行为两大类别。应答性行为构成经典条件反射的研究对象，指的是由特定外部刺激所触发的、不随意的反射性反应。相对而言，操作性行为则是有机体自发产生的、可控制的反应，是操作性条件反射的核心研究对象。在日常生活中，我们观察到的行为多数属于操作性行为，其形成与发展遵循强化规律。

1. 强化

斯金纳认为，学习的本质在于反应发生概率的变化，而提高行为反应概率的过程则被称为强化。强化可分为正强化和负强化两种形式。正强化通过引入愉悦刺激来增强特定行为发生的概率，例如孩子穿上新衣服后得到大人的赞赏，这种赞赏行为会增加孩子未来穿新衣服的意愿。而负强化则是通过消除或中止某种令人不悦的刺激来增强行为发生的概率，如学生通过按时完成作业避免教师批评。

2. 惩罚

惩罚是指当某种行为出现后，采取措施以降低该行为在未来发生的概率。惩罚同样可以分为两种类型：呈现性惩罚(也称正惩罚)和移去性惩罚(也称负惩罚)。呈现性惩罚涉及引入令人不悦的刺激以减少不良行为的发生，如对小偷的责备；而移去性惩罚则是通过移除原本存在的愉悦刺激来抑制不良行为，如家长为了减少孩子打架的行为而禁止其观看动画片。

需要注意的是，惩罚与负强化不同。负强化是通过厌恶刺激的消除来增加反应发生的概率，而惩罚是降低反应发生的概率，见表 2-2 所示。

表 2-2　强化、惩罚和消退的区别

概念		条件	行为发生频率	例子
强化	正强化	给予一个愉快的刺激	增加行为发生的频率	上课回答问题，给予小红花
	负强化	摆脱一个厌恶的刺激	增加行为发生的频率	考好了，不用做家庭作业
惩罚	正惩罚	呈现一个厌恶的刺激	减少行为发生的频率	上课做小动作，给予批评
	负惩罚	取消一个愉快的刺激	减少行为发生的频率	上课做小动作，课后不让玩游戏
消退		没有任何刺激	减少行为发生的频率	上课发出怪声，不予理睬

需要注意的是，惩罚的运用必须谨慎，因为它只能暂时抑制行为而非消除行为。因此，在实施惩罚时，应将其与强化良好行为相结合，以达到更好的教育效果。

3. 消退

当有机体作出以前曾被强化过的反应，但这一反应之后不再伴随强化物的出现时，该反应在未来发生的概率便会降低，这一过程被称为消退。消退是一种无强化的过程，其作用在于降低某种反应在未来发生的概率，从而达到消除某种行为的目的。与经典性条件反射相似，操作性条件反射也并非永久不变。如果停止对已学会的行为进行强化，这种行为便可能会减少甚至消失。因此，消退成为减少不良行为和消除坏习惯的有效手段。

4. 逃避条件作用与回避条件作用

逃避条件作用发生在厌恶刺激已经出现时，有机体通过做出某种反应来逃避这种厌恶刺激，从而使得该反应在以后的类似情境中发生的概率也会增加。这种作用机制揭示了有机体如何学会摆脱厌恶刺激的学习过程。例如，当看到路上的垃圾时绕道走开，或在感觉屋内吵闹时暂时离开，都是逃避条件作用的体现。

回避条件作用则发生在预示厌恶刺激即将出现的信号出现时，有机体自发地做出某种反应以避免厌恶刺激的出现。这种反应在以后的类似情境中发生的概率也会增加。回避条件作用是在逃避条件作用的基础上建立起来的，它反映了个体在经历过厌恶刺激的痛苦后，学会了对预示厌恶刺激的信号作出反应以免受痛苦。例如，过马路时听到汽车喇叭声后迅速躲避等，都是回避条件作用的体现。逃避条件作用和回避条件作用都属于负强化的条件作用类型。

5. 强化物的选择

强化物是指那些能够增强反应概率的事件或刺激。它们可以进一步划分为初级强化物和次级强化物。初级强化物满足人和动物的基本生理需求，如食物、水、安全和温暖等。而次级强化物则是通过与初级强化物建立联系而获得强化价值的奖励物，如金钱和分数。此外，次级强化物还包括社会强化物(如微笑、表扬和关注等)、代币强化物(如金钱、积分、小红花等)以及各种活动(如玩具、游戏和旅游等)。相较于初级强化物，次级强化物在课堂中出现的频率更高，因此对于教师而言，大部分强化物都属于次级强化物。

普雷马克原理(Premack Principle，又称行为优先原理)指出，如果完成某项任务后可以从事自己喜欢的活动，学生通常会更加愿意完成这项任务。这种现象反映了高频行为可强化低频行为，即利用学生喜爱的活动来强化他们对不喜爱活动的参与。例如，如果按时听课的学生可以获得去游乐园玩的机会，那么逃课的学生可能会因此改变行为，按时来上课。

在实际教育中，不同学生对各种强化物的反应存在差异。有些学生可能对教师的表扬非常敏感，而另一些学生则可能对此并不在意。因此，在选择强化物时，教师应充分考虑学生的个体差异和喜好。

6. 强化程序

在生活和学习中，强化并非总是连续和即时的。教师可能不会对学生每一个好的行为都给予奖励，也不会对每一个坏的行为都给予惩罚。然而，大多数情况下，学生的行为仍然是恰当的。这主要得益于我们在某种强化程序下得到的反馈。强化程序是指强化的时间和频率安排，它决定了何时以及如何对某种反应进行强化。强化程序可以分为连续式和间隔式，其中间隔式又进一步细分为时间式间隔和比率式间隔，具体包括定时、变时、定比率和变比率等不同形式。具体分类情况见表 2-3 所示。

表 2-3　强化程序表

程序	定义	举例
连续强化	每次反应后都给予强化	每次回答问题后都给予表扬
定时强化	在固定的时间后给予强化	期末考试
不定时强化	在不固定的时间后给予强化	上课时的随堂测验
定比率强化	在固定的行为数量后给予强化	计件发工资
变比率强化	在不固定的行为数量后给予强化	买彩票、赌博

不同的强化程序会产生不同的行为模式。连续强化在学习新知识时特别有效，因为它能够迅速建立刺激与反应之间的联系。然而，连续强化也可能导致学生对奖励产生依赖，一旦奖励停止，行为可能迅速消退。相比之下，间隔强化更有利于知识的保持和行为的稳定。定时强化和定比率强化虽然可以在一定程度上维持行为，但可能会导致学生在强化间隔期间反应率下降或在强化结束后迅速失去动力。而变时和变比率强化则能够更有效地维持反应的稳定性和频率，因为它们使得强化的时间和数量变得不可预测，从而增加了学生的期待和参与度。

因此，在教学过程中，教师应根据具体情况选择合适的强化程序。对于新任务或新知识的学习，可以采用连续强化，以迅速建立学生的正确行为模式。随着学习的深入和行为的稳定，可以逐渐过渡到间隔强化，以减少对奖励的依赖并提高学生的自主性。同时，教师还应根据学生的个体差异和反应情况灵活调整强化策略，以达到最佳的教学效果。

(三)程序教学与教学机器

程序教学是由斯金纳提出的一种教学模式，其核心理念是依据操作性条件反射和积极强化的原理来设计教学流程。在此基础上，教学机器也应运而生，为教育技术发展提供了新方向。这种教学模式特别注重个别化学习，将教材内容精细划分为多个小单元，并根据这些单元间的逻辑关系进行有序排列。每个单元都会提出相应的问题，通过机器或书本呈现给学生，引导他们作出选择反应，随后提供正确答案以供核对。

在程序教学中，有如下几个核心原则需要严格遵循。

(1) 小步子原则。即将学习内容细分成多个具有内在联系的小单元，并编制成程序，确保每次只教授一小部分内容，从而使学生能够循序渐进地掌握知识。

(2) 积极反应原则。它强调以问题的形式呈现知识，鼓励学生通过写、说、运算、选择等方式积极回应，参与到学习过程中。

(3) 及时反馈原则。也是程序教学的重要一环，通过即时提供正确答案，使学生能够及时了解自己的学习进度和效果，进而调整学习策略。

(4) 自定步调原则。赋予学生更多的自主权，他们可以根据自己的学习情况和进度来安排学习进度，从而更好地适应个人差异。

(5) 低错误率原则。通过精细的教学设计和逐步引导，确保学生在每个小步骤中都能尽可能作出正确的反应，从而获得积极的强化和反馈。

虽然程序教学在某些方面显示出其独特的优势，但我们也应看到其局限性。它主要采用自学形式，虽然能够灌输知识，但缺乏师生之间的交流和学生间的探讨，这在一定程度上限制了创造性思维的培养。因此，程序教学更多地被视为一种教学辅助手段，而不是替代传统教学方法的完全方案。

然而，不可否认的是，程序教学为计算机辅助教学(CAI)在教育领域的运用开辟了新的道路。通过结合现代科技手段，程序教学能够在一定程度上提高教学效率和个性化程度，为那些能力较强、个性独立的学生以及有自学需求的学生提供更为灵活和多样化的学习选择。

程序教学及其教学机器在小学教育中具有一定的应用价值，但也需要结合传统教学方法的优势，注重师生之间的交流和互动，以促进学生全面发展。

(四)操作性条件反射的评价及其在教育中的应用

斯金纳的学说不仅被广泛用于动物行为的研究，更应用于人类社会的各种情境和教育实践中，如心理治疗、问题儿童的处理、智力落后儿童的教育等。他的理论加深了人们对行为习得机制的理解，为预测、控制、塑造和矫正行为提供了科学依据。

然而，斯金纳的研究也存在一定的局限性。他的主要研究集中在实验室中动物的简单学习上，缺乏人类的高级学习活动的探讨。试图用动物的学习原理来解释人类的所有学习行为，这种做法在某种程度上显得过于简单化。此外，斯金纳对学习过程的研究主要关注学习的外部条件，而忽视了对学习过程内部机制的探究。因此，程序教学理论在某些方面受到了批评，被认为将人视为学习机器，忽略了人的主动性和创造性。

尽管如此，操作性条件反射在教育中的应用仍然具有重要意义。其主要应用在以下几个方面。

(1) 塑造所期望的行为。当一位学生分享阅读感受时，老师可以鼓励道："说得真好！你的分享让我觉得这本书很有意思，我很想一睹为快。"这样的反馈能够增强学生的积极行为。

(2) 提供明确具体的反馈。语文教师不应仅对学生的作文进行总评，还应认真批改作文中的语句，给出具体的修改意见。

(3) 为学生提供正确行为的机会。在篮球课上，体育老师应确保每位学生都有机会投中几个球，从而提高学生对投篮的兴趣。

(4) 尽可能使用强化而非惩罚。在必须使用惩罚的情况下，应优先使用移去性惩罚而非呈现性惩罚。例如，教师可以每周给予学生一定数量的小红花或操行分数，若学生违规则扣除相应数量的小红花或分数，而剩余的数量可在周末兑换自由活动或游戏时间。

(5) 根据不同学生选择合适的强化物。在选择强化物时，教师应考虑学生的年龄因素。可以通过问卷调查了解学生最喜欢的玩具或活动。例如，对于小学生来说，猜谜语可能是有效的强化物；而对于中学生来说，玩电子游戏或听音乐可能更具吸引力。因此，针对不同年龄段的学生，应提供相应的强化刺激和事件。

(6) 适当使用强化程序。一旦学生展现出期望的行为，教师应持续实行间隔强化以防止行为的消退。例如，对于曾经喜欢打架但现在学会了友好交往的学生，老师应定期表扬其良好的交往行为。

操作性条件反射虽然存在局限性，但在教育实践中仍具有广泛的应用价值。教师应根据学生的实际情况灵活运用这一理论，促进学生的全面发展和个性成长。同时，我们也应认识到教育是一个复杂的过程，需要综合考虑多种因素和教学方法，以培养出更加全面和优秀的人才。

四、班杜拉的观察学习理论

班杜拉是新行为主义的主要代表人物之一，更是社会学习理论的奠基人。他虽然受过严格的行为主义训练，但并未满足于极端行为主义的观点，而是吸取了认知学习理论的精华，形成了一种独特的认知-行为主义模式。他对社会学习的研究尤为深入，为社会学习理论的发展注入了新的活力。

(一)观察学习理论的经典实验解读

在一个具有里程碑意义的研究中，班杜拉及其团队精心策划了一场观察学习实验。他们挑选了一批学前儿童，并将他们分为三组，分别观看一部精心制作的电影。这部电影的特别之处在于，其结尾部分呈现出不同的情境，以探究榜样行为对儿童行为的影响。

在电影中，一个成年男子对充气娃娃展现出一系列攻击性行为，如踢、打等。然而，影片的结尾却大相径庭。第一组儿童看到的是成人榜样因攻击性行为而受到表扬和奖励；第二组儿童则目睹成人榜样因同样的行为受到责骂；而第三组儿童则看到成人榜样既未受奖也未受罚。

实验的关键阶段在于，观看电影后，孩子们被立即带到一个充满与电影中相同充气娃娃的游戏室里。实验者通过单向镜密切观察儿童的行为反应，如图2-4所示。

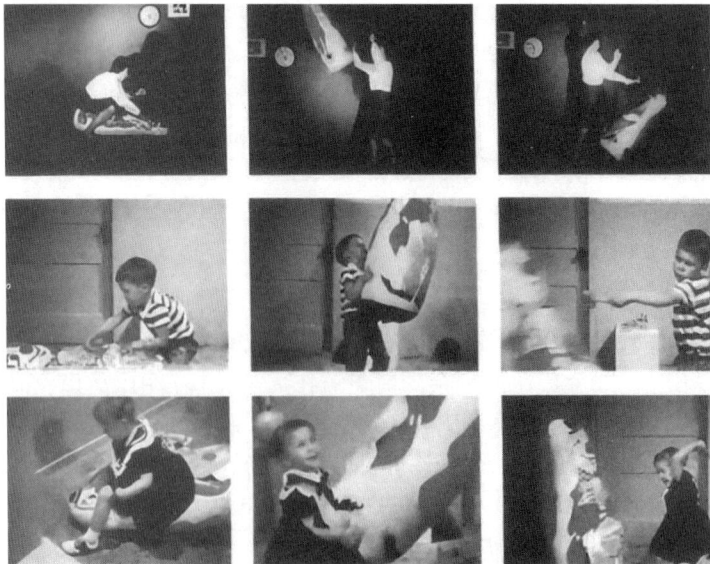

图2-4　观察学习实验

实验结果表明，第一组儿童——那些看到榜样受到奖励的孩子们，表现出的最高频率攻击性行为；而第二组儿童——目睹榜样受罚的孩子们，则展现出较少的攻击性行为。这一发现强有力地证明了榜样行为的后果对儿童是否模仿这种行为具有决定性的影响。

为了更深入地探讨这一问题，实验进入了第二阶段。孩子们再次回到房间，这次他们被告知，如果能够成功模仿榜样的行为，就可以获得糖果作为奖励。令人惊讶的是，无论哪一组的孩子，他们模仿的内容都是相同的。这一发现揭示了一个重要的事实：榜样行为所导致的后果主要影响儿童攻击性行为的表现，而对于他们学习这种行为的本质影响则相对较小。

(二)观察学习理论的主要观点

1. 交互决定论

班杜拉提出的交互决定论，为我们理解学习过程提供了一个全新的视角。他强调，学习并非单纯受外部环境或个体内部因素的单一影响，而是内部因素和外部环境相互作用、相互影响的产物。在这种交互作用中，个体、环境和行为三者互为因果，相互决定，它们之间的影响是相互的，且影响力的大小取决于当时的环境和行为的性质。

2. 观察学习

观察学习是指通过观察他人的行为及其结果而发生的替代学习。班杜拉认为，人类后天习得的行为主要来源于两条途径：一是直接经验学习，即通过个人的实践活动来学习；二是观察学习，即通过观察他人的行为及其后果来学习。而后者在人类学习中占据了更为重要的地位。观察学习经历了以下四个关键过程。

(1) 注意过程。这是观察学习的起点。观察者需对示范行为保持充分注意，并精确地识别其特点和关键线索。在选择观察对象时，榜样行为的特性、榜样的特征以及观察者的特点都会发挥重要作用。例如，独特而简单的行为、受人尊敬的榜样以及具备较高信息加工能力的观察者更可能成为模仿的对象。

(2) 保持过程。学生需要将观察到的行为以符号表征形式存储于记忆系统，以便在需要时能够回忆起来。这一过程涉及记忆的编码、存储和提取等认知活动。

(3) 复制过程。这是将观察到的行为转化为自己实际行动的关键步骤。学生需要具备一定的动作技能才能准确地模仿榜样的行为。对于复杂的行为，如果没有必要的技能，学生将难以模仿。

(4) 动机过程。学生虽然已经通过观察学习获得了某些行为，但并不意味着他们一定会在实际生活中表现出这些行为。是否表现出这些行为取决于多种因素，如直接强化、替代性强化和自我强化等。这些强化机制共同影响着学生的行为表现。一般来说，观察者更容易表现出受到奖励的行为而抑制受到惩罚的行为。自我强化是指根据自己设立的行为标准以自我奖惩的方式对自己的行为进行调节。自我强化是参照自己的期望和目标，对自己进行强化，如某学生因考试获得 85 分而满意，但另一个学生可能会感到很失望。

通过对班杜拉观察学习理论的深入剖析，我们不难发现其在教育实践中的广泛应用价值。对于小学教师而言，了解并掌握这一理论有助于他们更有效地引导学生通过观察学习来获取知识、提升技能，并促进学生全面发展。

(三)观察学习理论的评价及其教育意义

班杜拉将学习心理学与社会心理学有机地结合在一起，提出了观察学习、间接经验等重要概念，对学习的发展产生了深远影响。

然而，班杜拉的社会学习理论并非完美无缺。首先，他的社会学习理论缺乏一个内在统一的理论框架。其次，虽然这一理论是以儿童为研究对象建立起来的，但班杜拉未充分考虑儿童发展阶段对观察学习的调节作用。

尽管如此，观察学习的理论仍然具有重要的教育意义。具体来说，有以下几个方面：

首先，教师应发挥示范作用，认识到自己的言行一致对教育的重要影响。因为榜样展示了那些要被模仿的行为，所以当教师引导学生学习某种行为时，他们自身需要做好相应的示范。例如，当教师读文章给学生听时，可以借机展示某些阅读技能。

其次，课堂中，教师需要让学生看到良好行为带来的奖赏。例如，在讲故事时，教师需要指出良好行为与积极结果之间的关联，并坚持奖赏的公平性，无论对待差生还是优生都应遵循相同的奖励原则。这样可以帮助学生集中注意力在教师身上，而不是与课堂教学无关的刺激上。

再次，教师需要警惕体罚可能带来的负面效应，避免对学生造成不必要的伤害。

最后，教师还需要关注大众媒体对学生行为的影响，引导学生正确理解和处理来自媒体的各种信息。

总的来说，班杜拉的社会学习理论为我们提供了一种全新的视角来理解学生的学习过程，也为我们的教育实践提供了有益的启示。

第三节　认知学习理论

在日常生活中，尽管众多行为是通过条件作用过程形成刺激与反应之间的直接联系而习得的，但这种解释对于复杂行为来说显得过于简化。以学生在解答数学难题为例，他们并非仅仅通过机械记忆和重复练习来在问题与解决方案之间建立直接联系。相反，他们需要深入理解整个问题的情境，对各个要素进行知觉和分析，最终确定解决问题的策略。这表明，在复杂的学习过程中，主体的认知过程起着至关重要的作用。

认知学习理论主张，学习并非在外部环境的影响下被动形成刺激与反应的联结，而是个体在头脑内部主动构建认知结构的过程。学习并非仅仅通过练习和强化来形成习惯反应，而是通过顿悟和深入理解来实现对知识的期待。个体当前的学习活动不仅依赖于其原有的认知结构，还受到当前刺激情境的影响。学习的方向主要由主体的期待所引导，而非受习惯所支配。

在这一理论框架下，苛勒(Wolfgang Köhler，1887—1967，德裔美国心理学家)的完形-顿悟说、托尔曼(Edward C. Tolman，1886—1959，美国心理学家)的认知地图论、布鲁纳(Jerome Bruner，1915—2016，美国心理学家、教育家)的认知-结构说以及奥苏贝尔(David Ausuble，1918—2008，美国教育心理学家)的有意义接受学习说等成为重要的代表。这些学说不仅为认知学习理论的发展提供了重要的理论支撑，还为教育实践提供了有益的启示。

一、苛勒的完形-顿悟说

(一)苛勒的经典实验

沃尔夫冈·苛勒(Wolfgang Köhler)，这位德裔美国心理学家，作为格式塔心理学派的创始人之一，以其对认知心理学、实验心理学以及灵长类行为研究的卓越贡献而广受赞誉。在 1913 至 1917 年间，他对黑猩猩问题解决行为进行系统实验研究，并据此提出了完形-顿悟说。

在著名的"叠箱问题"实验(见图 2-5)中，苛勒将黑猩猩置于一个装有箱子的笼子内，笼顶悬挂着诱人的香蕉。最初，黑猩猩试图通过跳跃来抓取香蕉，但未能如愿。随后，它放弃了跳跃，开始在笼子里四处走动，似乎在仔细观察周围的环境。经过一段时间的观察和思考，黑猩猩突然走到箱子前，将箱子移到香蕉下方，然后跳上箱子成功摘取了香蕉。当单个箱子高度不够时，它还能巧妙地将多个箱子叠加起来以达到目的。

图 2-5 "叠箱问题"实验

在另一项"接竿问题"实验(见图 2-6)中，苛勒将黑猩猩置于笼子内，而香蕉则放在笼子外的不远处。笼子内有一根较短的竹竿，而笼子外则有一根较长的竹竿。黑猩猩要想吃到香蕉，就必须将两根竹竿接在一起。在实验初期，黑猩猩尝试使用两根竹竿拨取香蕉，但始终未能成功。然而，当小竹竿偶然插入大竹竿后，它突然领悟到了两根竹竿可以连接成一根长竿的道理，并成功使用这根长竿拨取了香蕉。在随后的实验中，苛勒发现黑猩猩能够迅速地将两根竹竿连接起来以获取香蕉，而不再需要进行无目的的尝试。

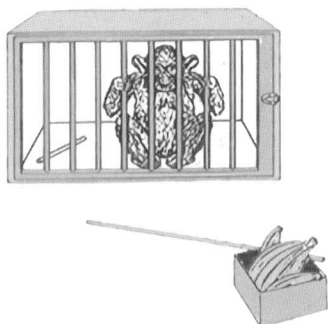

图 2-6 "接竿问题"实验

(二)完形-顿悟说的基本内容

1. 学习的实质是在主体内部构造完形

完形，也被称为格式塔，是一种在机能上相互联系和相互作用的整体结构，它代表着对事物关系的认知。格式塔心理学家认为，学习是一个不断进行结构重组和构建完形的过程。在这个过程中，个体通过整合新的信息与已有的认知结构，形成对事物更为深入和全面的理解。

2. 学习是通过顿悟过程实现的

顿悟是指个体对情境或问题的突然理解。在苛勒的理论中，学习并非仅仅依赖于动作的累积或盲目的尝试，而是需要个体利用自身的智慧和理解力对情境及情境与自身关系进行深入的洞察和领悟。只有当个体清楚地认识到整个问题情境中各种成分之间的关系时，顿悟才会出现。这种顿悟以对整个问题情境的突然领悟为前提，它帮助个体理解目标和达到目标的手段、途径之间的关系，从而找到解决问题的有效方法。

(三)完形-顿悟说的评价

作为早期认知性学习理论的代表，完形-顿悟说在心理学领域具有重要地位。它肯定了主体的能动作用，强调心理具有组织功能，将学习视为个体主动构造完形的过程。这一理论强调观察、顿悟和理解等认知功能在学习中的重要作用，对于反对当时行为主义学习论的机械性和片面性具有重要意义。同时，它也为后来的认知心理学发展提供了重要的理论基础。

然而，完形-顿悟说也存在一定的局限性。它将学习完全归因有机体的组织功能，将知觉经验的组织视为先验的本能，这在一定程度上忽视了环境和社会因素对学习的影响。此外，该理论完全否认了试误学习的作用，这与人类学习的实际情况并不完全相符。在实际学习过程中，尝试与错误往往是不可避免的，它们也是个体获得经验和知识的重要途径之一。

尽管如此，苛勒的完形-顿悟说与桑代克的尝试错误说并非完全排斥或对立。实际上，尝试与错误往往是顿悟的前奏和基础，而顿悟则是在经过一定程度的尝试和错误之后出现的结果。对于简单的问题或已有经验可循的问题，个体可能不需要经过反复的尝试和错误就能找到解决方法；而对于复杂或创新性的问题，则往往需要经过多次尝试和错误的过程才能产生顿悟并找到有效的解决方案。

因此，在理解和应用完形-顿悟说时，我们需要将其与其他学习理论相结合，以更全面和深入地理解学习的本质和过程。同时，我们也需要关注不同学习理论之间的互补性和相互支持作用，以便更好地指导教育实践和学习活动。

二、托尔曼的认知地图论

(一)托尔曼的位置学习实验

美国心理学家爱德华·托尔曼(Edward Chase Tolman)是新行为主义的代表人物和目的

行为主义的创始人，他为学习心理学领域作出了重大贡献。托尔曼提出了整体行为模式和中介变量的概念，并建立了符号学习理论，成为认知心理学的先驱之一。

托尔曼进行了一项著名的位置学习实验。在这个实验中，白鼠被用作研究对象，以探究它们在迷宫中的取食行为。实验装置包含了三条通向食物箱的通路，其中最短和次短的两条通路具有一个共同的部分(见图 2-7)。实验分为预备练习和正式实验两个阶段。在预备阶段，研究者让白鼠有机会走过迷宫中的每一条通路，使它们熟悉迷宫的整体环境，并确定它们从起点到达食物箱时对三条通路的偏好程度。结果显示，白鼠对通路的偏好程度依次为通路 1、通路 2 和通路 3。预备阶段结束后，正式实验开始。首先，在 A 处(即通路 1 和通路 2 的共同部分之前)阻塞了通路 1，结果发现，当白鼠在 A 处受阻后，它们迅速退回并选择了通路 2 而不是通路 3。然后，研究者将阻塞物移至 B 处(即通路 1 和通路 2 的共同部分)，使通路 2 被阻塞。结果表明，当白鼠沿着通路 1 行进到 B 处受阻时，它们并没有按照其偏好顺序先选择通路 2，再次受阻后再选择通路 3，而是从一开始就直接避开通路 2，选择了距离最长且最不受欢迎的通路 3。基于此，托尔曼得出结论：白鼠是根据对迷宫的认知地图来行动的，而不是依赖于过去的习惯。

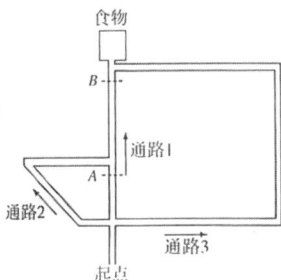

图 2-7　托尔曼的位置学习实验图

后来，托尔曼和他的团队又设计了一个实验，以研究白鼠在探索迷宫过程中食物对学习的激励作用。他们将白鼠分为三组：甲组没有食物奖励；乙组每天获得食物奖励；丙组作为实验组，前 10 天没有食物奖励，第 11 天开始给予食物奖励。实验结果显示，乙组因为有食物奖励，其减少错误的速度比甲组快；但令人惊讶的是，丙组在获得食物奖励后，其错误下降的速度比乙组更快。据此，托尔曼得出结论：丙组的白鼠在每次练习中都探索了迷宫的各个部分，并在内部形成了完整的认知地图，尽管这种学习过程并未立即表现在外部行为上。

(二)认知地图论的主要观点

托尔曼认为，学习是对完整情境的认知过程，实质是构建认知地图的过程。所谓认知地图，是指在过去经验的基础上产生于头脑中的某种类似于现场地图的模型。托尔曼将白鼠在迷宫中的学习行为视为一种认知学习过程。他认为，白鼠找到食物的过程并非仅仅是机械式地左转右转的活动，而是在走过之后，将迷宫通路中的某些特征(如行动方向、到达目的地的距离以及它们之间的关系)作为符号标志，并通过对这些符号之间关系(即手段-目的关系)的辨别来获得对迷宫的整体认识，从而形成一个认知地图。

托尔曼根据实验结果提出，外在的强化并不是学习产生的必要条件，即使没有强化也能发生学习。他指出，在这个实验中，动物在未获得强化前已经出现了学习行为，只不过这种学习并未立即表现出来，他将这种现象称为潜伏学习。潜伏学习是指未表现在外显行为上的学习过程，即有机体在每个学习步骤中都在进行学习活动，但某一阶段的学习效果并未明确显示出来，其学习活动处于潜伏状态。

此外，托尔曼还进一步提出，学习的结果不是简单的 S 与 R 之间的直接联结或一系列刺激-反应的机械动作，而是建立一个完整且连续的认知地图。因此，他主张将传统的 S-R 公式改为 S-O-R 公式，其中 O 代表了有机体的内部变化。

(三)认知地图论的评价

认知地图，也就是现代认知心理学所说的认知结构，对于教育来说至关重要。良好的认知结构是教育的关键和核心。我国的心理学家通过比较手表行业中的高级技师和一般机床操作工的认知地图发现，高级技师在诊断人机系统生产活动时拥有特定的认知地图。在这种心理结构中，有关生产活动的概念和规则是以特定的方式有机地组织在一起的；而一般操作工的认知地图则是零散且无规律的。这表明在实际的教育过程中，我们应该重视并加强对学生良好认知地图的培养和构建。

三、布鲁纳的认知-结构学习论

美国心理学家布鲁纳(Bruner)，被誉为认知心理学的先驱，他的教育心理学理论对现代教育发展产生深远影响。布鲁纳致力于将心理学的原理应用于教育领域，他提出的认知-结构学习论在 20 世纪五六十年代的国际教育改革中产生了广泛的影响。

布鲁纳坚决反对以机械强化为主的程序教学方式，他认为这种教学方式只会让学生死记硬背，而无法真正理解和运用所学的知识。相反，他主张学习应该是一个主动的过程，学生应该通过发现学习的方式，将学科的基本结构内化为自己头脑中的认知结构。因此，布鲁纳的理论也被称为认知-发现学习说或认知-结构学习论。

(一)学习观

1. 学习的本质在于主动形成认知结构

在布鲁纳看来，学习并非简单地接受外界的刺激和反应，而是一个主动构建认知结构的过程。学生通过积极地将新知识与已有的认知结构相结合，从而建构起自己的知识体系。他特别强调了认知结构在学习过程中的重要性，认为它能为经验中的规律性提供意义和组织，使人能够举一反三，触类旁通。

2. 学习过程包括获得、转化和评价三个阶段

布鲁纳认为，学习首先是新知识的获得，这需要学生将新信息与已有的知识经验、认知结构建立联系。获得新知识后，还需要对其进行转化，即运用各种方法将知识转化为新的形式，以适应新的任务。最后，评价阶段则是对知识转化的一种检查，通过评价可以检查处理方法是否适合新任务，或者运用得是否正确。

总之，布鲁纳认为学习任何一门学科的目的都是为了构建学生良好的认知结构。因此，

教师在教学过程中应该明确学生的认知结构包含哪些要素，并采取有效措施帮助学生获得、转化和评价知识，使学科的知识结构转化为学生的认知结构。

(二)教学观

1. 教学的核心在于促进学生对学科基本结构的理解

布鲁纳坚信教学的目标是帮助学生理解学科的基本结构，即学科的基本概念、基本原理和基本方法。当学生掌握了学科的基本结构时，他们就能将学科看作一个相互联系的整体，从而更容易理解和记忆学科内容，促进学习迁移，提高学习兴趣和智力水平。

2. 教学原则

为了实现这一目标，布鲁纳提出了如下四条基本的教学原则。

(1) 动机原则。激发学生的内在学习动机是有效教学的前提。教师应善于调动学生的好奇心、胜任感和互惠内驱力，以激发其学习热情。

(2) 结构原则。教师应根据学科的性质和学生的年龄特征，选择适当的表征形式(动作、图像或符号)来呈现知识，以便帮助学生构建良好的认知结构。

(3) 程序原则。教学应引导学生有条不紊地掌握知识的结构，以提高其掌握、转化和迁移知识的能力。教师应根据学生的实际情况和学科特点，选择适合的教学程序。

(4) 强化原则。为了提高学习效率，教学应提供适当的反馈和强化。教师应及时了解学生的学习情况，并给予有针对性地指导和帮助。

(三)发现学习：最佳的学习方式

布鲁纳认为，发现学习是学生学习的最佳方式。它不仅能激发学生的好奇心和探索欲望，还能调动其内部动机和学习积极性。通过发现学习，学生可以亲自探究事物，从而更深入地理解学科的基本结构。因此，教师在教学过程中应尽可能为学生提供发现学习的机会，引导他们主动探索和发现知识。

(四)认知-结构学习论的评价与教学启示

1. 贡献与不足

布鲁纳的认知-结构学习论为教育心理学领域做出了重要贡献，推动了教育教学的重大转变。然而，其理论也存在一些不足之处，如过于强调发现法教学而忽视系统讲授、教学效率较低等局限性。

2. 教学启示

根据布鲁纳的认知-结构学习论，教师在教学过程中应全面深入地分析教材，明确学科的基本结构和核心概念，以便引导学生加深对教材结构的理解。同时，教师还应根据学生的实际情况和学科特点，灵活选择教学方法和程序，以激发学生的学习兴趣和积极性。此外，教师还应提供适当的反馈和强化，以帮助学生纠正错误、提高学习效果。

总之，布鲁纳的认知-结构学习论为现代教育提供了重要的理论支持和实践指导。作为教师，我们应深入理解和运用这一理论，以提高教学质量和促进学生的全面发展。

四、奥苏贝尔的有意义接受学习说

奥苏贝尔，这位与布鲁纳同时代的美国著名教育心理学家，以其独特的视角对学生的学习过程进行了深入的剖析。他强调，在学校环境中，学生的学习主要聚焦于言语符号所代表的系统知识，这种学习应避免机械性而追求意义性。

(一)意义学习的内涵

意义学习的核心在于将新知识与学生已有的认知结构中的适当观念建立起实质性的、非人为的联系。实质性的联系指的是新知识与原有知识之间深层次的、非字面意义的关联，它超越了简单的符号对应，涉及概念、命题等认知的层面。例如，在学习"等边三角形"这一新概念时，学生需要先理解"三角形"和"等边"的基本含义，然后才能将这些概念与原有的"三角形"概念相融合，形成对"等边三角形"的独特理解。

而非人为的联系则强调了这种联系的逻辑性和内在性。它不是任意或随意的，而是基于知识的内在逻辑和学生的认知结构。例如，在学习四边形内角和的知识时，学生可以利用已有的三角形内角和的知识，推导出四边形内角和的规律。这种推导过程体现了新旧知识之间的逻辑联系，是非人为联系的典型体现。

(二)意义学习的条件

意义学习的产生既受学习材料本身性质的影响，也受学生自身因素的影响，前者为影响意义学习的外部条件(客观条件)，后者为影响意义学习的内部条件(主观条件)。

1. 意义学习的外部条件

从客观条件来看，学习材料必须具有逻辑意义，即在学生的心理上是可以理解的，是在其学习能力范围之内的。一般来说，学生所学的教科书或教材，是人类认识世界的概括，都是有逻辑意义的。

2. 意义学习的内部条件

首先，学生必须具有意义学习的心理倾向性。有意义学习的心理倾向性，是指学生积极主动地把符号所代表的新知识与学生认知结构中原有的适当知识加以联系的倾向性。

其次，学生认知结构中必须具有适当的知识，以便与新知识进行联系。如果学习材料本身有逻辑意义，而学生认知结构中又具备了适当的知识基础，那么，这种学习材料对学生来说就构成了潜在的意义，即学习材料有了和学生认知结构中的适当观念建立联系的可能性。

最后，学生需主动将潜在意义的新知识同化至认知结构中，使认知结构或旧知识得到改善，使新知识获得实际意义，即心理意义。意义学习的目的，就是使符号代表的新知识获得心理意义。上述条件缺一不可，否则就不能构成有意义的学习。

(三)接受学习

接受学习是在教师指导下，学生通过接受现成知识来学习的一种方式。奥苏贝尔认为，接受学习特别适合那些已经具备了一定知识和经验的学生。在接受学习过程中，学生通过教师的讲解、演示或教材的阅读，接受现成的科学知识和基本概念，而不需要自己去发现和探索。

接受学习的价值在于它能够在短时间内向学生传授大量的知识。通过接受学习，学生可以快速地掌握基本概念、原理和事实，为后续的深入学习打下坚实的基础。同时，接受学习还有助于培养学生的系统性和逻辑性思维能力，使他们能够更好地理解和应用所学知识。

(四)先行组织者

为了更有效地促进接受学习，奥苏贝尔提出了先行组织者的教学策略。先行组织者是一种在学习任务之前呈现给学生的引导性材料，其抽象概括水平高于新学习内容，并且与学生原有的认知结构相关联。先行组织者的作用在于为新的学习任务提供观念上的固着点，增加新旧知识的可区分性，从而促进学习的迁移和整合。

通过引入先行组织者，教师可以帮助学生建立起新旧知识之间的联系，降低学习难度，提高学习效果。同时，先行组织者还有助于激发学生的学习兴趣和积极性，使他们更加主动地参与到学习过程中来。

(五)有意义接受学习说的评价

奥苏贝尔的有意义接受学习说在教育领域产生了深远的影响。它强调了认知结构和有意义学习在知识获得中的重要作用，澄清了人们对传统讲授教学和接受学习的偏见。同时，先行组织者的教学策略也为改进课堂教学设计提供了有益的启示。

然而，这一理论也存在一定的局限性。它过于偏重于学生对知识的掌握，而对学生能力的培养尤其是创造能力的培养不够重视。此外，其教学思路更适合于陈述性知识的教学，而对于程序性知识的教学则可能不太适用。

奥苏贝尔的有意义接受学习说为我们提供了一种新的视角来看待学生的学习过程。尽管该理论存在局限，但其所强调的认知结构和有意义学习在知识获得中的作用仍然是不可忽视的。因此，在实际教学中，我们应该根据具体情况灵活运用这一理论，以更好地促进学生的全面发展。

第四节　人本主义学习理论

人本主义心理学是 20 世纪 50 年代至 60 年代在美国兴起的一种心理学思潮，其主要代表人物是亚伯拉罕·马斯洛(Abraham Harold Maslow)和卡尔·罗杰斯(Carl Rogers)。人本主义的学习观与教学观深刻地影响了世界范围的教育改革。

一、学习的实质

人本主义心理学认为，学习的实质是形成与获得经验，甚至学习的过程本身就是经验的过程。罗杰斯认为，个人的学习是一个心理过程，是个人对知觉的解释。人本主义的学习观把学生看作是一个有目的、能够选择和塑造自己行为并从中得到满足的人。因此，教学的任务是创设一种有利于学生学习潜能得以充分发挥的情境。罗杰斯强调教学要以学生为中心，教师的任务是帮助学生增强对变化的环境和自我的理解，而不应该像行为主义学习理论所主张的那样用安排好的各种强化去控制或塑造学生的行为。人本主义特别强调学习方法的学习和掌握，最好的学习是学会如何进行学习。学习内容应契合学生的有价值认知与经验需求。只有当学生正确地了解所学内容的用处时，学习才成为最好的、最有效的学习。人本主义学习观启发我们，教师要尊重学生的兴趣和爱好，尊重学生自我实现的需要，在课程内容的设置上给学生以充分的自由，允许学生根据自己的兴趣和爱好以及自我理想来选择有关学习内容，而不应把学生不喜欢的东西强行灌输给学生。

二、有意义的自由学习观

人本主义强调教学的目标在于促进学习，因此学习并非教师以"填鸭式"强迫学生无助地、顺从地学习教材，而是在好奇心的驱使下，学生主动吸收他们认为有趣和需要的知识。同奥苏贝尔一样，罗杰斯认为学习分为两类：无意义学习和有意义学习。

(一)无意义学习

无意义学习类似于无意义音节的学习。学生要记住这些无意义音节比较困难，是因为它们没有意义、枯燥乏味，既难于学习又容易遗忘。在罗杰斯看来，学生在课堂里学习的内容，许多对学生而言缺乏个人意义，是无意义学习。它只涉及心智而不涉及个体情感、态度、意志，是一种"在颈部以上"发生的学习，与完整的人无关。

(二)有意义学习

有意义学习不仅仅是一种增长知识的学习，还是一种与每个人各部分经验都融合在一起的学习。它不仅涉及事实累积的学习，还是一种受个体行为、态度、个性影响很大的学习。例如，如果一个五岁小孩迁居到另一个国家，让他每天与新的小伙伴们一起自由地玩耍，完全不进行任何语言教学，他在几个月内就会掌握一种新的语言，而且还会习得当地的口音。因为他是以一种对自己有意义的方式来学习的，所以学习速度极快。倘若请一个教师去教他，在教学中使用教师认为有意义的材料，那么学习速度将会很慢，甚至没有效果。

为什么让儿童自己去学习时速度很快且不易遗忘，而用只涉及理智的方式"教"他们时，结果就不行了呢？罗杰斯认为，关键在于后者不涉及个人意义，只是与学生的某个部分(如大脑)有关，而与完整的人无关，因而他不会全身心地投入这种学习。由此可见，罗杰斯的有意义学习，与奥苏贝尔的有意义学习是不同的，罗杰斯关注学习内容与个人之间的关系，而奥苏贝尔强调新旧知识之间的联系。按照罗杰斯的观点，奥苏贝尔的有意义学习是在"颈部以上发生的学习"。

罗杰斯认为，有意义学习包括四个特征。

(1) 全神贯注。即整个人的认知和情感均投入到学习活动。

(2) 自动自发。学生出于内在的愿望主动去发现、探索和了解事件的意义。

(3) 全面发展。学生的行为、态度、人格等获得全面发展。

(4) 自我评估。学生自己评估自己的学习需求、学习目标是否完成等。

因此，学习能对学生产生意义，并能纳入学生的经验系统之中。总之，有意义的学习结合了逻辑和直觉、理智和情感、概念和经验、观念和意义。若以这种方式来学习，学生便会变成统整的人。

三、"以学生为中心"的教学观

"以学生为中心"可以说是人本主义心理学家的核心教育原则。罗杰斯认为，由于学生具有学习潜能并具备自我实现的学习动机，因此，教师不是教学生"怎样学"，而是提供学习资源，由学生自主决定"怎样学"。在教学中，教师只是顾问而非指导者，更非操纵者。为了确立"以学生为中心"的教育原则，人本主义心理学家提出了以下三点建议。

(一)学生自己决定学习内容和发动学习动机

自发地学习是最持久的，也是最深入的。如果学生不能自己发动学习动机，就不会真正学到什么东西。教师在组织教学内容时，一定要以学生需求为导向。学生的学习活动可以在教师引导下由学生自己安排，教师提供有用的知识和必要的条件。好的教育应该关心孩子的成长和发展，而不仅仅是出于大人的方便去管束他、压制他。

(二)学生自己掌握学习方法

教师不应把学生的头脑当作储藏室，把知识硬塞进去，而应将其视为一个加工厂，指导学生获取知识的有效途径，教给学生适合的学习方法。学校里各门学科的性质不同，教材内容也不同，学习方法既有共同之处，也有其自身特点。因此，学生既要掌握一般的学习方法，又要掌握适合于某一门学科的特殊学习方法。

(三)学生自我评价

学生自我评价是培养学习独立性的先决条件。教师用分数或奖励等手段评价学生的学习，是对学生的干预。常常用评分的方法来衡量学生的成绩，会使学生认为学习是为了分数，而不是为了满足自己的需要。学生自己评价不是和他人比较，而是对照自己的目标检查自己的学习情况。它可以帮助学生真正了解自己的学习状况，判断有没有达到预定目标，并明确努力的方向。因此，教师不仅要经常和学生一起制订学习计划，还要讨论和制定评价学习的标准，帮助学生掌握自我评价的方法。

第五节　建构主义学习理论

一、建构主义的思想渊源与国际背景

建构主义学习理论是教育心理学领域继行为主义、认知主义之后的一个重要理论发展分支。这一理论源于皮亚杰(Jean Piaget，1896—1980，瑞士心理学家)和布鲁纳等学者的早期思想，并经过后人的不断完善和发展，最终形成了现今的建构主义学习理论。

行为主义，作为早期的心理学流派，主张学习是通过刺激与反应的联结来实现的。其代表人物，如美国的华生，强调外部环境对学习行为的影响，而忽视了学生内部的认知过程。然而，随着研究的深入，人们逐渐认识到，学习并非简单的刺激-反应过程，而是涉及学生内部的心理活动和认知结构的重构。

认知主义学习理论则在此基础上进行了拓展，认为学习是学生内部心理活动的结果，强调认知过程的重要性。认知主义者如布鲁纳，提出了认知结构的概念，并认为学习是通过同化和顺应来构建和发展认知结构的。

建构主义学习理论则进一步超越了认知主义，它认为学习是学生基于自身经验，通过主动建构内部心理表征的过程。在皮亚杰和布鲁纳的思想中，已经蕴含了建构主义的萌芽。他们强调认知结构的形成是一个动态的过程，是学生通过与环境的相互作用而逐渐建构起来的。

20 世纪 70 年代末，布鲁纳等人将维果茨基(Lev Vygotsky，1896—1934，苏联心理学家)的思想引入美国，对建构主义思想的发展起到了重要的推动作用。维果茨基强调社会文化历史在心理发展中的作用，尤其是活动和社会交往的重要性。他认为，学习是一个社会化的过程，学生通过与他人的互动和合作，共同建构知识和理解。

二、建构主义学习理论的主要观点

(一)知识观

建构主义学者认为，知识并非绝对真理，而是对现实的一种解释或假设。这种解释或假设随着人类认识的深入而不断被修正和完善。因此，知识具有动态性和相对性，而非固定不变的。学生在学习过程中需要不断对知识进行检验、修正和重构，以适应不断变化的世界。

(二)学习观

建构主义学习观强调学生的主动性和建构性。学生不是被动地接受知识，而是基于自身经验主动建构新的理解和意义。此外，学习过程是一个社会互动的过程，学生通过与他人的交流和合作，共同建构知识和理解。这种社会互动有助于学生拓宽视野、深化理解，并促进创新思维的发展。

(三)学生观

建构主义认为学生具有丰富的生活经验和潜在的学习能力。学生在进入课堂之前已经形成了对世界的独特看法和理解。因此，教学应该尊重学生的经验和观点，引导他们从原有经验出发建构新的知识和理解。同时，教师应该相信学生的潜能和创造力，为他们提供足够的机会和支持来发挥自己的才能。

(四)教学观

在建构主义教学理念下，教师不再是知识的传递者，而是教学情境的创设者和学习过程的引导者。教师应该根据学生的特点和需求，设计具有挑战性和启发性的教学情境，以激发学生的学习兴趣和探究欲望。同时，教师应该注重培养学生的批判性思维和创新能力，引导他们自主探究、合作学习和解决问题。

(五)教师观

在建构主义学习环境中，教师的角色发生了显著的变化。教师不再是知识的权威和灌输者，而是成为学生学习过程中的合作伙伴和引导者。教师应该与学生建立平等、互信的关系，尊重他们的观点和需求，鼓励他们发表自己的看法和见解。同时，教师应该不断提升自己的专业素养和教育教学能力，以更好地适应建构主义教学的要求。

综上所述，建构主义学习理论为现代教育提供了重要的理论支持和实践指导。它强调学生的主动性和建构性，注重社会互动和情境创设，有助于培养学生的创新思维和实践能力。在实际教学中，我们应该积极借鉴和应用建构主义学习理论的理念和方法，推动教育的改革和发展。

三、建构主义学习理论的评价与应用

建构主义者们对学习和教学提出了新的见解，强调知识的动态性，重视学生经验世界的丰富性和多样性，以及学习的主动建构性、社会互动性和情境性。在建构主义的视角下，学生被视为知识的创造者，而教育的任务则是营造一个理想的学习环境，以促进学生自主建构知识的能力。建构主义的诸多理念不仅拓宽了教育界的视野，也在现代教育技术的背景下，为教育改革提供了重要的实践指导。

尽管建构主义仍处于不断发展和完善的阶段，其内部也存在着不同的观点和显著的分歧。一些建构主义者持较为温和的观点，他们认同知识具有一定的客观性和可靠性，但同时强调实际情境的复杂性和变化性，反对将知识教条化或过度简化。他们认为应深化对知识的理解，掌握其复杂性。

在实际的教学过程中，建构主义理论已经得到了广泛的应用，并催生了许多促进学生思维发展的具体教学方法。这些方法包括研究性学习、基于问题的学习、合作学习、教学对话、认知师徒法和互惠教学等。

(一)研究性学习和基于问题的学习

研究性学习要求教师提供一个充满问题的情境，学生通过搜集信息、验证假设来解决问题。这个过程通常包括形成假设、数据收集、得出结论以及对问题解决过程的反思。在这种学习方式中，学生不仅获得知识，更重要的是学会如何探究和思考。教师的角色是准备、组织和监督，确保每个学生都参与到学习过程中。

基于问题的学习则要求教师提出没有固定答案的实际问题，鼓励学生通过协作探索来共同寻求解决方案。这种方法的教学步骤涉及引导学生理解问题、组织学习活动、协助独立和小组调查、形成和交流假设以及分析和评估问题解决过程。

(二)合作学习

合作学习是由能力不同的学生组成小组，通过互动共同学习，强调小组成员间的相互依赖与支持。为了发挥合作学习的作用，需要确保每位成员都参与进来并相互合作。然而，仅仅将学生分组并不能保证产生有效的合作。如果管理不当，小组互动可能会阻碍学习或影响同学间的关系。因此，教师需要精心设计和监督，以确保小组内的互动是建设性的。

(三)教学对话

教学对话是一种通过师生和生生之间的交流来促进学习的方法。它允许学生在尝试解决问题时获得必要的帮助，而教师在这个过程中主要扮演引导者的角色。

(四)认知师徒法和互惠教学

认知师徒法侧重于传授认知技能，如阅读理解和数学问题解决。这种方法包括观察示范行为、接受外部支持、概念性支撑的逐渐减少、用语言表达理解、反思进步以及尝试新应用等步骤。

互惠教学是认知师徒法的一个成功案例，尤其在阅读理解方面表现出色。通过总结、提问、解释难点和预测内容等策略，学生能够在教师的指导下深入理解和分析文本。

总之，建构主义学习理论为教育实践提供了丰富的资源和方法，但同时也要求教师具备高度的专业素养和敏锐的教育洞察力，以便更好地满足学生的学习需求。

本章小结

本章中，学习的内涵、分类以及学习理论的发展历程得到了深入探讨。广义学习与狭义学习的概念差异被明确区分，并对学习进行了多层次的分类，涵盖了加涅、布鲁姆和奥苏贝尔等人的分类体系。这些分类体系揭示了学习的多样性和复杂性，并为理解和分析学习过程提供了重要框架。行为主义学习理论，包括桑代克的尝试-错误说、巴甫洛夫的经典条件反射、斯金纳的操作性条件反射及班杜拉的观察学习理论，得到了回顾。这些理论强调了外部环境刺激和反应在学习过程中的作用，揭示了学习过程中的基本规律，例如准备律、练习律、效果律以及强化和惩罚等。

接下来，认知学习理论被引入，介绍了苛勒的完形-顿悟说、托尔曼的认知地图论、布鲁纳的认知-结构学习论以及奥苏贝尔的有意义接受学习说。这些理论突出了学生内部心理过程和认知结构在学习中的重要性，揭示了学习的主动建构性和认知性。

最后，建构主义学习理论得到了讨论。该理论强调了知识的主观性、学习的社会性和情境性，认为学习是学生在特定社会文化背景下，借助他人帮助，利用必要学习资料，通过意义建构的方式获得的。建构主义学习理论为现代教育和教学改革提供了理论支持，推动了研究性学习、合作学习、教学对话等新型教学模式的发展。

通过本章内容的学习，学习的内涵和过程得到了深入理解，同时掌握了各种学习理论的基本观点和应用价值。这些理论为教育教学提供了丰富的视角和方法，有助于更好地指导教学实践，促进学生的全面发展。

思考题

(1) 描述广义学习的内涵包含哪些主要方面？

(2) 加涅的学习分类中，按学习结果可以分为哪几类？

(3) 尝试-错误说的学习规律包括哪些？

(4) 列出经典条件反射的基本规律。

(5) 描述斯金纳的操作性条件反射中程序教学的几个核心原则。

(6) 观察学习理论中的"动机过程"是如何影响学习的？

(7) 布鲁纳的认知-结构学习论中，教学原则是什么？

(8) 建构主义学习理论如何定义知识、学习和学生观？

第三章　小学生学习动机与兴趣

本章学习目标

➢ 知识目标：掌握学习动机培养与激发的具体方法；理解学习动机的定义、功能、分类标准；了解学习动机的强度与学习效率之间的动态关系，同时掌握马斯洛需要层次理论的核心内容及各层次关联机制；

➢ 能力目标：能够运用学习动机理论对厌学及学习成绩不良学生个案进行分析、完成诊断并设计具体的培养方法；具备运用科学方法消除习得性无力感、提升学生自我效能感的实践能力。

➢ 素质目标：培养学生正当的需要、高尚的兴趣、积极的学习动机；建立辩证思维，能够客观评价马斯洛需要层次理论的学术价值与局限。

重点与难点

➢ 重点：消除习得性无力感的干预策略和增强自我效能感有效方法。
➢ 难点：学习动机理论框架的个案诊断分析及个性化培养方案设计。

引导案例

小明怎么了?

六年级二班的小明同学上课不是打瞌睡，就是发呆，回答问题时答非所问。语文老师拿出小明的作文，只见上面字迹非常潦草。有一篇题目叫《我最讨厌的一件事——上学》里面写道："……讨厌死了，见他的鬼去吧，把书扔进高压锅里，用小火煮上一天，拿出来再用锤子砸、砸、砸，再浸入浓氨水、浓硫酸、浓硝酸，用棒球棒打，狠狠地打、摔，送入转炉，烧成灰，最后为它拍张照，留作'幸福'的纪念！"小明说："在教室里，我一分钟也待不下去了！"小明怎么了？他为什么如此讨厌上学？你能理解他吗？假如你是小明的教师或者父母，面对这些情况，你该怎么办？小明怎么了？这背后隐藏着一系列复杂的心理动因，老师们决定运用心理学理论来引导他走出困境。

语文老师首先运用成就动机理论，为小明设定了短期内可达成的小目标，如每周写一篇字迹工整的日记，并在课堂上给予他展示和表扬的机会，以此激发他的成就感。同时，结合强化理论，每当小明取得进步时，老师都会奖励他学习用品或额外的休息时间，正面强化他的积极行为。

针对小明对学习的消极态度，班主任引入了需要层次理论，通过私下谈话了解小明内心真正的需求和渴望，发现他热爱绘画，于是鼓励他参与学校的美术社团，并在学习与艺术创作之间建立联系，满足他自我实现的需求。

老师还注意到小明可能存在习得性无力感，便运用归因理论，引导小明正确归因，让他意识到学习困难是方法不当而非能力不足，帮助他建立积极的自我认知。通过团队辅导活动，让小明体验成功解决问题的过程，逐步克服无力感。

这一系列个性化、系统性的干预措施，让小明逐渐对学习产生了兴趣，课堂上的他不再打瞌睡或发呆，而是更加专注和积极。

(资料来源于本书作者的工作日记)

第一节　学习动机概述

一、学习动机的定义

动机总是和一定的实践活动联系在一起的，它与不同实践领域的活动联系在一起，就会有不同的动机。因此，才会有演唱动机、表演动机、劳动动机、学习动机等。所谓的学习动机就是直接推动学生进行学习的内部动力。一个学生是否想要学习，为什么而学习，喜欢学习什么，以及学习的努力程度、积极性、主动性等，都受学习动机的影响。

二、学习动机的构成

学习动机是由多种心理成分构成的，它主要包括以下几个方面。

(一)对知识价值的认识

一个人学习动机的强弱受对知识价值认识的影响，只有当一个人认识到知识对自己人生和社会产生的价值时，才会产生较强烈的学习动机。否则，如果他觉得知识无用，就不会努力学习。

(二)学习的直接兴趣

对学习的直接兴趣又称求知欲，是力求认识世界，渴望获得文化科学知识、探求真理并伴随着愉快情绪体验的认识倾向。对学习的直接兴趣是学习动机中最现实、最活跃的成分。有了强烈的求知欲，学生就会在学习中苦而不觉苦，累而不知累，学习积极性很高。

(三)对自身学习能力的认识

学生对自己认为有能力学好的学科会产生较强烈的学习动机。他们乐于学的学科都是力所能及和学得较好的学科。如果学生在某一学科有"习得性无力感"，他将不愿意学习这门课程。

(四)对学习成绩的归因

学生对自己学习成绩的归因也会影响学习动机。如果一个学生把自己学习的失败归因为"天资愚笨"，他将缺少学习积极性；如果归因为自己的努力程度不够，他可能会更加刻苦学习。可见归因也是学习动机的重要组成成分。

三、学习动机的功能

(一)激活功能

学习动机能促使个体产生学习行为。从这一功能来看，学习动机是引起学习行为的原动力，对学习行为起着始动作用。例如，某学生知道自己的英语听力能力较差，产生了要训练听力的动机，他便在这一学习动机的驱使下，出现了相应的学习行为——观看美国原声电影。

(二)指向功能

学习动机能使学生的学习行为指向某一特定目标，从指向功能来看，学习动机是引导学生学习行为的指示器，对学习行为起着导向作用。例如，那位学生在要练习听力这一动机的引导下，将观看美国原声电影这一学习行为明确指向训练听力这一目标，观看时把注意力集中在电影中的人物对话上。

(三)强化功能

学习动机能维持和调节学生学习行为的强度、时间和方向。例如，那位学生观看美国原声电影时，把注意力集中在人物对话上，这一学习行为的强度和维持时间的长度都受到相应学习动机的影响和调控。

四、学习动机的分类

学习动机的分类

学生的学习动机可以根据不同的标准划分为不同的类型。

(一)根据学习动机的社会意义不同划分

学习动机可以分为正确的或高尚的学习动机，以及错误的或低下的学习动机。有利于社会发展和进步的动机是正确的动机；相反，阻碍社会发展和进步的动机则是错误的动机。

(二)根据学习动机起作用时间的长短不同划分

学习动机可以分为直接的近景性动机和间接的远景性动机。直接的近景性动机是与学习活动直接相联系的、具体的动机。它主要来源于对学习的兴趣。例如，只为了一次考试而努力学习。远景性动机是与学习的社会意义和个人的远大理想相联系的动机。例如，学生为了祖国的繁荣富强而努力学习，为了成为一名科学家而刻苦钻研。

(三)根据动机的动力来源不同划分

学习动机可以分为外部动机和内部动机。外部动机是指由学习结果或学习活动以外的因素作为学习的目标而引发的推动学生学习的动力，学习活动只是达到目标的手段。例如，一个学生为了获得好成绩、靠前的班级排名、教师的表扬或其他各种奖赏而学习，这就是外部动机的作用。内部动机是指由学习活动本身作为学习的目标而引发的推动学生学习的动力，学生在学习活动过程中获得满足。比如，一名学生将学习当作一种乐趣，积极听课、看书，这就是内部动机的驱使。

外部动机和内部动机在学习活动中的动力作用是不同的。外部动机是由于各种外部诱因引起的，如表扬、奖励、批评、惩罚、考试、评分、就业等，这些外部诱因对学习活动的推动作用可能是巨大的，但也可能是容易变化和短暂的，其动力作用会随外部目标(诱因)的满足而降低。内部动机对学习的推动作用是稳定而持久的，由学习需要、求知欲、学习兴趣而引发的学习，能让学生孜孜不倦。正所谓"知之者不如好之者，好之者不如乐之者"。

在学校学习活动中，外部动机和内部动机既可以同时发挥作用，也可能交替发挥作用，二者之间还可以相互转化。作为教育者，我们不仅要注意调动学生的外部动机，更应注重培养学生的内部动机。研究表明，受内部动机驱使的学生比受外部动机支配的学生往往能取得更高的学业成绩。

(四)奥苏贝尔的划分

奥苏贝尔在其有意义学习理论中提出了以下三种内驱力。

1. 认知内驱力

它是以求知作为目标本身，即直接指向学习任务的动机。有这种动机的学生渴望了解和掌握知识，有系统地阐述问题并解决问题的需求。它主要由好奇心派生而来。例如，儿童不断地向成人提问，"这是什么？那是什么？"这就是儿童最初的潜在的认知内驱力。但它还没有特定的内容和方向，只有在后天的不断学习中才会有具体方向。

2. 自我提高内驱力

它是指个体要求凭借学业成就赢得相应地位的愿望。例如，学习好可以受到老师和同学的尊重；学习好可以找到好的职业。"学而优则仕"的想法是典型的自我提高的内驱力。

3. 附属内驱力

它是学生为了得到家长、教师等长者的赞许或认可而努力学习的一种需要。这种内驱力在中小学生身上较常见。例如，为了得到自己所尊重的老师的赞扬，学生会努力学习他所讲授的学科。

奥苏贝尔提出的这三种内驱力为理解学习动机提供了重要的理论框架。通过激发学生的认知内驱力、自我提高内驱力和附属内驱力，教师可以帮助学生建立持久的学习动力，实现有意义的学习。在实际教学中，教师应根据学生的特点和需求，灵活运用这三种内驱力，促进学生的全面发展。

五、学习动机与学习效果的关系

学习动机的强度和性质影响着学习的方向、进程和效果，一般而言，学习动机与学习效果是统一的。表现在学习动机可以促进学习，提高成绩。而且，学习动机不同，学习效果就不一样。研究表明，学生的学习动机是存在差异的。优等生的学习动机不但内容较广，而且水平亦较高。差等生的学习动机内容较窄，水平亦较低。

然而，在实际教学中，我们往往会看到动机和效果不一致的现象。有时动机强度过强，效果反而很差，这说明动机强度与学习效率之间的关系并不是简单的直线关系。耶基斯与多德森(Robert M. Yerkes & J. D. Dodson，1908 年提出著名的耶基斯-多德森定律——Yerkes-Dodson Law)等人的研究均已表明：学习动机强度的最佳水平不是固定不变的，而是根据作业的难度不同而不同。对于难易适中的课题，最佳水平为中等动机强度；对于比较容易或简单的课题，最佳水平为较高的动机强度；对于比较复杂或困难的课题，最佳水平为较低的动机强度。这一规律在心理学中被称为耶基斯-多德森定律，如图 3-1 所示。在动机强度低于最佳水平时，随着其强度的增加，学习效率则不断提高；而当动机强度超过最佳水平时，随着其强度的增加，学习效率则不断下降。

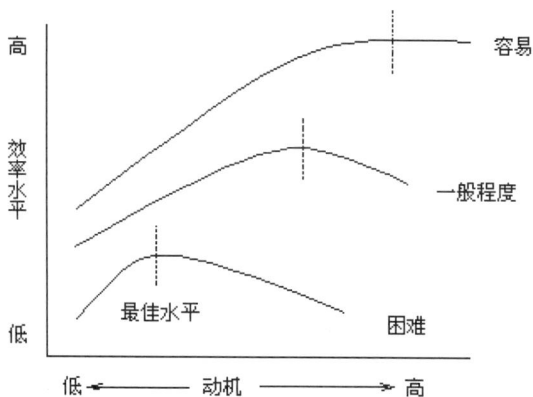

图 3-1　耶基斯-多德森定律

可见，高度强烈的学习动机与低强度的学习动机一样，会降低学习效率。这是因为，在过分强烈的动机状态下，焦虑水平也过高。在焦虑状态下，个人的注意力和知觉范围变得过分狭窄，思维效率降低，因此，正常的学习活动受到限制，学习效率下降。

第二节　学习动机理论

一、强化理论

(一)基本观点

行为主义心理学认为学习是刺激-反应的联结，而外部强化是引起学习的最重要的因素。因此可以说行为主义的学习动机理论就是强化论。现代行为主义心理学家不仅用强化来解释操作学习的发生，也用强化来解释学习动机的产生。实际上，在某些行为主义心理学家看来，引起动机与习得行为并无两样，都可以用强化进行解释。他们认为：人们是否对某种行为产生动机，完全取决于先前这种行为和强化之间建立起来的联系。这种联系越牢固，人们对这种行为的动机越强烈，反之则越弱。如果学生因学习而得到家长的表扬(强化)，他们就会有较强的学习动机；如果学生的学习没有得到强化，就会缺乏学习动机。由于外部强化所引起的动机属于外部动机，行为主义心理学对动机的研究主要是集中在外部动机方向。

(二)强化的依随性

斯金纳的研究表明，某一操作出现后，马上呈现外部强化，这种操作出现的概率会增强，即行为依随于外部强化而变化。这种反应之后出现强化的依随关系，被称为强化的依随性。在早期的研究中，斯金纳认为只有及时强化才有作用。然而，后来的研究发现，只要人们能够意识到反应与强化的依随关系即可，并不一定非得及时进行强化。在强化过程中，可以用一个经常出现的或较喜爱的活动作为强化物去强化一个较少出现的或较不喜欢的活动。例如，要求儿童先做作业，然后可以看动画片。

(三)强化程序

强化程序是指在强化频率和可预见性上的各种模式。强化程序的分类如下。

(1) 连续式强化：对每一次或每一阶段的正确反应都给予强化。也称即时强化。

(2) 间隔强化包括：

➤ 定时距强化：每两次强化之间的时间间隔是固定的。

➤ 变时距强化：每两次强化之间的时间间隔是变化的。

(3) 比率强化包括：

➤ 定比率强化：强化与反应次数之间呈一定比例。

➤ 变比率强化：强化与反应次数之间的比例是变化的。

在实际教学中，教师对学生的强化应遵循以下原则。

(1) 教新任务时，进行即时强化，不要进行延缓强化。在行为主义学习理论中，有一条重要的原理就是，后果紧跟行为比后果延缓要有效得多。即时强化有两个作用：首先是使行为和后果之间的联系更为明确，其次它增加了强化的信息价值。

(2) 在任务的早期阶段，强化每个正确的反应，随着学习的发生，对比较正确的反应优先强化，逐渐地转为间隔强化。

(3) 强化要保证朝正确方向促进或引导。不要坚持一开始就做到完美，不要强化不希望出现的行为。

(四)外部强化的副作用

自 20 世纪 70 年代以来，许多研究发现，外部强化虽然能够提高学生的外部动机，但也存在明显的副作用，即会损害学生对某些活动的内在动机，也就是说，一些活动本来能够由内在动机激发，却由于外部强化的介入，尤其是当这些奖励太过显眼，几乎成为一种贿赂时，人们会误以为结果似乎就是为了这种外部奖励，从而损害了学生的内在动机和对活动本身的兴趣。

如德西(Edward L. Deci，美国著名心理学家，自我决定理论创始人之一)用谜语做了一系列的研究。通常，解谜语是人们感兴趣的活动，被认为是由内在动机激发的。在一次实验中，德西将大学生被试分成三组去解谜语。甲组被试事先被告知，他们解开谜语能得到钱；乙组被试在解完谜语之后被告知他们因为这样做而得到钱；丙组被试得不到任何提示，也没有得到钱。解完一些谜语后，实验者让三组被试分别单独待一会，在这段时间里，他们可以自由地做他们想做的任何事情。结果发现，甲组被试很少会自动返回去解谜语，他们似乎对解谜本身已不再感兴趣。相反，丙组被试对解谜仍然很感兴趣，愿意继续解谜的人更多。有趣的是，乙组被试在解谜之后才被告知金钱奖赏。因此，他们实际上并没有为钱而解谜，所以内在动机并没有因此减弱，他们仍然继续解谜语。

莱珀(Mark R. Lepper，美国著名的心理学家，在动机研究领域有重要贡献)等人在幼儿园进行的一项研究也得到类似的结果。儿童中有一部分人本来是很喜欢用彩笔绘画的，但实验者对其中的一部分孩子进行了奖励，每画一张就送给他们一个小奖杯。结果，当孩子们知道用彩笔画画再也不会得到奖励时，他们就不再继续画了。莱珀认为，这是因为这些儿童失去了对绘画的内在兴趣。

外部奖励的破坏作用主要出现在所奖励的只是完成某种任务，而不是在多大程度上或多好地完成任务时。此外，外部强化的使用还易使学生的注意范围变窄，只关心考试分数和奖励，而忽略对所学内容本身的掌握。现在几乎所有的教师都会遇到学生提出的同一个令人尴尬的问题："老师，你讲的这部分内容会考吗？"

外部强化虽然有利于激发学生的外部动机，但我们在使用时一定要慎重。对于学生本来有内在兴趣的学习活动，要避免因使用外部奖励造成的损害，而对于一些学生缺乏兴趣的学习活动，教师可以适当运用外部强化去激发学习动机，并使学生最终对学习活动本身产生兴趣。

二、需要层次理论

(一)基本观点

需要层次理论

美国著名的心理学家，人本主义心理学创始人之一马斯洛(Abraham H.Maslow)，用人本主义的思想来解释人的需要，并提出了需要层次理论。这一理论既不同于行为主义的外因决定论，又不同于弗洛伊德的生物还原论，它以认知论的观点，肯定人的行为的意识性、目的性与创造性，强调人与动物的差异，注意人的价值和人的特殊性。马斯洛将人的需要由低到高分成七个层次(见图3-2)。

1. 生理需要

是指维持生存及延续种族的需要。这在人的所有需要中是最基本，也是最有力量的。

2. 安全需要

是指寻求保护、免于威胁从而获得安全感的需要，它表现为人们要求稳定、安全、受到保护、有秩序、能免除恐惧和焦虑等。例如，人们都希望寻求一份稳定的职业，愿意参加各种保险，这些都体现了安全需要。婴幼儿由于无力应付新环境带来的不确定因素，因此他们的安全需要更加强烈。

3. 归属与爱的需要

是指被接纳、爱护、关注、鼓励和支持等需要。表现为一个人要求与其他人建立感情联系，如交朋友，追求爱情，渴望加入一个团体并在其中获得一定位置等，这些都是归属和爱的需要。

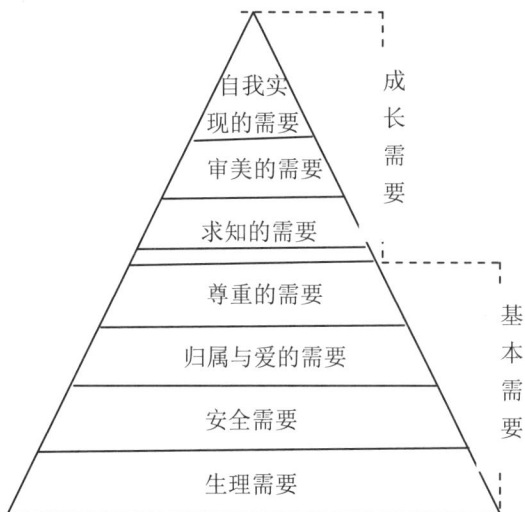

图 3-2　马斯洛需要层次理论

4. 尊重的需要

是指被人认可、赞许、尊重以及维护个人自尊心的需要。它包括自尊和他人对自己的尊重。自尊的需要得到满足会使人增强自信，提升能力的发挥，并且更加富于勇气和创造性。反之，会使人感到自卑、无所作为，面对问题和困难时缺乏足够的信心和勇气。

5. 求知的需要

是指探索、操作、实验、阅读、询问等个体对自身、对他人、以及事物变化中不理解的部分希望获得理解的需要。表现为对周围事物充满好奇心，爱分析，愿把事还原为它的基本组成部分，喜欢做实验，希望看到实验结果，愿对问题做出解释并构建某种理论或体系等。

6. 审美的需要

是指对美好事物的欣赏和追求的需要。表现为对符合个体审美标准的事物的偏爱与追求。

7. 自我实现的需要

是指在精神上达到真、善、美合一的至高人生境界的需要，亦即个人所有理想全部实现的需要。表现为人们追求实现自己的能力或潜能，并使之完善化。马斯洛认为，任何人都有可能达到自我实现，但各人的自我实现方式是不同的。无论是炊事员、教师还是家庭主妇，都有机会完善自己的能力，满足自我实现的需要。

马斯洛将这七个层次的需要分为两大类：前四层称为基本需要，这些需要是由于生理或心理上的缺失而导致的，因此又称为缺失性需要；后三层为成长需要，基本需要一旦获得满足，其需要强度就会降低，而成长需要不但不会因满足而减弱，反而因获得满足而增强。因此，求知、求美、追求自我实现都是永无止境的。

关于这七个层次的需要，马斯洛的观点是：需要层次越低，其力量就越强，潜力也越大。随着需要层次的上升，需要的力量相应减弱；高级需要的满足必须建立在低级需要满足的基础之上。只有当低级需要得到满足后或部分满足后，高级需要才可能出现。在个体发展过程中，高级需要出现得较晚。

(二)对马斯洛的需要层次理论的评价

马斯洛的需要层次理论，迄今为止是心理学界最为推崇的需要理论之一。其积极意义主要表现在以下几方面。

(1) 马斯洛的需要层次理论注重社会正常人的需要，因此具有普遍性。他的理论在各行各业中得到了广泛引用。

(2) 马斯洛的需要层次理论是一个有严格组织的层次系统。

(3) 马斯洛的需要层次理论比较客观、准确地揭示了人类需要产生的客观规律。

当然，马斯洛的需要层次理论也存在一些明显的缺点。主要表现在以下几个方面。

(1) 马斯洛脱离社会现实生活实践和人类社会的发展历史去看待人性，将人的社会性需要也看作与生俱来的潜能，将人类的一切需要都视为由潜能决定，从而降低了社会生活环境在人的需要发生和发展中的重要作用。

(2) 马斯洛强调低级需要向高级需要的发展，但没有充分认识到高级需要对低级需要的调节作用。因为在某些特定情境中，即使低层次的需要没有获得基本满足，也可能产生高层次的需要。

(3) 作为一个人本主义者，马斯洛的许多概念是从抽象的人性论出发，而未能充分顾及这些概念的现实社会内容。

马斯洛的需要层次理论为理解人类动机和需求提供了重要的理论框架。通过识别和满足不同层次的需求，可以促进个体的成长和幸福感。尽管该理论存在一定的局限性，但其在教育领域的应用仍然具有重要意义。

三、成就动机理论

成就动机是指在人的成就需要的基础上产生的，激励个体对自己认为重要的或有价值的工作乐意去做并力求成功的一种内在驱动力。

1956—1957 年，阿特金森(J.W.Atkinson，美国著名的心理学家)对成就动机进行了研究，并在实验的基础上提出了成就动机的"期望-价值"理论模型。他认为，某种行为倾向的强度是动机水平、期望和诱因值三者的乘积决定。如果用 T_s 来表示追求成功的倾向，那么它是由以下三个因素决定。

(1) 对成就的需要 M_s。

(2) 在该项任务上将会成功的可能性 P_s。

(3) 成功的诱因值 I_s；用公式表示为：

$$T_s=M_s×P_s×I_s$$

在这个公式中，M_s 代表个体对渴望成功的程度，P_s 表示主体感知到的成功的可能性，I_s 是指人在成功时所体验到的满足感。一般而言，课题越难，成功概率越小，而成功后满足感越大。因此 P_s 和 I_s 之间的关系可表示为 $I_s=1-P_s$。这一关系说明：完成困难任务后体验到的满足感比完成容易任务后更强烈。阿特金森认为，在与成就有关的情景中，既能引起对成功的期望，也能引起对失败的担心。决定对失败担心的因素，类似于对成功希望的因素，即避免失败的倾向 T_f 是以下三个因素的乘积的函数。

(1) 避免失败的动机 M_f，也就是因失败而体验到的羞愧感的大小。

(2) 失败的可能性 P_f。

(3) 失败的消极诱因值 I_f；用公式表示为

$$T_f=M_f×P_f×I_f$$

同样，在这里 $I_f=1-P_f$，也就是说，当失败的可能性减小时，失败的诱因值就会增加。即一个容易完成的任务，如果失败了，那么个体所感受到的羞愧程度会大大增加；反之，一个困难的任务失败，引起的羞愧感受就会减小。

阿特金森认为，一个人追求成功的动机倾向 T_s 和回避失败的倾向 T_f 同时存在，要预测个体的行为，必须把这两种相反的动机同时考虑在内。一个人面临一个任务时，最终是趋向还是回避，要取决于 T_s 和 T_f 的强度，用公式表示为：

$$T_a=T_s-T_f=(M_s×P_s×I_s)-(M_f×P_f×I_f)$$

如果一个人在一种特定的情境中，追求成功的需要大于避免失败的需要，那么他就会敢于冒险去尝试并力求成功。根据这一理论，如果一个学生 $T_s>T_f$。那么他为了探索某一问题，能够容忍一定数量的失败，而且在遇到失败之后，不但不会令其放弃，反而会增强他去解决这一问题的愿望；另一方面，如果获得成功过于容易，反而会使他的学习动机受到损害。

研究表明，这类学生在选择任务难度时，最有可能选择成功概率为 50% 的任务，因为这种任务既能给他们提供较大的挑战，同时又不是不可能完成。他们在任务中能坚持己见，独立思考，并在学业和智力测验中表现更优。他们不喜欢从事完全不可能或非常容易的活动。相反，如果一个学生 $T_s<T_f$，那么他在选择任务时，倾向于选择非常容易或非常困难的任务。因为选择容易的任务可使他免遭失败，而选择困难的任务，由于其他人也会失败，所以当他失败时，也会以任务较难为借口，从而减少失败带来的羞愧感。

20 世纪 50 年代末 60 年代初，麦克利兰(D. C. McClelland，美国著名心理学家)通过实验证实了这一结论。该实验以 5 岁的儿童为被试。在实验中，主试让这些儿童逐个走进一个房间，并且发给他们许多绳圈，让他们用这些绳圈去套位于房间中间的一个木桩。孩子们可以随意选择自己站立的位置。在套木桩之前，主试让他们对自己能套中多少绳圈进行预测。

结果发现：成就动机水平较高的儿童选择了与木桩距离适中的位置，而成就动机水平较低的儿童要么选择了距离木桩非常远的位置，要么选择了距离木桩非常近的位置。

麦克利兰对此是这样解释的：成就动机强的儿童倾向于选择既具有一定挑战性，又具有一定成功的可能性的任务。因此，他们选择了与木桩距离适中的位置。这一结论在不同年龄、不同任务中取得了一致的结果。成就动机弱的儿童关心的不是成功与失败的取舍，而是尽量避免失败和与此有关的消极情绪。因此，他们要么站得离木桩非常近，能够很容易成功；要么站得离木桩非常远，几乎没有成功的可能，因为这是任何人都很难达到的，所以即使失败也不会带来消极的情绪。

成就动机水平对学习有重要的影响，成就动机水平高的学生在没有教师监督的情况下仍能保持良好表现。在面临失败和打击时，成就动机水平高的学生比成就动机水平低的学生有更强的坚持性。同时，成就动机水平高的学生自信心强，当他们成功时，他们会更相信自己的能力；一旦失败，他们会认为是由于采用了不合适的策略或是努力程度不够，所以他们会更加努力地去完成任务。相反，成就动机水平低的学生自信心差，而且往往设置一些不切合实际的目标，不付出足够的努力。于是，自然会导致一次又一次的失败，这更加坚定了他们认为自己能力不足的看法，并将失败归因于缺乏能力，而将成功归因于运气、机遇和任务简单。因此，无论成功还是失败，对他们来说都不会产生积极的影响。成功了，他们不会再付出努力；而一旦失败，都会导致他们进一步去避免失败从而损害成就动机。

四、归因理论

归因理论最早由海德(Fritz Heider，奥地利心理学家)在 1958 年提出。归因是人们对自身或他人的活动及其结果的原因所做的解释。在学习和工作中，人人都会体验到成功与失败，同时人们还会去寻找成功与失败的原因，这就是对成就行为的归因。人们会把成败归结为不同的原因，并产生相应的心理变化，从而影响今后的行为，因此，我们在教学中应予以足够的重视。

归因理论的代表人物是美国心理学家维纳(B.Weiner)，他在海德理论的基础上提出了系统的成就归因理论。他认为个体的归因是复杂的、多维度的，归因结果对其后续的行为动机会产生不同程度的影响。维纳对行为结果的归因进行了系统的探讨，发现人们倾向于将活动成败的原因即行为责任归结为以下六个因素，即能力高低、努力程度、任务难易、运气(机遇)好坏、身心状态、外界环境。同时，维纳认为这六个因素可以归纳为三个维度，即内部归因和外部归因、稳定性归因和非稳定性归因、可控性归因和不可控性归因。最后，将三维度与六因素结合，构成归因模式，见表 3-1。

表 3-1 维纳成败归因理论中的六因素与三维度表

因素 ＼ 维度	成败归因维度					
	因素来源		稳定性		可控性	
	内 部	外 部	稳 定	不稳定	可 控	不可控
能　力	√		√			√
努力程度	√			√	√	
任务难度		√	√			√
运　气		√		√		√
身心状况	√			√		√
外界环境		√		√		√

由于归因理论通过行为结果阐述动机，其价值与作用主要体现在三方面：①解释心理活动的因果关系；②从行为及结果推断个体心理特征；③预测特定情境下的学习行为。

一个总是失败并把失败归于内部的、稳定的和不可控的因素(即能力低)的学生，会形成一种习得性无助的自我感觉。习得性无助是指个体感到无论做什么事情都不会对自己的重要生活事件产生影响时所体验到的一种抑郁状态。

根据归因理论，学生将成败归因于努力比归因于能力会产生更强烈的情绪体验。努力而成功，会体验到愉快；不努力而失败，会体验到羞愧；努力而失败，也应受到鼓励。因此，教师在给予奖励时，不仅要考虑学生的学习结果，还要结合其学习进步与努力程度，强调内部、稳定和可控的因素。在学生付出同等努力时，应给予能力较低者更多奖励，对能力低但努力的学生予以最高评价，而对能力高却不努力的学生给予最低评价。通过这种方式，引导学生进行正确归因。

五、习得性无力感理论

习得性无力感的概念最初是由塞利格曼(Martin Seligman，美国心理学家)等人提出的。习得性无力感(又称习得性无助)是指个体因连续失败体验而对行为结果产生无法控制、无能为力的心理状态，常伴随自暴自弃。从 20 世纪 60 年代开始，国外在这方面进行了大量的实验研究，并形成了较为系统的理论，现在人们常用无力感理论来说明人类的自暴自弃、丧失信心行为的形成和抑郁症的产生。

塞利格曼和梅尔(Norman R. F. Maier，美国心理学家)于 1967 年通过实验首次发现习得性无力感现象。实验以狗作为被试，分成三组，实验分两个阶段进行。在第一阶段，将狗用皮带固定在吊床上，并给以多次无法预测的、足以造成痛苦的电击。第一组中的狗只要用鼻子推动吊床底部的嵌板，即可逃避电击；第二组中的狗则无论如何做什么都无法逃避或控制电击；第三组中的狗只是被缚在吊床上，没有接受电击。二十四小时后进入第二阶段的实验。三组狗都被移放到一个双间穿梭箱内，在那里，每只狗只要跳过中间的栏杆，就可以避免电击。结果发现，第一组和第三组的狗很快就学会对条件刺激做出反应：跳过穿梭箱中间的栏杆以回避紧接着条件刺激的终止而来的电击。然而，在第一阶段接受了不可逃避电击的第二组狗则无法学会如何避免电击，它们甚至不去尝试逃避电击，只是坐着不动，忍受电击，表现出痛苦和抑郁的表情，甚至发出哀鸣声。这些狗因先前无法控制电击的经验，故未能学会逃避。因此，塞利格曼和梅尔用"习得性无力感"这一术语来说明这种现象。

在现实生活中，无力感现象是广泛存在的。人们在工作、学习和交往活动中，常常会因连续遭受挫折和失败而变得丧失信心，怀疑自己的能力，进而表现出面对问题束手无策、退缩不前的行为倾向，在精神上则出现抑郁反应。在学校里，学业上的屡次失败易使学生逐渐丧失信心，甚至无心向学或自暴自弃。因此，无力感现象的研究对教学和现实生活都有重要的实际意义。

在实际生活中，我们可以看到，并不是所有人在经历了失败和挫折之后都产生无力感。即使产生无力感，其程度和表现形式也各不相同。后来的研究发现，无力感的产生及其程度与人们对失败的归因有关。因此，艾布拉姆森(Lyn Y. Abramson，美国心理学家)与塞利格曼为解释无力感的产生，基于归因理论修订了维纳的二维归因模式，增加了一个维度，把失败的原因归结为普遍或特殊的原因两类，称之为普遍性维度。这样就可以从控制点、稳定性和普遍性三个维度对个体失败的归因加以说明，如表 3-2 所示。

表 3-2　一个考试失败的学生的归因

控制点 / 稳定性 / 普遍性	内部归因		外部归因	
	稳定归因	不稳定归因	稳定归因	不稳定归因
普遍归因	智力不足	体质不佳(感冒)	外语试题太难	考试当天运气不好
特殊归因	数学能力低	考数学那天刚好感冒	数学题太难	考数学那天运气不佳

根据无力感的归因理论，易产生无力感的个体总是对失败进行内部归因和稳定的归因。同时，普遍的归因会产生普遍的无力感，即会在各种情况中出现无力感；而特殊的归因则会产生特殊的无力感。

德韦克(Carol S. Dweck，美国著名的心理学家)等人研究了学生对失败的不同反应，并将学生区分为"无力感的学生"和"掌握定向的学生"两种，指出无力感的学生和掌握定向的学生之间存在以下不同。

(1) 无力感的学生失败后，总是在失败的原因上思前想后，不能自拔；而掌握定向的学生(即以掌握知识为学习动力的学生)失败后关注于寻找解决问题的办法，以走出失败。

(2) 无力感的学生在失败后，行为策略马上受到损害，他们既承认失败，又开始为自己的失败寻找借口，总是低估自己的能力和以往成功的数量，而高估他们的失败的数量。当他们获得成功之后，往往并不期望下一次的成功。而掌握定向的学生在失败后并不自暴自弃或寻找借口，他们不承认失败，而只是把失败看作是成功之前的插曲。

(3) 无力感的学生总是认为自己对某种任务无能为力，无论怎么做也不可能成功，因此他们表现得退缩不前，因为如果没有尝试就失败，则可以将失败归因为没有尝试，这样会让他们感觉更好一些，而掌握定向的学生则会乐于迎接挑战，并千方百计地寻找解决问题的方法，试图取得成功。

习得性无助感的教育对策，除了学生自身的因素外，还涉及学校和家庭教育两个方面。

(1) 学校情境中习得性无助感的教育对策。学校要为孩子提供表现自我的机会，让学生体验成功的喜悦，使学生养成乐观的态度，给学生提供消除自卑心理的方法。

(2) 家庭环境中习得性无助感的教育对策。父母预防孩子习得性无助感的两个关键措施：

➤ 培养他们能控制自己生活的感觉和信念。

➤ 使他们明白一个具体的行为与他们本身并不等同，不能"以偏概全"。做错了一件事并不说明他们完全没有能力，一次考试失败并不意味着他们的智力低下。只有消除了这些不良因素，他们才会学会如何自我评价，避免习得性无助感。

六、自我效能感理论

自我效能感是指个体对自己是否能成功地进行某一成就行为的主观判断，也可称作自我能力感。这一概念是由美国心理学家班杜拉(Albert Bandura)于1977年提出来的。

(一)自我效能感对学生的影响

研究表明，自我效能感对学生的心理和行为有着多方面的影响。

(1) 影响人们对活动的选择，以及活动时的坚持性。自我效能感强的人喜欢选择富有挑战性的任务，在困难面前能坚持自己的行为，而自我效能感弱的人则相反。

(2) 影响人们在困难面前的态度。自我效能感强的人敢于面对困难，有较强的自信心，相信通过努力一定能克服困难取得成功，而自我效能感弱的人则会缺乏自信，不愿尝试。

(3) 影响人们对新行为的习得和已习得行为的表现。自我效能感强的人更容易习得新行为，并能更好地表现已习得的行为；而自我效能感弱的人则可能在学习和表现上遇到更多困难。

(4) 影响人们活动时的情绪。自我效能感强的人在活动时情绪饱满、信心十足，而自我效能感弱的人则充满恐惧和焦虑。

(二)学生的学业自我效能感的影响因素

班杜拉及其同事对自我效能感的形成条件及其对行为的作用进行了大量的研究，并发现学生的学业自我效能感受到以下因素的影响。

(1) 行为的成败经验。先前的成功会提高个体的自我效能感，持续的成功能巩固自我效能感，而不断的失败会降低自我效能感。

(2) 替代经验。当学生观察到教师或同学的良好榜样示范时，会增强自我效能感。

(3) 目标设置。为学生设置合理的近期目标，学生在达到目标的同时可以增强他们的自我效能感。

(4) 成败归因。将学生的成功与努力联系，可以提高学生的自我效能感；将成功归因于个人的能力也能增强自我效能感。

(5) 奖励。对学生良好的学习行为给予适当的奖励会增强他们的自我效能感。

(6) 学习监控。无论是学生的自我监控还是教师的外部监控，均能积极增强学生的自我效能感的增强起到积极的作用。

班杜拉认为，学校是学生自我效能感形成、发展和变化的一个重要场所。教师应在教学中根据具体情况采用适当手段来增强学生的自我效能感。

第三节　小学生学习动机的激发

一、向学生提出明确、具体的学习目标

正如有了靶子才能瞄准射击，有了目标才能为之努力奋斗。不管有多大困难，都要"咬

定青山不放松"，排除一切干扰，达到理想的彼岸。进行学习目的教育时，应采用生动的且符合学生心理发展水平和个性特征的方式，使内容易于接受，具体生动且富有感染力，从而将社会和教育的要求转化为学习动机。同时，要引导学生将自我人生价值的实现与国家人民利益结合起来，避免产生好高骛远、眼高手低的不良倾向。

二、创设问题情境，实施启发式教学

创设问题情境是指在教学中提出有一定难度的问题，使学生既感到熟悉又不能简单利用现有的知识和习惯的方法立即解决。这样的问题能够激起学生求知欲望和积极思维，使学生进入"心求通而未达，口欲言而未能"的"愤""悱"之境，孔子称这种状态为"不愤不启，不悱不发"，这也就是我们现在所说的"启发式"教学。

创设问题情境通常可采用以下两种方法。

(1) 语言提问法。即在教学中直接提出与新知识有关的问题。例如，在讲排列组合时，可向学生提问："在0~9这十个数字中，任意选出7个数字组成一个电话号码，一共可以组成多少个？"这种具有启发性的提问，会促使有的学生动手去排列，有的学生思考如何更快地找到解决办法，但又难以立即排出。这样就能激起学生的求知欲。

(2) 活动法。即让学生参加实践活动，在活动中遇到问题，从而激起学生的好奇心和求知欲。这里的活动既包括课堂内的活动，也包括课外活动。许多研究表明，学生头脑中有没有问题，对学习积极性的影响是不同的。

伯利纳(D.E.Berlyne，加拿大著名的心理学家)曾做过这样一项研究，让平均能力相等的两组大学生学习同一篇读物，其中一组在学习之前先进行一次预测，预试的题目与学习读物有关；另一组没有进行预测。结果表明，经过预测的那一组学生知道自己有什么问题不懂，从而激发了学习积极性，学习时更有针对性，因而在学习和记忆两个方面都取得了更好的效果。而没有进行预测的那一组学生的学习积极性则未被充分调动起来。

创设问题情境时的注意事项包括以下内容。

(1) 问题要能将学生新旧知识联系起来。

(2) 问题要新颖有趣。

(3) 问题要有适当的难度。

(4) 问题要富有启发性，真正能引起学生的思维。

三、利用学习结果的反馈作用

让学生及时了解自己的学习结果，可以激发学生进一步努力学习的动机。因此，应让学生明确知晓自己做出的正确答案、学习成绩的进步以及在实际中应用知识的成效等，以激发学生进一步学习的愿望。在教学中，有时可以进行一种专项训练，让学生自行做练习，并规定在一定时间、条件下完成。通过反馈，让学生产生成就感和紧迫感，及时了解自己的欠缺，从而及时取长补短，激发上进心。如果没有反馈，则缺乏激励，进步也会很少。无论哪一门学科，如果没有随堂检测，效果往往不佳。教师要及时批改和发还学生的作业、测验和试卷；眉批、评语要写得具体，有针对性、启发性和教育性，使学生受到鼓舞和激励。

关于了解学习结果对动机的激励作用已为许多实验所证明。布克(William F. Book，美国心理学家)让两组大学生以最快速度和正确性完成练习(如减法，速定字母 a 等)，连续进行 75 次，每次 30 秒。在前 50 次练习中，甲组知道每次练习的成绩，乙组不知道。自第 50 次练习开始，两组条件对换。结果发现，前 50 次练习中，甲组的成绩比乙组好，而在后 25 次练习中甲组的成绩变差了，乙组的成绩明显上升，见图 3-3。利用反馈时，一定要做到及时、具体。

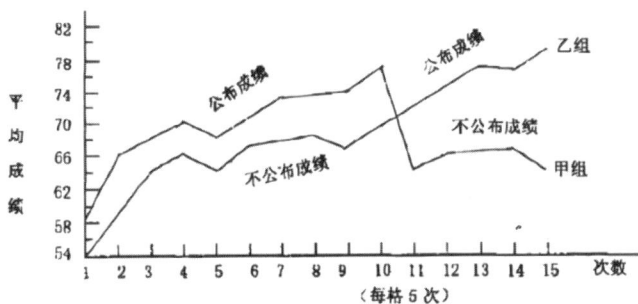

图 3-3　了解结果与不了解结果的成绩比较

四、正确评价，适当运用表扬与批评

对学生的成绩给予评价和表扬，可以强化学生的学习活动，从而巩固和发展正确的学习动机。表扬和鼓励比批评和指责更能有效地激发学生积极的学习动机。因为前者能使学生产生成功感，而后者会挫伤学生的自尊心和自信心。表扬与鼓励是教师对学生的一种精神激励，不要吝啬你的表扬和鼓励。

对学生应坚持正面教育，但也要实事求是、客观公正。过分的表扬可能会滋长学生的骄傲情绪，使其忽视自己的缺点，从而导致消极的结果。有经验的教师在表扬学生时，也会指出进一步努力的方向，采用"建议"的口吻，"希望"的语气，鼓励他们继续上进。学无止境，人无完人，只有让学生永远处在不懈追求远大目标的状态中，才能产生压力和动力。

佩奇(E. B. Page，美国心理学家和教育学家)曾对 74 个班中的两千多名学生进行实验。他把每个班的学生分成三组，给予不同的评价。第一组为无评语组，只给出甲、乙、丙、丁的等级；第二组为顺应评语组，即除标明等级外，还根据学生的答案给以相称的评语；第三组为特殊评语组，对甲等成绩者，评以"好，坚持下去"，对乙等成绩者，评以"良好，继续前进"，对丙等成绩者，评以"试试看，再提高点吧"。结果发现：顺应评语组针对学生答案中的优缺点进行评定，效果最好；特殊评语组的内容针对性不够，虽有激励作用，但不如顺应评语组；无评语组的成绩明显较低。因此，教师对学生作业、测验等进行评价时，不仅应打分数、评等级，还应加上有针对性的评语，这样的效果会更好。

适当的表扬与批评作为学习的外部诱因，能够给学生的学习活动以肯定或否定的强化，从而巩固和发展学生的学习动机。赫洛克(Elizabeth B. Hurlock，美国心理学家)在实验中将 106 名四五年级学生分成四个等组，在四种条件下做加法练习：A 组为受表扬组，B 组为受批评组，C 组为受忽视组(旁听 A、B 两组受表扬与训斥)，D 组为控制组(单独进行，不受任何评价)。结果表明：

(1) 对学习结果进行评价，能强化学习动机，对学习起到促进作用。

(2) 适当的表扬效果明显优于批评，虽然受忽视组(如 C 组)没有直接接受评价，但与其他组(如受表扬组和受批评组)相比，其学习效果仍然较差。这间接说明，即使只是受到批评(如 B 组)，也比完全不受任何评价(如 C 组)要好。

(3) 批评的效果比不作任何评价要好，见图 3-4。

在批评时，要注意分寸，针对不同的环境、对象、时间、地点，运用适合学生心理发展水平与个性特征的方式和方法，从积极方面把鼓励与批评结合起来，以达到进一步激发学生学习动机的目的。

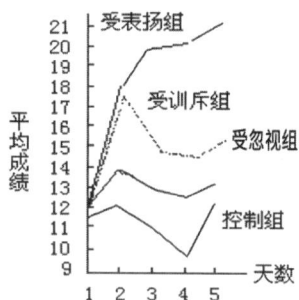

图 3-4　不同诱因对算术成绩的影响

五、适当开展竞赛

可以按项目分组竞赛、按能力分组竞赛，提倡学生自己与自己竞赛，但竞赛要适量。

切普曼(J. C. Chapman，美国心理学家)和费得(R. B. Feder，美国心理学家)在实验中，让五年级两个等组的儿童进行为期十天(每天十分钟)的加法练习，竞赛组的成绩每天都在墙上公布，并为优胜者贴红星；无竞赛组只做练习，无任何诱因。结果发现，竞赛组的成绩优于无竞赛组，见图 3-5。

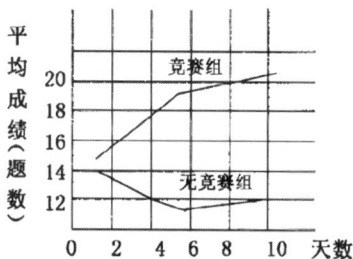

图 3-5　加法练习竞赛成绩比较

为使竞赛能对大多数学生起到激励作用，必须注意如下几点。

(1) 人们通常认为，竞赛是激发学习的积极性和争取优良成绩的一种有效手段。举办学习竞赛，如征文、读书、书法、手工制作、小发明等，形式要多样，使每个参赛者都有成功的机会。有些学生善于抽象思维，有些善于形象思维；有些善于表达，有些善于运动和操作。当然，进行竞赛的重点在于激励学生努力做得更好。

（2）学生竞赛不宜过多过滥，过多竞赛会失去激励作用，反而会造成紧张气氛，加重学生负担，有损学生身心健康，学习成绩差的学生会因失败而丧失信心和兴趣。竞赛后的总结工作也要跟上，如对不同类型的学生进行思想教育，强化正确的学习动机，纠正错误的学习动机。

综上所述，学生学习动机的培养与激发既有其理论性，更有其实践性，教育工作者应在实际操作中获得认识的提升和飞跃，最终促进教学与育人水平双提高。

六、引导学生正确归因

当学生倾向于能力归因时，成功时会认为自己能力强而信心十足，甚至得意洋洋；失败时则认为自己天资太差、脑子笨，从而失去信心，甚至自暴自弃。

当学生把成败归为努力程度时，成功时认为是努力的结果，就会鼓励自己继续努力，并预期今后再次获胜；失败时则会认为是由于不努力造成的，因此会认为只要自己努力，就一定可以获得下次的成功。

当学生倾向于任务难度归因时，成功时会提醒自己不要骄傲，今后可能会遇到更困难的任务；失败时则会抱怨客观条件，并趋向于选择难度较小的学习任务。

当学生倾向于运气归因时，成功时会认为只是自己此次侥幸，并不是自己真有水平；失败时则自认倒霉，但祈求今后的好运气还能降临。

正是因为归因不同，学生的学习积极性也不同。因此，教师在教学中一定要注意引导学生进行正确归因，通过归因让学生树立信心，激发力量。

第四节　小学生学习兴趣

一、兴趣

兴趣是一个人力求认识和趋向某种客体的积极态度的个性倾向。它是人的个性动力性的具体表现。例如，某个人对某项活动有浓厚的兴趣，就会推动他奋发地学习，广泛涉猎有关的知识，并废寝忘食地工作。

兴趣对个体活动起着强大的推动作用。符合个体兴趣的活动可提高其注意力，增加活动的积极性。孔子说："知之者不如好之者，好之者不如乐之者"。爱因斯坦也说："兴趣是最好的老师"。许多科学家取得伟大成就的原因之一，就是他们对所研究的内容具有浓厚的兴趣。诺贝尔奖获得者杨振宁曾经对记者说过，他在研究过程中从来没有感觉到辛苦，他之所以孜孜不倦，夜以继日地工作，原因就在于他喜欢工作，在工作中他能享受到巨大的快乐和满足。

由此我们可以得出结论，兴趣对智力发展起着促进作用，是开发智力的钥匙。拉扎勒斯(Richard Stanley Lazarus，1922—2002，美国心理学家)研究了兴趣对学习效果的影响，他在高中语文教学中,把学生分成智能组和兴趣组,智能组学生的平均智商为120,但对语文阅读和写作不感兴趣,兴趣组学生的平均智商为 90,但对语文阅读和写作非常感兴趣。这两组学生在一学期中必修阅读和写作课程,并经常接受同样的测验。学期结束时进行检查,兴趣组的总成绩优于智能组。这说明,学生虽然有较高的智力,但如果对学习没有兴趣,学习成绩可能只是一般;而学生智力虽然一般,但由于内在兴趣的推动,经过努力,也可获得优异的成绩。由此可见,兴趣比智力更能促进学生勤奋学习,从而弥补智力上的差距。

二、兴趣的品质

(一)兴趣的倾向性

兴趣的品质

所谓兴趣倾向,就是兴趣指向的具体内容、对象。在兴趣倾向上,人与人之间存在很大的差异。例如,有的学生喜欢语文,有的爱好数学,有的爱好文艺等。影响兴趣倾向性差异的因素主要有以下几种。

1. 学生的需要与理想

学生往往会对自己需要的知识或学科感兴趣。想成为数学家的学生会对数学感兴趣;想成为画家的学生会对绘画感兴趣;想成为运动员的学生会对体育感兴趣。

2. 学生的学习能力

在教学实践中可以清楚地看到,学生所喜欢的学科往往是他们力所能及的学科。面对那些无论怎样努力也无法学会的课程,学生一般是不会产生兴趣的。因此,学生的能力情况影响着他们对什么感兴趣。

3. 学生的气质和性格类型

许多研究表明,学习兴趣与气质、性格密切相关。研究发现,内向性格的学生大多喜欢理科。而外向性格的学生大多喜欢文科。

4. 教师讲课水平

大多数学生都喜欢听水平高的教师讲课,并对其所教的学科感兴趣。在教学中,常会听到学生说:"某某学科的教师讲得好,所以我喜欢这门课"。因此,教师要想让学生对他所教的学科感兴趣,首先必须提高自己的讲课水平和艺术性,用生动形象的语言和丰富新颖的知识激发学生的学习兴趣。

(二)兴趣的广泛性

所谓兴趣的广泛性,是指兴趣指向对象的范围,即兴趣数量的多少。兴趣广泛的人往往生活丰富多彩。由于各种学科之间都有着或多或少的联系,兴趣广泛的人由于对各方面知识都有所了解所以更容易发现这些联系,找到某一学科与其他学科之间的关系,从而产生创新并推动学科的发展。人类历史上许多大科学家、发明家、政治家,都是兴趣广泛的人。当今社会,由于知识总量迅速膨胀,发展速度加快,社会对人才的要求也在发生着变化。一个人一生只从事一项职业的时代已经一去不复返了。一个人不仅要精通一门学问，还要对其他学科有所了解，只有这样的人才能在不断变化的社会中寻到一席之地。然而，兴趣的广泛性也可能导致对什么都感兴趣，但是什么都不精，缺少专长的现象。因此，应在广泛兴趣的基础上，有一个中心兴趣，做到既博且专。

(三)兴趣的稳定性

兴趣的稳定性是指人对某种对象的兴趣保持时间的长短。保持时间长，稳定性强，保持时间短，稳定性差。稳定的兴趣对一个人的工作和学习都有重大意义。有些学生具有稳定的学习兴趣，能够刻苦学习，不懈努力，取得良好的学习成绩，而有些学生缺少持久的学习兴趣，常常是朝秦暮楚，见异思迁，今天喜欢数学，明天又爱好语文，学习上没有恒心，害怕困难，这种学生往往是学习成绩较差的。所以教师要注意培养学生稳定的学习兴趣。

(四)兴趣的效能性

兴趣的效能性是指兴趣推动活动的力量。一个有稳定而持久兴趣的人往往会坚定地向着兴趣的方向进行探索，克服困难并找到最适合的方法去实现目标。因此，稳定的兴趣易于使人的兴趣与行动联系起来，而不稳定的兴趣常使人易受到情绪或外部因素的影响或暗示而改变兴趣的内容，因而不易使人产生实际行动和获得具体效果。有人甚至仅仅停留在口头上，所以前者效能较高，而后者效能较低。

三、学习兴趣及其分类

学习兴趣是指人们学习活动的兴趣，它对学习活动具有巨大的推动作用，有时甚至超过了智力因素对学习的影响。

按照学习兴趣的产生方式，可以将其分为直接兴趣和间接兴趣两种。

(1) 直接兴趣。是指兴趣指向学习活动本身。个体在学习过程中就能获得快乐与满足。学习活动既是要完成的任务，又是对完成任务的强化物(奖励)，即动机的满足在活动之内，不在活动之外，它不需要外界的诱因或惩罚来使行动指向目标，因为行为动力就是行动本身。例如，有的学生喜爱物理，他便会在课堂上认真听讲，课下刻苦钻研。

(2) 间接兴趣。是指由活动结果及其意义所引起的兴趣。动机满足不在活动之内，而在活动之外。这时，人们不是对学习本身感兴趣，而是对学习所带来的结果感兴趣。例如，有的学生学习是为了得到奖励，避免批评或取悦于老师、家长等。

直接兴趣和间接兴趣都会影响着学生持续掌握所学的知识，具有直接兴趣的学生能在学习活动中得到满足，他们积极地参与学习过程，而且在教师评估之前能对自己的学业表现有所了解。他们具有好奇心，喜欢挑战，在解决问题时具有独立性和创造性。而具有间接兴趣的学生一旦达到了目的，学习兴趣就会下降。另一方面。为了达到目标，他们往往采取避免失败的做法，或是选择没有挑战性的任务，甚至一旦失败，便一蹶不振。因此，教师应着重培养学生的直接兴趣，但间接兴趣也不可忽视。对于有些学科，学生可能没有直接兴趣，教师可以利用间接兴趣，逐渐将其内化为学生的直接兴趣。

四、学习兴趣的培养

学习兴趣是推动学生学习的内在动力，所以教师在教学中要注意培养和激发学生的学习兴趣。

(一)加强学习目的性教育，明确知识的社会意义

这是培养学生学习兴趣的重要手段。尤其对培养学生的间接兴趣，更有重大的作用。即使学生感到有些学习活动本身很枯燥无味，如果教师能设法使学生知道这些知识的重要性，如通过组织"知识在生活中的作用"的班会，通过对学生进行当前科学技术发展形势的教育，使他们了解到将来的社会是高度发达的信息社会，没有知识将无法生存。从而使学生产生对知识的需要，产生学习兴趣。同时也会使原有学习兴趣进一步被激发出来。

(二)培养学生对每门课程的积极的学习态度，形成定势

有助于培养学习兴趣。苏联哲学家西•索洛维契克(Соловьёв Владимир Сергеевич)曾做过一个实验，证明了学习的积极态度能促使学生在学习中的积极思考，并从中培养起学习兴趣。在实验中，同学们根据自己的学习情况选择一门不太感兴趣的课程，在每天开始上这门课或学习这门课的内容之前，完成以下几种活动：①面带微笑，搓着双手，还可以哼唱自己喜欢的歌曲，总之要表现出摩拳擦掌，跃跃欲试的样子，而且让自己充分感受到这种积极的情绪；②同时在心里不断暗示自己：下面的学习内容是我能够理解的，我会高兴地学习；③提醒自己：一定要努力学习，要比平时更细心，要花更多的时间。因为细心是热爱学习的源泉。结果，实验有效地改变了同学们以前的消极学习态度，解除了他们的苦恼，并让他们从探索知识过程中体验到了乐趣。参加这个实验的 3000 多名小学生中，绝大多数都成功了，他们开始对原来最感头痛的课程产生了兴趣，而报告失败的信件只有几封。这个实验十分简单，一般只需持续 3 周左右便可奏效。

(三)创设一定的情境，引起和激发学习兴趣

创设一定的情境，使学生面临一定的问题或实践任务，是引起和激发学习兴趣的重要条件。一般有以下两种具体方法。

(1) 在课堂上设置问题情境，以引起学生的学习兴趣。例如，一位教师在讲"压强"概念之前，提出"把一块砖放在沙地上，怎样才能陷得最深"的问题，学生在寻找答案的过程中就产生了学习兴趣。

(2) 组织学生参加实践活动，使学生面临实践任务。许多研究表明，当学生为了解决某种实际问题时，更能有效地培养和激发学习兴趣。在实践中学生进一步体会到知识的实践意义，遇到问题后，会深感自己知识的不足，从而产生新的学习需要，激发学习兴趣。例如，组织学生参加课内外实践活动和学科兴趣小组，运用所学知识解决实际问题，从中体验到成功的喜悦。

(四)不断扩大学生的知识面，使学生在某一领域的知识不断积累

这是对某一具体知识领域产生稳定而浓厚兴趣的基本条件。学生在某一学科上拥有的

知识越丰富，基础越扎实，学习起来就越轻松，兴趣也会逐渐稳定。否则，学习起来就会索然无味。朱智贤(1908—1991，中国著名的心理学家和教育家)主持的国内十省市在校青少年理想动机和兴趣调查发现，学生最不喜欢某一学科的原因中，"基础不好"占 59.8%，排在第一位。因此，在教学中，教师必须遵循循序渐进的原则，注意引导学生对所讲授学科知识的点滴积累，逐步培养学生对该学科的学习兴趣。这一观点也说明，人的兴趣不是天生的，那种认为生来就对某事物没有兴趣的观点是错误的。只要学生在某一领域或学科中积极主动地探索、学习，随着该领域或学科经验和知识的逐步积累和丰富，就会对该领域或学科产生兴趣。

(五)不断改进教学方法，努力提高教师的教学水平

例如，运用幻灯片、电视、电影、多媒体等教学手段呈现教材内容，还可以通过模拟教材内容的游戏、角色扮演等方式进行教学。卢梭(18 世纪法国启蒙思想家、哲学家、教育学家和文学家)曾说过："教育的艺术是使学生喜欢所教的东西。"教师应不断提高自身的教育艺术素养，学会用艺术性的教学方法来引发学生的兴趣，对某个教学点进行艺术处理。

(六)利用原有兴趣的迁移

在教学实践中，常常会看到有的学生虽然对学习没有兴趣，但对其他活动，如修理无线电、修理汽车等很感兴趣。在这种情况下，教师应组织他们参加这类活动，并在活动中使他们看到知识对实践的指导作用，从而把其他兴趣转移到学习上来。同时，教师要以自身对所教学科的兴趣和热情给学生以良好的示范，通过言语和行动向学生传递积极的信息，让学生知道教师喜欢所教学科、喜欢学习和钻研，并在此过程中获得乐趣和满足，从而影响学生，激发他们对该学科的学习兴趣。

(七)利用教师期望效应培养学生的学习兴趣

"皮格马利翁效应(Pygmalion Effect，心理学中的一个重要概念，也被称为"期望效应"或"自我实现预言")"是指在教学活动中，教师的期望可以激发学生的潜能，从而使学生取得教师所期待的进步。

这一效应启示我们：赞美、信任和期待具有一种能量，它能改变人的行为。当一个人获得另一个人的信任和赞美时，他便会感觉自己获得了社会支持，从而增强自我价值感，变得自信、自尊，获得一种积极向上的动力，并尽力达到对方的期待，以避免对方失望，维持这种社会支持的连续性。

(八)组织学生参加课内外实践活动

苏联教育家苏霍姆林斯基曾指出，让学生变聪明的方法不是补课，也不是增加作业，而是阅读、阅读、再阅读。实践证明，课外阅读和课外活动对于培养兴趣，增长知识，开阔视野是非常有效的手段。越是学习好的学生，就越是热衷于课外阅读和参加课外活动，越有自觉主动地要求获取多方面知识的强烈愿望。当然，学生的课外阅读和课外活动需要在教师的指导下进行。

本章小结

本章比较系统地介绍了小学生学习动机问题。不仅介绍了学习动机的基本含义和分类，还重点探讨了学习动机和兴趣的培养，特别是学习动机的激发和培养。学习动机是激发个体进行学习活动、维持已引起的学习活动，并促使个体的学习活动朝向一定学习目标的一种内部启动机制。学习动机具有激活、指向、维持和调整的功能，对教师的有效教学和学生的有效学习具有重要意义。本章旨在帮助学生了解学习动力的产生与发展的基本规律，以提高自身的学习积极性。

思考题

(1) 什么是学习动机？它有哪些功能？

(2) 学习动机由哪些成分构成？

(3) 评述马斯洛的需要层次理论。

(4) 兴趣的品质有哪些？怎样培养良好的学习兴趣？

(5) 联系实际，谈谈如何培养和激发学生的学习动机？

第四章　小学生学习迁移

本章学习目标

➢ 知识目标：掌握学习迁移的定义、作用、种类以及基本理论；理解影响学习迁移的主要因素；了解早期迁移理论和现代迁移理论。

➢ 能力目标：能够在不同学习场景中识别并实现有效的学习迁移；能够选择合适的教学策略，促进学生的正迁移并减少负迁移；能够根据迁移理论分析学习材料，提出改进建议，以增强教材的迁移价值。

➢ 素质目标：培养学生主动探索和利用学习迁移机会的意识和习惯；发展学生对学习材料进行深度分析和批判性思考的能力；强化学生面对新情境时，灵活应用所学知识的自信心和能力。

重点与难点

➢ 重点：理解和区分学习迁移的内涵、作用和种类；掌握并运用各种促进迁移的教学策略。

➢ 难点：深入理解并应用现代迁移理论，尤其是如何将理论转化为实践，设计出促进正迁移的教学方案；在教学中识别和管理可能导致负迁移的因素，确保学习效率的最大化。

引导案例

张老师的小妙招

小明是一名小学五年级学生，他在数学学习上一直比较努力，但每次考试成绩都不太理想。张老师发现，小明虽然掌握了基础知识，但在面对新题型或稍微复杂的问题时，常常感到无从下手。于是，张老师决定采用理论与实践相结合的教学方法，帮助小明提升数学应用能力和考试成绩。

在明确了小明成绩不理想的原因之后，张老师首先带领小明复习了数学基础知识，并讲解了常见的题型和解题方法。然后，张老师设计了一些模拟考试的题目，让小明进行练习。小明在练习中发现，虽然自己掌握了理论知识，但在实际应用中仍然会出现问题。他意识到，仅仅记住公式和概念是不够的，还需要学会如何将这些知识应用到实际问题中去。

为了帮助小明更好地适应考试环境，张老师建议小明提前一天去考场看看，熟悉一下考试的环境和氛围。小明听从了老师的建议，在考试前一天去了考场，仔细观察了考场的布局和座位安排，并模拟了一下考试时的状态。到了考试当天，小明发现自己对考场已经非常熟悉了，不再感到紧张和陌生。他按照平时练习时的状态，认真审题、仔细计算，最终取得了不错的成绩。

在张老师的帮助下，小明不仅提升了自己的数学成绩，还学会了如何将理论知识与实践应用相结合，提高了自己的解题能力和综合素质。这也为他今后的学习和成长奠定了坚实的基础。

本案例中张老师运用了迁移理论，引导小明总结归纳环境与学习内容、之前学习内容与新学习内容的内在联系。

(资料来源于本书作者的工作日记)

第一节　学习迁移的概述

一、学习迁移的内涵

学习迁移作为一种普遍存在的心理现象，其内涵深邃且广泛。它描述了个体在学习过程中，不同学习经验之间的相互作用和影响。无论是国内还是国际的学者，都对此现象给予了高度的关注和研究。

个体现有的学习经验往往与其以往的经历紧密相连，无法割裂。同样地，当前的学习过程也必然会对未来的学习产生深远影响。这种学习间的相互关联和影响，便是我们所说的学习迁移。举例来说，学会了打羽毛球的技巧，往往能够帮助我们更快地掌握打网球的方法；掌握了平面几何的知识，也更容易理解和学习立体几何。

学习迁移广泛存在于各种学习领域，包括但不限于知识、动作技能、情感和态度等方面。只要有学习的发生，就不可避免地会有迁移的存在。例如，平面几何对立体几何学习的促进作用，可以看作是知识层面的迁移；打羽毛球对打网球的助益，则是动作技能层面的迁移；而"爱屋及乌"的情感表达，则体现了情感层面的迁移；从小养成认真勤奋的学习态度，对未来工作态度的影响，则是态度层面的迁移。这些迁移现象正如人们常说的"举一反三"和"触类旁通"等成语所描述的那样，体现了学习的连续性和扩展性。

学习迁移的内涵主要包括以下几个方面。

(1) 学习迁移不仅包括先前学习对后继学习的影响，也涵盖后继学习对先前学习的影响。这种双向的影响关系，使得学习过程变得更加复杂和丰富。例如，在学习数学时，加法的学习可以促进对乘法的理解，而乘法的学习反过来也可以深化对加法的认识。

(2) 学习迁移的影响既有积极的一面，也有消极的一面。积极的迁移能够促进新知识和技能的学习，提高学习效率；而消极的迁移则可能阻碍学习的进程，甚至导致错误的理解和应用。例如，骑自行车的经验可以促进骑电动车的学习，但由于两者在操控方式上的差异，骑自行车的经验也可能对骑三轮车的学习产生干扰和阻碍。

(3) 迁移不仅存在于某种经验内部，也广泛存在于不同的经验之间。这种跨领域的迁移现象，使得学习变得更具包容性和创新性。例如，掌握丰富的词汇不仅有助于阅读技能的提高，还可以促进写作、口语表达等其他语言技能的发展。这说明知识和技能之间并不是孤立的，而是相互交织、相互影响的。

因此，学习迁移是学习过程中的一种普遍现象，具有深刻的内涵和广泛的意义。它不仅影响着个体的学习效率和效果，还揭示了学习活动的连续性和扩展性。因此，我们应该重视学习迁移的研究和应用，以促进学生的全面发展。

二、学习迁移的作用

学习迁移
及其作用

首先，迁移对于提升解决问题的能力具有直接的促进作用。学习的最终目的是将知识和经验应用于各种不同的实际情境中，以解决现实生活中的各种问题，而不是仅仅储存于头脑中或者仅用于解决书本上的问题。使学生通过学习获得最大的迁移效果，这是教学的根本目的。

其次，迁移是习得的经验得以概括化、系统化的有效途径，是能力和品德形成的关键环节。通过广泛的迁移，一方面解决了当前的任务或问题；另一方面也使得原有的经验得以改造，更为概括化、系统化，心理结构也更为完善、充实，从而广泛、有效地调节个体的活动。稳定的心理调节机制的建立，也就是能力和品德的心理结构的建立。所以说，能力和品德的形成和发展是通过广泛的迁移来实现的。缺乏迁移，能力和品德的形成则成为空谈。

最后，迁移规律对于学生、教育工作者以及相关培训人员具有重要的指导作用。应用有效的迁移原则，学生可以在有限的时间内学得更快、更好，并在适当的情境中主动、准确地应用原有经验，防止原有经验的惰性化。教育工作者以及相关的培训人员应用迁移规律进行教学和培训系统的设计，在课程设置、教材选择、教学方法的确定、教学活动的安排、教学成效的考核等方面利用迁移规律，可以加快教学和培训的进程。

三、学习迁移的种类

迁移是学习理论中的一个核心概念，根据不同的视角，迁移可以被划分为多种类型(见表 4-1)。

表 4-1　学习迁移的种类

分类依据	名称	定义	举例
迁移的效果	正迁移	指一种学习能够促进另一种学习的进行。当已有的知识或技能在新的学习领域或解决问题中被有效利用时，就会产生正面影响	小明是一名小学三年级的学生，他在数学课上学习了基础的加减乘除运算。随着课程的深入，他开始接触简单的分数运算。小明发现，在解决分数加减法的问题时，他可以将之前学习的整数加减法规则应用到分数上，只是需要额外注意分母是否相同以及如何进行通分等细节

分类依据	名称	定义	举例
迁移的效果	负迁移	一种学习阻碍或干扰了另一种学习的现象	小刚是一个非常喜欢画画的小学生。他特别擅长用铅笔在纸上画出各种美丽的图案和颜色。每天放学后,他都会拿出自己的画本,认真地描绘出他心中的世界。然而,有一天,老师给小刚布置了一个新任务:用毛笔在宣纸上画国画。小刚兴奋地接受了挑战,但很快就发现这比他想象得要难得多。原来,小刚习惯了用铅笔的硬度和线条的精确性来控制画面,而毛笔的柔软和墨水的流动性让他感到很不适应。他发现自己画出来的线条总是歪歪扭扭,颜色也控制得不够均匀
迁移发生的方向	顺向迁移	先前的学习经历对后续学习的影响	学习平面几何有助于理解立体几何的概念
	逆向迁移	后来的学习经历反过来影响或改变之前的学习内容	通过学习高等数学深化了对初等数学的理解
迁移内容的抽象程度	水平迁移	发生在相同概括水平的学习内容之间的迁移	化学元素之间的相互关系学习
	垂直迁移	在不同概括水平的内容间发生的,可以是自下而上地从具体到一般,也可以是自上而下地从一般到具体	自上而下的迁移:先学角再学直角。自上而下的学习:先学角,再学直角
迁移内容的普遍性	一般迁移	涉及原理、策略等较为通用的能力从一个领域转移到另一个领域的过程	学习某种乐器的技巧迁移到另一种乐器上
	具体迁移	在特定情境下,将特定的经验直接应用到新的情境中	小红会骑自行车,但当她第一次尝试骑三轮车时,她发现虽然两者都是骑行工具,操作方式却有所不同。然而,她在骑自行车时积累的平衡感和腿部力量,帮助她更快地适应了三轮车的骑行。这就是具体迁移的一个例子,即把骑自行车时获得的特定经验(如平衡感和腿部力量)直接应用到骑三轮车这一新的情境中

续表

分类依据	名称	定义	举例
迁移过程中所需的内在心理机制	同化性迁移	新知识被整合进现有的认知架构而不改变原有的结构	小明掌握了加法运算，但在学习乘法后，他发现乘法其实就是加法的快速重复。他利用已经掌握的加法知识来理解乘法，很快掌握了乘法运算。这就是同化性迁移的例子，即新知识(乘法)被整合进现有的认知架构(加法)中，而没有改变原有的结构
	顺应性迁移	在适应新情境或解决新问题时需要修改或扩展已有的认知结构	小华一直认为地球是平的，但当他学习了地理知识后，了解到地球实际上是一个球体。为了适应这个新观念，他不得不修改自己原有的认知结构(地球是平的)，并接受地球是球体的新事实。这就是顺应性迁移的例子，即在适应新情境或解决新问题时需要修改或扩展已有的认知结构
	重组性迁移	将已有的知识、技能或行为重新组合以创造新的问题解决方法	小丽在解决一个数学问题时，发现直接应用已有的解题方法行不通。于是，她尝试将之前学过的几个不同的数学概念和技巧重新组合起来，创造出了一个新的解题方法，并成功解决了问题。这就是重组性迁移的例子，即将已有的知识、技能或行为重新组合以创造新的问题解决方法

这些不同类型的迁移对于教育者和学生来说都非常重要，有助于我们更有效地理解和应用所学的知识。

第二节　学习迁移的基本理论

为了掌握学习迁移的规律，我们需要深入研究其实现机制和基本过程。迁移究竟是自发进行的，还是需要在特定条件下通过一系列认知活动来实现？从早期的形式训练说到现代的各种观点，都围绕这些基本问题展开讨论。

一、早期的迁移理论

(一)形式训练说

早期的迁移理论

形式训练说作为最早的迁移理论之一，对教学产生了深远影响。这一理念建立在官能心理学(Faculty Psychology，心理学史上的一个重要理论流派)的基础之上，认为人的内在官能只有通过训练才能得到发展，迁移正是心理官能得到锻炼的结果。该理论强调分别培养观察力、记忆力、想象力和推理能力等心理官能，以期达到广泛的迁移效果。形式训练说主张，官能的培养类似于肌肉训练，各种能力都可以通过多样化的训练方式得以强化，并自动转移到其他活动中。它提出迁移是自然发生的，不受条件限制。

然而，由于缺乏科学依据，形式训练说受到一些学者的质疑与反对。美国心理学家威廉·詹姆斯(William James)率先运用实验方法来验证形式训练说，他发现记忆能力并未如预期般因训练而改善，记忆的迁移也不是无条件和自动的。尽管詹姆斯的实验方法较为原始，所得结论仍需进一步验证，但他的研究推动了后续对形式训练说的更严密检验。

(二)共同要素说

19世纪末20世纪初，心理学家开始用实验方法测试形式训练说的可靠性。美国心理学家爱德华·桑代克(Edward Thorndike)通过一系列实验反驳了形式训练说，并提出了自己的共同要素说。

桑代克认为，某一能力的改变仅限于特定活动范围，并非所有方面都能得到提升。他提出，只有在两种场景存在相同元素的情况下才会发生迁移，即相同的刺激与反应连接。当两种情境具有类似的刺激和反应时，迁移才可能发生；相似连接越多，迁移程度越大。美国心理学家伍德沃斯(Woodworth)后来将"相同要素"修改为"共同成分"，认为两种情境中的共同成分可以促进迁移的发生。

在20世纪初，桑代克和他的同事们对知觉能力进行了深入探讨，并实施了一连串具有创新性的实验。以1901年进行的一个典型实验为例，该实验旨在培养大学生准确估计不同形状和尺寸图形面积的能力。

实验初期，参与者们被要求估计面积介于10至100平方厘米不等的各种长方形。经过一段时间的练习，当他们在这一技能上取得了明显进步之后，实验进入下一阶段。此时，参与者面临更大挑战，需要估计面积范围扩大至150至300平方厘米的长方形，以及那些与练习中长方形面积相等但形状各异的图形(如三角形、圆形等)。

通过这些练习，实验结果揭示出有趣的现象：当测试图形的面积与练习阶段的长方形相同，但形状不同时，参与者的进步仅为练习阶段进步的44%。而在面对形状相同但面积不同的图形时，他们的进步进一步降低，仅有30%。

此外，桑代克等人还对长度和重量的估计进行了相似的实验，结果也指向了一个共同结论：尽管参与者在某一特定的知觉判断任务上有所提升，这种进步并未能有效转移到其他不同类型的任务上。这表明知觉估计能力的提升并非无条件地可迁移，而是在很大程度上局限于特定类型的刺激和任务。

(三)经验类化说

经验类化理论又称"概括化理论"，是由贾德(Charles H. Judd，美国著名的教育心理学家)提出来的。这个理论认为，只要一个人对他的经验进行了概括，就可以完成从一个情境到另一个情境的迁移。贾德在1908年所做的"水下打靶"实验，是经验类化理论的经典实验(见图4-1)。

研究人员针对小学五、六年级学生开展了一系列水中打靶的训练。这项实验特别之处在于，学生被分成两组，其中一组在开始射击练习前先行学习了光线在水中的折射原理，而另一组则直接进行打靶练习，没有接受这一理论指导。

实验的初始阶段，靶子被设置在距离水面12英寸(约30.48厘米)的位置。在这一阶段，无论是已经了解折射原理的学生，还是未接触过该原理的学生，他们的表现并无显著差异。这一发现表明，仅仅掌握理论知识，在未经实践应用之前，并不会直接影响实际表现。

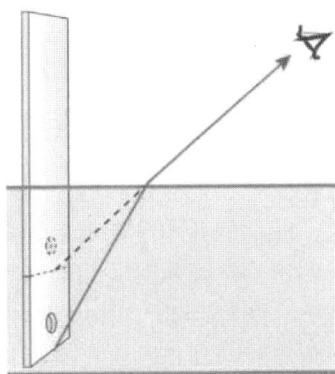

图 4-1 贾德"水下打靶"实验

随后，实验条件发生变化，靶子被移至更接近水面的位置，仅 4 英寸(约 10.16 厘米)深处。在这一新的挑战下，那些预先学习过折射原理的学生迅速适应了这一变化，他们的射击速度和准确度均超过了未曾学习过该原理的学生。这一转变凸显了理论知识在实际应用中的重要性，尤其是在面对新情境时的理论指导作用。

贾德对此实验结果的分析指出，理论知识的掌握和应用并非一蹴而就，而是需要通过实践和领会才能显现其效果。在实验的初期，尽管学生已经学习了折射原理，但这一知识并没有立即转化为实际射击技能的提升。然而，随着实践的深入，理论知识开始发挥其概括化的作用，使学生能够根据水下靶子的不同深度灵活调整射击策略。

根据这一理论，我们认为，理论知识与实践技能的结合是提升任务执行效率的关键。理论学习为实践提供了指导，而实践经验反过来又加深了对理论的理解和应用。这种相互作用和互补，促进了学生能力的全面发展和应用的灵活性。

(四)关系转化说

格式塔心理学家们从理解事物间关系的角度，重新解释了经验类化的迁移理论。他们认为，迁移的发生不取决于某些共同要素的存在，也不依赖于孤立地掌握原理，而是取决于能否理解要素间形成的整体关系，以及原理与实际事物之间的关系。

1929 年，格式塔心理学家苛勒设计了一项"小鸡觅食实验"，他选取小鸡和一名 3 岁的小孩作为实验的被试者(见图 4-2)。实验的第一步是建立分化性条件反射，使被试者对深灰纸和浅灰纸产生不同的反应。具体而言，当被试者面对深灰纸时，会触发食物条件反射，即预期会有食物出现；而面对浅灰纸时，则不会产生这样的条件反射。

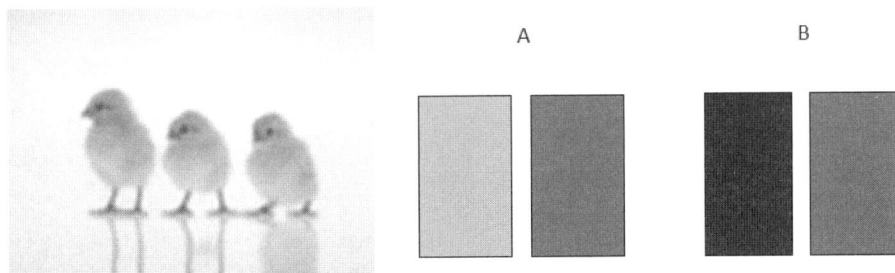

图 4-2 苛勒"小鸡觅食"实验

随后，苛勒巧妙地用黑灰纸替代了原先的浅灰纸，以观察被试者会如何反应。他想知道被试者是继续对原来的深灰纸产生食物反射，还是会根据刺激物(纸张)的深浅关系对新的黑灰纸产生食物反射。实验结果颇为有趣：小鸡对深灰纸的反应率为 30%，而对黑灰纸的反应率则高达 70%；小孩则 100%地对黑灰纸产生了食物反射。

这一实验结果深刻地揭示了被试者在反应过程中的认知机制。它表明，被试者的反应并非仅仅基于刺激物的绝对性质，即他们并不是简单地根据情境中的相同要素来做出反应的。相反，他们的反应更多地受到事物之间相对关系的影响。这一发现对于理解人类和动物的认知过程具有重要的启示意义，也为后续的认知研究提供了宝贵的参考。

这些早期的迁移理论从不同角度对迁移机制进行了探讨，但由于当时研究手段的限制以及跨学科视角的缺乏，对迁移的理解尚未取得实质性进展。随着认知科学与信息加工理论的发展，研究者们开始尝试用认知的观点和方法来解释和研究迁移问题。

二、现代的迁移理论

自 20 世纪六七十年代起，随着认知科学与信息加工理论的蓬勃发展，现代认知心理学研究逐渐崭露头角，并广泛渗透到心理学的各个研究领域。在这一背景下，研究者们开始以更加客观的态度和不断提升的研究方法，深入探讨人的心理过程，并在此基础上，提出了一系列崭新的学习迁移理论。

(一)奥苏贝尔的认知结构迁移理论

美国认知教育心理学家戴维·保罗·奥苏贝尔(David Paul Ausubel)对学习迁移的深入研究为现代教育理论注入了新的活力。他坚信，认知结构的形成是迁移产生的核心所在。

奥苏贝尔进一步指出，认知结构的四个关键变量——可利用性、可辨别性、稳定性和清晰性，在促进新知识学习中发挥着举足轻重的作用。他曾在有意义言语学习的研究中，提出了以有意义学习理论为基础的认知结构迁移理论。该理论的核心观点是：任何有意义的学习都是建立在原有学习基础之上的，不受原有认知结构影响的有意义学习是不存在的。换句话说，有意义的学习过程中必然伴随着迁移的发生。

奥苏贝尔还强调，学生原有的认知结构是实现学习迁移的"关键因素"。原有认知结构的特性，如清晰性、稳定性、概括性、包容性、连贯性和可辨别性等，始终在影响着新知识的获取与保持。特别值得注意的是，认知结构的组织特征——包括可利用性、可辨别性和稳定性——被视为影响学生学习迁移的主要因素。

(二)现代迁移理论的主要观点

第一种观点聚焦于认知结构在迁移中的作用，尽管各学派对认知结构的解释存在差异。

迁移的产生式理论以美国认知心理学家约翰·罗伯特·安德森(John Robert Anderson)等人为代表，认为迁移发生在两种情境中存在产生式交叉或重叠的情况下。产生式作为认知的基本成分，由一系列条件-动作配对构成。

而迁移的结构匹配理论则以美国的认知心理学家道格拉斯·根特纳(Douglas Gentner)和美国的认知心理学家玛丽·吉克(Mary Gick)等人为代表，他们强调前后两种情境中的结构特征、内在关系与联系等本质特性在迁移中的关键作用，而表面特征则相对次要。若两种情境的结构特征相匹配或相似，则迁移得以发生。这些观点虽然侧重点不同，但都认同认知结构中的某些成分是迁移发生的决定性因素。

第二种观点则强调外界环境与主体相互作用对迁移的影响。以美国教育心理学家杰罗姆·格林诺(Jerome S. Greeno)等人为代表的迁移情境性理论认为，迁移是在个体与环境相互作用的社会活动中产生的。初始学习情境以及迁移发生时的物理环境和社会活动情境等因素都是迁移不可或缺的条件。换句话说，迁移的产生是由外界物理环境、社会环境与主体因素共同作用的结果。该理论进一步强调了通过社会交互作用和合作学习来促进迁移的重要性。

因此，迁移实质上是新旧经验的整合过程。相较于传统的迁移研究，现代迁移研究更加微观、细致，更加注重对迁移过程中认知特性的探讨。通过深入分析迁移的认知成分和内在机制，现代迁移研究促进了迁移理论的不断深化和发展。

第三节 迁移与教学

在教学过程中，实现学生学习迁移的最大化是有效教学的关键目标之一。研究表明，迁移的发生并非自然形成，而是受到多种条件的影响。学生的个人特征、他们的起点水平以及学习材料的特性等因素，极其复杂的相互作用，共同塑造了迁移的过程。本节将探讨影响学习迁移的一些基本因素。

一、影响学习迁移的主要因素

学习迁移的影响因素

(一)相似性

众多研究证实，相似性是影响学习迁移的核心因素，这包括客观与主观因素的相似性。一般而言，较高的共同成分比例会提高相似性，从而促成迁移。这种相似性的大小是由两个任务之间共享的共同元素决定的，这些元素可以是学习材料、环境线索(如地点布置)、学习结果、目标以及学习过程和情感态度等。早期的研究主要关注外在刺激与反应的相似性对迁移的影响，而当前的研究也充分关注了心理特性相似性的作用。迁移的形成既受客观相似性的影响，也与主观相似性密切相关。

(二)原有认知结构

原有知识对后续学习的影响是一种常见的迁移形式。尽管历史上对原有经验的定义和称谓各有不同，但对其在迁移中作用的关注持续存在。原有认知结构的特征直接决定了迁移的可能性及其程度，这一点已广为研究者所认可。

认知结构是指个体基于先前学习和感知世界的经验所形成的心理框架。奥苏贝尔在其认知结构迁移理论中明确指出了原有认知结构对迁移的影响，主要体现在以下三个方面。

(1) 知识背景的丰富性。是否具备相应的知识背景是迁移发生的基本前提。知识背景越丰富，新的学习就越容易发生，进而促进迁移。专家之所以比新手具有更强的迁移能力，很大程度上是因为他们拥有丰富的背景知识或认知结构。然而，即便个体具备必要的经验，如果这些经验未能被主动应用，它们在大脑中仍处于惰性状态，无法促进迁移。例如，物理专家在学习新物理发现时会比刚开始学习物理的学生更加容易，因为专家能够利用已有的丰富经验组织信息，并将其应用于具有相似结构的其他情境中。

(2) 知识的概括水平。原有认知结构的概括水平对迁移至关重要。一般来说，知识的概括水平越高，其适用性越广泛，迁移的可能性和效果也越好；反之，概括水平越低，迁移的范围和可能性也越小。贾德的水下打靶实验表明，掌握水的折射原理的学生能够准确射击不同深度下的水中靶子，显示出高度的原理概括能力。这意味着，在教学中应强调基本原理与概念的掌握，因为它们构成了适应新情境和问题的基础。

(3) 认知技能与元认知策略。学生是否具备相应的认知技能或策略以及对认知活动的调节控制的元认知策略，这些都影响着迁移的产生。有时，即使学生掌握了迁移所需的概括性知识，但由于这些知识在学生头脑中处于惰性状态，无法得到激活和应用，最终也无法促进迁移的发生。

(三)学习的定势

定势通常是指在一定活动之前形成的指向该活动的动力准备状态。定势的形成往往是由于先前的重复经验，它发生于连续的活动中，前面的活动经验为后续的活动形成了一种准备状态，从而影响个体以相同方式对待后续问题。因此，定势在迁移过程中既能发挥促进作用，也可能起到阻碍作用。当后续任务与先前任务属于同类或特例时，定势有助于后续学习；相反，当新任务与先前任务非同类或需要灵活应对时，定势可能干扰新学习，产生阻碍。

定势对迁移的影响既有积极的一面，也有消极的一面。这种双重性效果的形成，其实取决于众多因素的共同作用。然而，其中的关键之处在于，我们是否能够帮助学生首先认识到定势的这种特性。因此，在具体的学习过程中，我们需要引导学生深入分析学习情境，既要善于利用积极的定势来快速有效地解决问题，也要学会适时打破那些僵化、刻板的定势，以便更加灵活和创造性地应对各种问题。

除了前面提到的相似性、原有认知结构和定势等影响迁移的基本因素外，其实还有许多其他因素也在影响着迁移的产生。例如，学生的年龄和智力水平，这些个人特质会在很大程度上决定他们接受新知识和应用旧知识的能力。此外，学生的态度也是一个非常重要的因素。一个积极的学习态度，往往能够帮助他们更好地适应新的学习情境，从而更有效地实现迁移。

当然，我们不能忽视教学指导和外界的提示与帮助在迁移过程中的作用。教师作为学习过程中的重要引导者，他们的教学方法、指导策略以及对学生的鼓励和支持，都会对迁移产生积极的影响。同时，外界的提示和帮助，如同学间的讨论、家长的鼓励和社会的支持等，也能够在一定程度上促进迁移的发生。

二、促进迁移的教学策略

对于小学教师而言，教学的核心目标在于引导学生有效接受并掌握新知识，进而形成并发展其各项能力与道德品质。迁移作为实现这一目标的关键途径，不仅是检验教学效果的可靠指标，更是提升学生学习能力的重要手段。因此，在实际教学中，小学教师需深入理解并应用学习迁移的规律，以提高教学的质量与效果。

(一)精心选择教材内容

在教学过程中，教师需精选教材内容，确保所教内容既符合学科要求，又具有广泛的迁移价值。这意味着教师需对学科内容进行深入分析，筛选出那些能够促进学生能力发展和品德形成的关键知识点。同时，教材内容的选择还需考虑学生的年龄特点和认知水平，确保学生能够在有限的时间内高效掌握所学内容。

在选择教材时，教师应注重每门学科的基本结构和核心概念，这些内容是学生学习和迁移的基础。随着科学的发展，教师应及时关注学科领域的新成果，将更具迁移价值的内容纳入教材中。此外，教师还需注意将基本的事实材料与概念、原理相结合，避免空谈理论，确保学生能够在理解的基础上进行有效迁移。

(二)合理编排教学内容

精选的教材内容需通过合理的编排方式呈现给学生，以充分发挥其迁移效能。在编排过程中，教师应遵循结构化、一体化和网络化的原则，确保教材内容之间具有科学、合理的逻辑联系。结构化要求教材内容体现事物的各种内在关系，如上下、并列、交叉等，以便学生在学习中能够形成清晰的知识结构。一体化则强调教材内容各要素之间的内在联系，通过同化、顺应和重组等机制，促进学生心理结构的构建。网络化则要求教材内容之间的联系纵横交错，突出各种基本经验的联结点，以便学生能够在学习中发现原有知识的断裂带和发展点，为迁移的产生提供直接支撑。

(三)合理安排教学程序

合理的教学程序是发挥教材内容迁移效能的关键环节。在宏观方面，教师应根据学科知识的内在逻辑联系和学生的心理发展顺序，整体安排教学的先后顺序。在微观方面，教师应精心组织每节课的教学内容，合理安排教学顺序，确保新旧知识之间的有效衔接和过渡。同时，教师还需关注学生的学习动机、学习兴趣和认知水平，通过创设问题情境、引导探究发现等方式，激发学生的迁移意识，提高其迁移能力。

(四)教授学习策略与迁移技巧

许多研究和实际教学案例表明，学生的迁移能力在很大程度上取决于其所掌握的学习策略与迁移技巧。因此，教师在教学中不仅要传授知识，更要注重教授学习策略，帮助学生掌握有效的学习方法。例如，教师可以引导学生学会总结归纳、类比推理等思维方法，培养其分析问题、解决问题的能力。同时，教师还应教授学生如何识别不同情境下的迁移点，如何运用所学知识解决新问题，从而增强其迁移的意识和能力。

此外，教师还应关注学生的学习情感与态度，通过鼓励、引导等方式，帮助学生树立积极的学习态度和迁移意识。当学生遇到迁移困难时，教师应及时给予指导和帮助，帮助学生分析原因、找到解决方法，从而增强其迁移的信心和能力。

本章小结

本章深入探讨了小学生学习迁移的内涵、作用以及种类，同时详细阐述了学习迁移的基本理论，并探讨了迁移与教学之间的紧密关系。

首先，我们明确了学习迁移作为学习过程中的一种普遍现象，对学生的学习效果具有重要影响。迁移不仅有助于学生巩固已有知识，还能促进新知识的理解和应用，从而提高学习效率。

其次，在迁移的种类方面，我们介绍了正迁移与负迁移、顺向迁移与逆向迁移、水平迁移与垂直迁移、一般迁移与具体迁移以及同化性迁移、顺应性迁移和重组性迁移等概念，这些分类有助于我们更深入地理解迁移的多样性和复杂性。

再次，我们回顾了早期的迁移理论，如共同要素说、经验类化说和关系转化说，以及现代的迁移理论，特别是奥苏贝尔的认知结构迁移理论。这些理论为我们提供了理解迁移机制的理论框架，并为教学实践提供了宝贵的启示。

最后，我们讨论了迁移与教学之间的关系，特别是如何通过教学策略来促进迁移，如精心选择教材内容、合理编排教学内容、合理安排教学程序以及教授学习策略与迁移技巧，都有助于提高学生的迁移能力，从而提升教学质量和学习效果。

综上所述，本章既为我们提供了关于学习迁移的理论知识，又指明了如何在教学中有效运用迁移理论来提高学生的学习效果。这对于小学教育工作者来说具有重要的指导意义。

思考题

(1) 请简述学习迁移的内涵是什么？它在学习中起到哪些作用？

(2) 简述学习迁移的主要种类，并给出每种迁移类型的定义或特点。

(3) 请列举并解释早期迁移理论中的"共同要素说"和"经验类化说"。

(4) 描述奥苏贝尔的认知结构迁移理论的基本内容及其对迁移理论发展的贡献。

(5) 影响学习迁移的主要因素有哪些？请详细阐述它们对学习迁移的作用。

(6) 在教学过程中，为促进学习迁移，教师可以采取哪些教学策略？请至少列举三项并简要说明。

第五章　小学生的心理差异与因材施教

本章学习目标

➤ 知识目标：掌握心理差异的三个基本维度、掌握心理差异影响小学生的学习和发展的方式；理解和描述小学生心理差异及其在教育实践中的应用。

➤ 能力目标：具备分析和评估小学生心理差异的能力；能够基于这些差异制定个性化教学策略，以实现因材施教。

➤ 素质目标：培养学生认识和重视每个小学生独特性和需求的意识，激发他们在教育实践中应用心理差异研究的兴趣和责任感。

重点与难点

➤ 重点：理解和应用有关小学生心理差异的知识。

➤ 难点：根据心理差异设计符合各个小学生需求的个性化教学计划。

引导案例

为什么会不一样？

新学期开始，一个小学三年级的班级中，同学们在数学学科上展现出明显不同的学习成果。部分学生能够迅速掌握新概念，而另一些学生则在理解和应用这些概念上遇到困难。面对这种情形，老师决定采取个性化教学策略，以适应每个学生的独特需求。

首先，教师对全班学生进行了一系列评估，包括智力测试、学习能力测验以及认知风格问卷。结果显示，学生在这些维度上存在显著差异。例如，一些学生在逻辑思维能力方面表现出色，而其他学生则在视觉空间能力上更为突出。有的学生学习动力强烈，能够自主拓展知识的深度和广度；而有的学生则需要更多的指导和激励。

基于这些发现，老师开始调整教学计划。针对逻辑思维能力强的学生，教师提供了更具挑战性的数学问题，鼓励他们发展高层次的思维技能。对于视觉空间能力较强的学生，则引入了更多的图表和视觉辅助材料来帮助他们理解数学概念。此外，对于需要额外帮助的学生，则安排了小组辅导课程，并提供了更多的实践练习机会。

在实施个性化教学策略后，学生的学习动机和成绩均有了显著提高。这个案例清楚地展示了心理差异研究在教育实践中的应用价值。通过识别和支持每个学生的个人强项和需求，教师可以更有效地促进所有学生的学习和发展。

本章不仅全面分析了小学生的心理差异及其在不同方面的表现，还深入探讨了如何通过因材施教来满足这些差异。这对教育工作者具有宝贵的指导意义和实践价值，帮助他们更好地理解学生多样性，从而制定更有效的教学策略，促进每个学生的全面发展。

（资料来源于本书作者的工作日记）

随着人类社会步入 21 世纪，我们迎来了前所未有的国际竞争压力、科技进步加速以及知识经济的兴起。在这样的背景下，提升国民整体素质、培育学生的创新能力和实践技能，进而全方位推进素质教育变得尤为迫切。因此，在全面推行素质教育的过程中，我们必须坚守"以全体学生为本"的原则，充分尊重每个学生的身心发展规律。从每位学生不同的发展阶段、个性特点和发展趋势出发，实行因材施教，而非采用单一标准的教学方针。这要求我们对学生的个体差异进行深入研究。针对当前小学教育，特别是素质教育和创新教育的实际需求，本章将重点讨论与面向全体学生实施个性化教学设计、教学评估和因材施教紧密相关的差异心理问题。通过对这些关键问题的深入分析，我们将探索如何更有效地满足小学生的学习需求，促进其全面发展，并激发创新精神、提升实践技能，以适应快速变迁的社会环境。

第一节　小学生心理差异概述

一、小学生心理差异的研究视角和研究内容

(一)研究对象与差异性探讨

1. 心理的共同性与差别性

人类内心世界既有其普遍性，也有其多样性。心理学的研究起点在于探索最根本、最广泛的心理发展规律。然而，当我们将视角转向教育场景，便发现每位学生都拥有独一无二的内心世界，正如俗语所言："人心隔肚皮，各有所思"。在追求所有学生的全面发展时，教育既要沿着普遍的心理成长路径前进，又要深入挖掘个体心理之间的差异——这正是个性化心理学研究的重点。

这种个体心理差异不仅体现在群体属性上，如民族、社会阶层、专业、地域、年龄、性别等方面；对于小学教育而言，特别关注的是不同年龄段以及男女学生心理特征的区别。除了群体差异，每个个体的心理也呈现出独特性，我们称之为"个别差异"，而这一差异成为教育心理学关注的核心。

2. 心理个别差异的实质

心理个别差异源于人们在先天素质的基础上，通过后天的生活经验逐步塑造出的心理特性。普通心理学着重于揭示和理解这些个体心理现象的差异，而教育心理学专注于分析学校教育背景下学生个体表现出的差异化特征。针对个别差异的处理方式会直接影响教学成效及学生的个人成长，因此，这一主题成为本章研究的核心内容。

总的来说，在小学教育实践中，我们必须特别关注小学生在年龄和性别方面的心理差异，以及每个个体所特有的心理属性。小学教育心理学致力于探索个别差异，并利用儿童

小学生心理差异
的研究视角

心理学关于各年龄阶段心理特征以及普通心理学关于心理现象个别差异的研究成果来丰富其理论和实践。

(二)小学生心理差异的研究视角

差异心理学存在两种主要的研究视角:一种是从心理现象层面,另一种则是从教育与发展互动关系层面。

1. 从心理现象层面

从心理现象的角度出发,不同的心理现象意味着多样的心理差异。小学生心理个别差异与教育和教学息息相关,其中主要表现在智力、情感、意志、能力以及个性等多个方面。实际上,这些差异最终都可以归结为个性差异。因为智力是能力的一种体现,能力又属于个性心理特征的一部分,而情感和意志在个体身上则表现为性格的情感特征和意志特征。个性的倾向性和个性心理特征基本上能够全面涵盖各种心理个别差异。

2. 从教育与发展互动关系层面

教育心理学认为,教育与发展之间存在着密切的相互作用。这种相互作用既需要充分利用小学生的心理差异,又需要妥善处理这些差异。对于某些差异,我们需要施加教育影响以促进其发展;而对于另一些差异,我们则需要施加教育影响以缩小甚至消除这种差异。

从这个角度出发,研究小学生的心理差异应主要聚焦于他们心理发展水平的差异、心理发展特点的差异以及心理发展倾向的差异。教育心理学一方面致力于探究这些差异在学校教育教学情境中的具体表现,另一方面则探讨如何依据和利用这些差异来实施因材施教。为了达到这一目标,研究小学生的心理差异应遵循实用性和可操作性两大原则。

小学生的心理差异涉及多个方面,但我们的研究重点应放在那些与小学教育教学密切相关、与小学生心理发展紧密相连的内容上,这体现了实用性原则。同时,我们还需要关注这些差异是否具备实际操作的条件,这则是可操作性原则的体现。所谓可操作性,关键在于是否能够进行有效测量和利用。

(三)小学生心理差异的研究内容

从上述视角出发,并严格遵循相关原则,对小学生心理差异的研究应包含以下几项核心内容。

(1) 发展水平的差异性研究。这主要聚焦于智力水平、言语表达能力以及不同学科能力水平的差异。

(2) 发展特点的个性化分析。具体包括认知模式的差异、认知风格的独特性以及个性特征的多样性。

(3) 发展倾向的预测性探讨。主要探究小学生心理水平提升或下降的可能趋势,以及心理特点的发展方向。

值得注意的是,小学生心理发展的水平、特点与发展倾向三者之间相互依存、紧密关联。发展水平是发展特点的体现,而发展特点又进一步反映了发展水平,同时,这两者共同预示了可能的发展方向。然而,从另一个角度来看,这三者并非等同。例如,即使两名儿童的智商相当，他们可能在抽象思维或知觉辨别等测试中展现出截然不同的得分，从而体现出各自独特的心理特点和倾向。

因此，在教育教学实践中，我们应依据每个儿童不同的心理发展水平、特点以及倾向来制定教学设计、进行教学评价，并实施因材施教。同时，我们也要避免将这三者孤立或混淆，确保教育教学的针对性和有效性。

二、研究小学生心理差异的意义

研究小学生心理差异的意义极为广泛。从教育心理学的角度看，其重要性主要体现在以下几个方面。

(一)个别化教学与因材施教的基础

实施素质教育要求关注所有学生，采用现代教育技术结合班级集体教学与个别化教学技术，制定个案化的教学计划。了解学生的心理差异和个体特点，是制定有针对性的教学目标、策略和技术的前提，也是实现因材施教的关键。例如，辽宁地区实行的"两档三分小班个别化"教学实验，正是基于学生心理发展与学习档案进行分层、分类、分组的个案化教学设计的尝试，以学生心理差异为研究起点。

因此，差异心理学是教学设计、个别化教学技术、发展性评价等与因材施教相关的理论或技术的基础。

(二)特殊教育的支撑

特殊性即差异性的体现。只有准确理解差异性，我们才能识别特殊需求。深刻理解并尊重心理差异，明白哪些差异应当被培养，哪些应当逐步缩减，掌握心理差异的形成和发展规律，这对于正确执行特殊教育来说至关重要。这不仅能帮助天赋异禀的学生进一步发展，也能帮助其他学生缩小与同龄人的差距，适应未来的社会生活。

众多小学教育工作者已经认识到，教育是一项系统工程，小学教育应为中学教育打下坚实基础。研究心理差异有助于预测小学生进入中学后的发展情况，并为小学阶段的基础工作做好准备。

(三)保障心理教育和心理辅导的有效开展

对差异心理的学习与心理测量技术的学习相辅相成。差异心理的理论构建本身就是基于大量心理测量结果的总结，掌握这些理论有助于将当前的测量结果与历史上经过验证的普遍测量结果作对比分析，从而更准确地进行学生心理评估和诊断。反之，当前的心理测量实践也能进一步验证差异心理理论的正确性。

研究差异心理有助于教师结合日常教学进行有效的心理教育和心理辅导。这些辅导都需基于对学生个体差异的深入了解，这不仅是专业心理咨询老师所必需的，也能帮助其他教师在日常学科教学中融入心理教育元素，并在课外活动和日常行为指导中加以应用。

第二节 小学生心理发展水平的差异与因材施教

进行教学设计、教学评价及因材施教时，首要考虑的因素便是学生心理水平的差异。如前文所述，学生的心理水平差异、心理特点差异以及发展倾向差异之间存在着紧密的联系。尤其是心理水平差异与心理特点差异，两者常常相互交织，水平往往通过特点得以展现，而特点又往往依托于一定的水平而呈现。因此，在探究学生心理水平差异时，我们无法忽视其心理特点的差异。同理，在剖析学生心理特点差异时，心理水平差异同样不可忽视。

学生心理水平的差异体现在心理现象的诸多层面，其中与小学教育、教学更为紧密关联且能够直接指导因材施教的差异，主要表现在小学生的智力水平差异、学科能力水平差异以及心理健康水平差异等方面。这些差异不仅反映了学生在不同领域的学习和发展状况，同时也为教育工作者提供了因材施教的重要依据，有助于制定更具针对性和个性化的教育方案。

一、小学生智力发展水平的差异

(一)智力发展水平的差异

智力水平通常通过智力测验得出的智商分数来表征。人的智力发展水平有高有低。按照智商可将人的智力划分为不同的等级(见表5-1)。智力发展水平在一般人口中的分布基本上呈正态分布，两头(特高、特低)小、中间(一般水平)大，即智力超常和智力低下的个体占少数，中等水平智力的个体占绝大多数(见图5-1)。[1]

表 5-1 IQ 智力分类表

类　别	IQ	理论分布
极优	≥130	2.2
优秀	120-129	6.7
中上(聪明)	110-119	16.1
中等(一般)	90—109	50
中下(迟钝)	80—89	16.1
边缘	70—79	6.7
弱智	≤69	2.2

小学生的智力水平遵循正态分布规律。在一个大样本的小学生群体中，智商高于和低于100的学生各约占一半。具体而言，智商在90至109之间的学生占总数的50%，这一部分被认为是智力平均水平；而智商处于110至119之间的资优生与智商介于80至89之间

---

[1] 夏凤琴，姜淑梅.教育心理学[M].清华大学出版社,2015.

的低能生各占比 14.5%，合计约为 30%。再加上前述平均水平的学生，这三部分学生共占全群体的近 80%，构成了教育活动的主要对象。剩余约 20%的学生包括特优生、边缘生和弱智生等，其中特优生与弱智生所占的比例则相对较小。

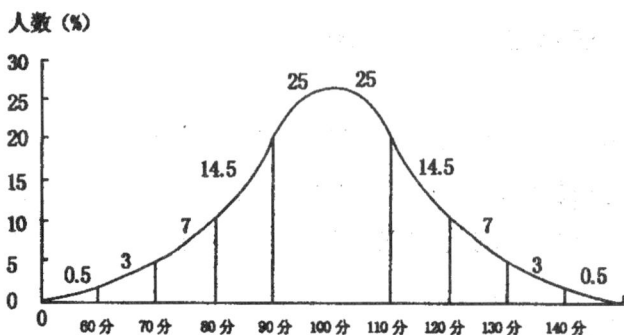

图 5-1　人类智商的理论分布

智力超常生的比例虽然较小，但他们的发展潜能巨大，未来在科学领域取得杰出成就的可能性较高，因此必须为他们提供适当的教育资源。同样，虽然边缘生，尤其是智力较弱的学生所占比例不大，但若忽视他们的教育需求，可能会给社会带来沉重的负担。这些学生在某些方面或许不如中等水平的学生，但他们同样拥有自己的长处和独特才能。因此，因材施教的理念尤其适用于这一层次的学生，旨在为他们提供更为贴切、个性化的教育路径。

(二)智力表现早晚的差异

智力表现早晚的差异是指智力发展速度的差异。有些人在儿童时期就才智过人，聪明早慧。古今中外聪明早慧的事例不胜枚举。据我国历史记载，春秋战国时期秦国的甘罗 12 岁出使赵国立功，拜为上卿；东汉张衡 10 岁能博览群书，对研究天文地理兴趣浓厚，最终成为我国古代历史上最伟大的天文学家，并在数学、地理、机械、文学、绘画和工艺等方面都有独到的成就，他发明的地动仪在 1800 年前就能测定千里之外的地震；初唐的王勃 6 岁善文辞；白居易五六岁就可以即席赋诗，15 岁作《赋得古原草送别》；奥地利古典音乐家莫扎特 3 岁能谱写小步舞曲，14 岁入大学；我国的谢彦波上小学三年级时掌握了初中数学，四年级学习高中数理化，五年级攻读大学解析几何和微积分，11 岁进入科大少年班，21 岁获理论物理学博士学位。他们都是早慧儿童的典型。

与聪明早慧相反，有些人则在中老年才表现出杰出的智力水平，即大器晚成。例如，我国画家齐白石 40 岁才显露出绘画才能；英国生物学家达尔文 50 多岁才开始有研究成果并写成《物种起源》；牛顿中小学时代表现平庸，后来创立了经典力学；爱迪生少年时被视为低能儿，30 岁后发明了电灯；蒸汽火车的发明者史蒂芬逊，17 岁还是个文盲，18 岁才开始念书，44 岁才制成世界上第一台用蒸汽作动力的火车。

除了少数早慧和大器晚成的人才之外，大部分人才属于中年成才。中年是人生中的黄金时代，是成才和创造发明的最佳年龄。这是因为中年人年富力强、体格健壮、精力充沛、敏锐且较少保守。他们既有较强的抽象思维能力和记忆能力，又有较丰富的基础知识和实际经验。中年期是个人成就最多，对社会贡献最多的时期。

有人对 325 位诺贝尔奖获得者做了调查，发现其中 301 人是在 30～50 岁之间取得研究成果的。一般认为，30～50 岁是人的智力最佳年龄阶段，其峰值在 37 岁左右。

美国心理学家李曼(H. C. Lehman)从 20 世纪 30 年代开始，从事人的创造发明研究。他们研究了大量的科学家、艺术家和文学家的年龄与成就，发现 25～40 岁是成才的最佳年龄，他们的研究还表明，从事不同学科的人最佳创造年龄是不同的(见表 5-2)。[①]

表 5-2　不同学科的最佳创造的平均年龄

学　科	最佳创造的平均年龄(岁)	学　科	最佳创造的平均年龄(岁)
化　学	26～36	声　乐	30～34
数　学	30～34	歌　剧	35～39
物　理	30～34	诗　歌	25～29
实用发明	30～34	小　说	30～34
医　学	30～39	哲　学	35～39
植物学	30～34	绘　画	32～36
心理学	30～39	雕　刻	35～39
生理学	35～39		

(三)智力发展的类型差异

尽管心理学家对智力研究究竟包括哪些要素的看法不一，然而多数心理学家都认可智力是由多种复杂的因素构成的。正因为如此，人与人之间智力结构的组成及其表现水平体现出类型的差异。例如，加德纳的多元智力理论认为，每个人在不同程度上拥有八种智力，而这八种智力在个体身上的发展水平是不同步的。有些人在某些智力上有较高水平，而在另一些智力上则水平较低。不同智力的组合表现出个体之间的智力类型差异，在人的智力组合中，有的人运动智力占优势，有的人言语智力占优势，还有的人际智力占优势等，即使是同一种智力，不同人之间的表现也有一定的差异。例如，在音乐能力方面，有人具有高度发展的曲调感和听觉表象能力，但节奏感较差；而另一人则具有较好的听觉表象能力和强烈的节奏感，但曲调感较差。

(四)智力发展的性别差异

智力发展的性别差异是指智力的团体差异。男女的总体智力水平没有显著差异，但在智力的不同方面存在一定的差异。男性的空间能力(包括空间知觉能力、心理旋转能力、空间视觉化能力和时间空间判断能力等)优于女性。这种空间能力的性别差异出现在 7-10 岁左右，且随着年龄增长，差异越明显。空间能力是体现性别差异最明显的一种能力。女性的言语能力(包括阅读、词汇、拼写、语法知识和口头表达)普遍优于男性。在各种言语能力中，以词的流畅性所显示的女性优势最为明显。男女两性在数学能力方面也存在差异。数学能力是指对数学原理和数学符号的理解与运用能力，这种能力主要表现在计算和解决问题上。一般来说，女性在小学和初中阶段的数学能力优于男性，但到了高中以后，男性则表现出优势并持续到老年。

---

① 夏凤琴，姜淑梅.教育心理学[M].清华大学出版社,2015.

二、小学生学习能力的差异

小学生学习能力的差异

(一)小学生学习能力的标准

在当前教育环境中，小学生的学习成绩受到了师生和家长的高度关注。通常，学习成绩被用作衡量学生学习能力的关键指标，为教师制定个性化的教学方案、进行教学评估和实施因材施教提供了直接参考。标准化学科成绩测试是间接反映小学生学习能力的一种普遍方法。然而，我们必须认识到，虽然学科成绩可以在一定程度上映射出学生的学科能力，但二者并不完全相同。例如，两个学生可能在某一科目中获得相同的分数，但他们展现这一成绩的能力构成可能迥异，有的学生可能语言表达更强，而另一些则在阅读理解方面更为出色。

尽管学科能力的深层结构尚需更深入的研究，但小学生之间存在着显著的学科能力差异，这种差异对他们的成长和发展产生了重要影响。除了反映学科能力的差异之外，学科成绩还受到许多其他因素的影响。因此，将学科成绩作为制定教学策略、进行教学评价和因材施教的基础，并不会引起矛盾。

在分析小学生学习能力的差异时，我们可以从整体学习水平、各科优势和发展倾向三个角度入手。学习的整体水平一般参照学生的总体成绩来判断，这方面存在较大差异。显然，采用单一标准去衡量所有学生是不适宜的。小学生在不同学科的优势也大不相同，即使是表现优异的学生，有的可能在语文上有所突出，而另一些可能在数学上表现得更好。至于学习能力的发展倾向差异，一方面体现在整体水平上升或下降的趋势，可以进一步细分为稳定型等；另一方面表现在特定优势学科的发展趋势。

(二)小学生学科能力的两类水平

在使用学科成绩代表学科能力时，我们需注意避免仅以学校所授课程的成绩来作为评价学生的唯一标准。基于这一观点，我们可以将学科能力分为两大类：计划内学科能力和非计划内学科能力。

1. 计划内学科能力水平的差异

计划内学科指的是学校根据教学大纲统一设置的科目。我们可以根据学生在这些科目中的标准化考试分数，利用平均值加减一定数量的标准差，粗略地将学生分为不同等级。然后结合观察法和作品分析法进一步细化，从而将学生的学科能力分为三个或五个层次。随后，按照个别指导的原则，对每个水平层次的学生进行个性化的教学设计、评估和因材施教。

2. 非计划内学科能力水平的差异

非计划内学科包括学校尚未设立的科目，或者虽然学校设立了，但这些科目的学习内容远超官方课程标准的情况，如科学实验、计算机应用、乐器演奏、舞蹈、书法、游泳等。这些领域的技能往往属于特殊技能，现代学校教育应当在完成规定的课程基础上，创造条件促进学生在这些领域的发展。

小学生的非计划内学科能力主要通过作品分析和观察来了解，一般可以分为"特长"和"特优"两种类型。这两种类型与前面提到的学科能力的三个或五个等级相结合，形成不同的组合类型，如"中等—特优型""低等—特长型"等。这些类型是实施因材施教的重要依据，有助于教师更好地理解每个学生的独特需要，并为他们量身定制教学计划，促进他们的全面发展。

三、基于小学生心理发展水平差异的个性化教学策略研究

通过对相关数据的分析，我们可以得出一个结论：在当前的教育环境中，实施针对小学生心理发展水平差异的个性化教学，需要考虑的主要因素包括智力水平、学习成绩以及课外特长。在中国部分地区正在推行的分层教学实践，就是根据学生不同的发展水平来实施个性化教学的一种有效尝试。然而，这种分层教学模式目前主要依据学生的学习成绩进行，是否能够同时考虑到学生的智力水平和课外特长，这仍是我们需要深入探讨的问题。

(一)确立分层教学的依据

对于低年级的小学生，我们主要以智力水平作为分层的依据。而对于中年级及以上的小学生，学科能力水平则成为主要的分层依据。原因在于，低年级学生的学科能力尚未明显分化，而到了中高年级，学生在不同学科上的优势已经日益显现。因此，我们应将所授课程的学科能力水平作为分层的主要依据，这不仅有助于提高学科教学质量，也有利于结合学科教学促进学生智力和非学科能力的发展。

分层的复杂程度应视班级规模而定。小班制(约 20 人)中，由于学生人数较少，教师可以更好地了解每个学生的情况，因此可以采用五级分层，即分为优秀、中上、中等、中下、偏低(或基础)等五个层次。而大班制(约 40 人)中，由于学生人数较多，所以适宜采用三级分层，也就是高、中、低三个层次。大班制还可以通过小组合作学习等方式，实现一定程度的分层教学。无论采用哪种分层方式，都应兼顾特殊需要的学生，如学习超常和学习困难的学生。

在实际操作中，分层的复杂程度还应考虑教师的教学能力、教学资源以及学生的实际情况。

(二)确定小学生个体心理水平的组合类型

通过综合小学生的智力水平、学科成绩以及课外特长三种因素，我们可以形成多种组合类型。这些组合类型既能够反映小学生心理发展阶段性特征，又能为个性化教学提供精准的参照。

三种因素的组合顺序可以根据不同需求灵活调整。具体而言，低年段宜采用"智力-语文-数学-特长"的评估序列；高年段则可转换为"语文-智力-数学-特长"的优先级结构。对于兼任语数教学的教师，可根据实际情况选择一种合适的组合顺序。例如，将智力和学科成绩都分为三级(中等、中上和中下)，那么某位学生如果在智力和语文成绩上都是优秀的，而在数学上只是中等，同时又在音乐上有特别才能，该生的心理水平组合类型可以表示为"智上-语上-数中-特长/音乐"。这样的组合类型直观地展现了小学生个体心理发展的独特性。

(三)基于心理水平组合类型的分组教学

掌握了小学生的心理水平组合类型后，个性化教学的实施就变得更加容易操作了。例如，在进行三级分层的教学时，教师可以准备三种不同的教案，同时照顾到学习超常和学习困难两个极端。同一个学生在不同的学科中可能会被划分到不同的教学层次。为了实现最优的教学效果，我们还应该考虑进行结构化编组。在执行分层分组时，以下几点值得注意。

(1) 小学生的心理水平组合类型是随着时间变化的，教师应根据学生心理水平的发展和变化进行相应调整。每次调整的结果应当记录在学生的心理素质档案中。为了避免负面标签效应，这些信息应仅由教师内部掌握，不宜对学生公开。

(2) 若进行班级外的编组活动，如兴趣小组、课外活动小组或学科能力加强小组等，可以把相同心理水平组合类型的学生编在一起。而班级内部的分组则应综合考虑心理水平、特点和发展趋势的差异，以实现最佳的混合式编组，而不是简单地按照层次进行分组。

第三节　小学生智力类型、认知风格的差异与因材施教

一、小学生智力类型的差异性分析

智商作为衡量智力总体水平的指标，反映了个体在认知活动中的基本能力。然而，即便智商相近的小学生，在完成相同任务时，也会因其智力构成因素的不同特点而展现出显著差异。这种差异主要体现在智力的质的差异、智力构成因素的差异以及智力类型的差异上。为了更深入地理解这一现象，我们可以从以下两个方面进行剖析。

(一)分析型、综合型与分析-综合型智力类型

根据小学生知觉过程的特点，我们可以将其智力类型划分为分析型、综合型和分析-综合型。

分析型智力的小学生倾向于从个别部分开始感知事物，对事物的组成部分和细节有清晰的感知，但可能因过于关注局部而忽略整体。在考试时，他们可能会因未注意到某些题目而失分。对于这类学生，教师应引导他们在分析的基础上，对事物的各个部分及其关系进行综合，形成整体印象，再从整体出发做进一步分析，培养"分析-综合-再分析"的知觉习惯。

综合型智力的小学生则倾向于从整体轮廓入手感知事物，注重整体性和综合性的知觉，但可能因不善于分解事物而忽略重要细节。在考试时，他们可能容易忽略问题的细节要求。对于这类学生，教师应引导他们在整体知觉的基础上，对事物做进一步的分析，形成对事物各个组成部分及其关系的知觉，再将这些部分联系起来做综合性的知觉，培养"综合-分析-综合"的知觉习惯。

分析-综合型智力的小学生则兼具上述两种类型的特点，既能把握事物的整体，又能深入事物的各个组成部分。这是一种较为理想的知觉类型，但教师仍需从整体与部分之间的联系和关系入手，进一步完善他们的"分析-综合"知觉习惯。

(二)视觉型、听觉型、动觉型与混合型智力类型

根据小学生在记忆过程中何种分析器占优势，我们可以将其智力类型划分为视觉型、听觉型、动觉型和混合型。

1. 视觉型智力

视觉型智力的小学生依赖视觉分析器进行记忆，喜欢通过视觉媒体获取信息，如阅读书籍、观看教学录像等。在缺乏视觉刺激的情况下，他们的记忆效果可能会受到影响。

2. 听觉型智力

听觉型智力的小学生则依赖听觉分析器进行记忆，喜欢通过听觉媒体获取信息，甚至在接收视觉信息时也希望伴有听觉刺激。

3. 动觉型智力

动觉型智力的小学生擅长通过动作进行记忆，喜欢接触和操作物体。在缺乏动作支持的情况下，他们的记忆效果可能会受到影响。如果能在视、听为主的认知活动中结合操作活动，如摆弄教具、动笔书写等，将有助于提升他们的记忆效果。

4. 混合型智力

混合型智力的小学生则结合了多种分析器的优势进行记忆，但组合方式各有不同。有人擅长视觉与动作的结合，有人则擅长视觉与言语的结合。

这些不同的优势记忆类型增加了小学生相应的表象储备以及表象组合或改组的机会，有助于发展表象的形象性和概括性，从而形成了个体表象类型的差异。这种差异又与记忆过程中所表现出来的差异相互关联。例如，视觉优势型的小学生在表象活动中也往往表现出视觉优势。因此，表象活动也可分为视觉型、听觉型、动觉型和混合型四种类型。

在教学活动中，教师应充分利用各类小学生的记忆特点，采用多媒体优化组合的方式以适应不同类型的学生。当某种媒体技术明显不适应某种类型的学生时，教师应在教学设计时充分考虑到这一点，并采取相应的弥补策略。例如，在以讲授为主且需要一气呵成的课程中，教师应在巩固环节采用足够的视觉媒体形式来弥补视觉型小学生单纯听讲的不足。此外，教师还应有计划地对各类小学生进行其他分析器的记忆训练，以适应信息社会的各种传播技术，并丰富他们的表象储备，发展想象和思维能力。

想象活动依赖于头脑中已有的表象的组合或改组，因此，表象的类型差异必然影响想象活动。复杂的想象不仅需要依靠优势表象，也需要其他表象的参与和支持。同样，思维活动也需要表象的支持，特别是形象思维。它以表象为基本材料进行分析、综合、比较、抽象、概括和具体化，甚至要用表象进行推理。因此，表象的类型差异也必然影响思维活动。

二、小学生认知方式的个体差异

(一)场独立型与场依存型认知风格

认知风格(cognitive style)又称"认知方式"或"认知类型"，是个体在认知活动中表现出来的人格倾向和特征上的差异。

美国心理学家赫尔曼·威特金(Herman Witkin)长期在美国新泽西州普林斯顿教育测验服务社心理学研究部工作,他早年从事知觉个别差异研究,后来专注于场依存性问题,近年来还将心理分化理论应用于跨文化心理研究领域。威特金等人在研究知觉时发现,有些人很难从视野中分离出知觉单元,而有些人较容易分离出知觉单元。基于场的理论,他将人划分为场依存性和场独立性两种类型。

用镶嵌图形测验(Embedded Figures Test)可以有效地测量场独立性和场依存性(见图 5-2)。[①]

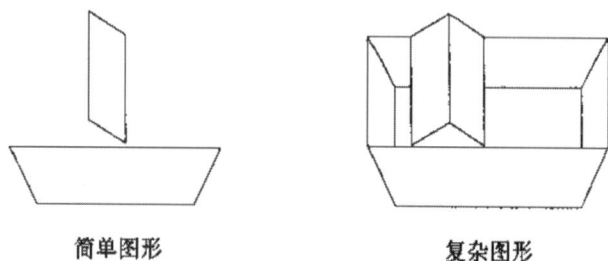

简单图形　　　　　　　　复杂图形

图 5-2　镶嵌图形测验示例

在这个测验中,复杂图形构成了一个"场",对简单图形具有掩蔽作用。场独立型的人能迅速找出简单图形,说明他们的心理分化水平较高,较少受到"场"的影响;而场依存型的人较难找出简单图形,说明他们的心理分化水平较低,不容易把简单图形从复杂图形中分离出来。

场独立型习惯于利用内在参照获取知识、信息,较少受环境影响,更喜欢独处,社会交往能力相对较弱。他们偏爱与人无关的学科(如自然科学),在学习过程中惯于独立思考,擅长从整体场中分辨具体信息。

场依存型个体倾向于依赖外在参照进行信息加工;容易受环境支配,根据他人来确定自己的态度和行为。他们对人际关系表现出较大兴趣,善于与人交往,更倾向于重视人际关系的学科领域(如人文科学),在学习过程中他们对环境因素敏感,乐于在集体环境中学习。

场独立型个体往往依靠内部的心理图式进行判断,较少受外界环境影响,因此更擅长于排除环境干扰,但有时可能偏于主观。相反,场依存型个体在做判断时较多依赖外部环境参照物,能够更好地利用包括自然和社会环境等外部条件,但也可能更容易受到外界建议的影响,缺少独立主见。

教育心理学关注的是如何根据学生在场依存和场独立上的差异来调整教育教学策略。研究表明,这两种类型学生的依赖教育情境方向主要存在以下四个差异。

1. 师生互动的差异

一般而言,教师和学生认知风格相似时,教学效果更佳。然而,场独立型学生对教师影响的接受度较低,而场依存型学生则较高。在某些情况下,师生认知风格的不匹配反而能激发更活跃的思维交流。因此,教师在设计课程时应当兼顾不同认知风格,避免因教师的固有风格导致某些学生遇到学习障碍,并在条件允许的情况下利用不同风格之间的互动

---

① 彭聃龄. 普通心理学(修订版)[M]. 北京师范大学出版社,2001.

来促进学习。

2. 学生间互动的差异

研究发现，场独立型学生更喜欢在无干扰的环境中独立学习，倾向于独自思考问题；而场依存型学生则更倾向于在小组内或可以随时参考他人意见的环境中学习。

3. 知识内容选择的差异

通常情况下，场独立型学生更偏爱与自然科学相关学科(如数学)，场依存型学生则更偏好社会科学相关学科(如语文)。这种偏好可能会影响到他们日后的学科选择和职业道路。

4. 对强化反应的差异

研究表明，场依存型学生在有反馈的情况下学习效果更好，他们需要持续的信息支持，并对教师鼓励及同伴接纳有较强需求。相比之下，场独立型学生在有无反馈的条件下学习效果差距较小。因此，针对场依存型学生要提供及时的反馈和鼓励，同时营造良好的人际环境；而对于场独立型学生，关键在于激发其内在动机，并给予适时的反馈与认可。

(二)沉思型与冲动型的认知风格

在认知心理学中，根据个体在认知活动中的反应速度和处理方式的差异，人们通常被划分为两大类型：沉思型与冲动型。这种分类不同于场独立型与场依存型的划分，后者主要关注个体认知活动的空间属性，而前者则着重于时间属性的考量。

在教育环境中，观察到一些学生面对问题时能够迅速作出反应，而另一些学生的响应则显得迟缓。这种在认知加工过程中的速度差异，一般可概括为沉思型和冲动型的表现。这两种类型在以下四方面有着明显的区别。

1. 思维的逻辑性与跳跃性

沉思型学生在面对问题时，往往严格遵循逻辑程序，逐步推进思考过程，从而确保了思维的严密性和较高的准确率。然而，相较于冲动型的学生，他们的思维敏捷度和灵活性普遍较低。相反，冲动型学生倾向于以跳跃式的方式进行思考，常常省略思维过程中的具体步骤，这使得他们能迅速解决问题并灵活转换思路。但这种简约的思维模式可能会影响思维的严谨性，导致较高的错误率。

2. 整体性认知与分析性认知

冲动型学生更偏向于对事物进行整体性认识，在回答综合性问题时，往往不纠缠于细节，因此能够快速形成自己的观点。在解决多维度问题时表现出的敏捷度远超沉思型学生。然而，当需要深入分析细节时，他们的回答可能显得粗略，这在定时考试中可能会影响他们的成绩。相比之下，沉思型学生则擅长对问题的各个方面进行深入挖掘，注重捕捉每一个细节，提供详尽的回答。但过分专注于细节有时会使他们失去对整体的把握，难以迅速形成观点，尤其是在处理信息量大且难以区分主次的情况下。

3. 思维的批判性和决策的果断性

沉思型学生在解题时常会对多个可能的假设或答案进行反复比较，以确保最终选择的正确性。他们在没有明确答案的问题上也会深思熟虑如何回答更好。这种批判性的思维方式使得他们的答案准确度较高。但在面对复杂假设和众多答案时，可能会因犹豫不决而影响解题速度。冲动型学生则通常不会细致比较各种假设或答案，而是依赖类似直觉的思考迅速形成判断，显示初步的果断性。在解决复杂问题时，他们能够迅速做出决定，但由于缺乏对思考成果的检验，决策可能带有盲目性。

4. 意识加工与无意识加工

在认知活动中，沉思型学生比冲动型学生更倾向于使用意识层面的处理，其思维过程更多是在有意识地控制下逐步完成。这使得他们的思考虽然严密且正确率高，但速度较慢，难以应对复杂的整体性认知任务。相对地，冲动型学生在思考时会将许多步骤转由潜意识完成，不受显性意识监控，类似于计算机的处理机制，仅在最后通过显示器展示结果。由于思维跨度大，速度快，尤其在处理复杂的认知活动时，他们不像沉思型学生那样逐个审视问题组成部分，而是同时通过潜意识进行处理，从而增强了整体性认知的能力。

然而，冲动型的无意识加工方式由于缺乏显性意识监控，导致最终的解决方案需经历更多的意识加工和逻辑审查。此外，这种加工结果往往较为粗略，错误率也相对较高。因此，教育的一个关键任务是探索如何结合两种认知方式的优势来施教。一方面要利用它们的独特优势，另一方面则要寻求将它们有效整合，帮助冲动型学生吸收沉思型学生的长处，反之亦然。这是一个既重要又富有挑战性的课题。

第四节　小学生的个性差异与因材施教

小学生正处于性格发展的关键时期，他们的性格特征尽管尚未完全成熟固化，但已开始展现明显的个体差异。面对这一群体，教师应充分意识到小学生性格的可塑性，并以此为契机，实施针对性的教育策略。具体而言，教育工作者需不断研究与实践，如何根据每位学生的独特性格进行个性化教学，以促进他们在知识学习和个人成长两方面都取得全面发展。对于未来担任小学教师的教育专业人士来说，精通这种因材施教的方法，不仅是他们职责所在，更是他们必须持续追求和掌握的教育艺术。

一、小学生个性差异的独特性

(一)研究个性差异的三个基本维度

对个性差异的研究，学术界普遍采用三个核心视角。

首先，从个性的结构角度入手，深入探讨个性差异。个性可细分为个性倾向性和个性心理特征两大板块，进而产生这两大板块及其组成要素之间的差异研究。

其次，从人格类型角度切入，研究个性差异。在这一领域，瑞士心理学家卡尔·古斯塔夫·荣格(C.G. Jung, 1875—1961)的外倾型与内倾型差异研究，以及威特金的场独立型与场依存型差异研究，均颇具代表性。

最后，从人格特质角度出发，揭示个性差异。在这一方面，美国心理学家雷蒙德·卡特尔(Raymond B. Cattell，1905—1998)关于 16 种人格因素的研究，以及英国心理学家汉斯·艾森克(Hans J. Eysenck，1916—1997)关于人格的三个维度——外向性(E)、情绪性(N)和精神质(P)的研究，均为此领域的经典之作。卡特尔和艾森克还曾针对儿童编制了人格量表，为后续的个性差异研究提供了重要工具。

(二)小学生个性差异研究的独特视角

小学生的个性相较于成年人具有其独特性，因此，在研究其个性差异时，需采用特定的视角。

首先，应关注发展性。小学生的个性既具有相对稳定的一面，又处于不断发展变化的过程中。基于这一特点，审视个性的结构论、类型论和特质论时，我们会发现小学生在这些方面均存在差异，但这些差异是动态的且具有可塑性。

其次，应注意到个性与人格的交叉性。尽管个性与人格在某些方面有所重叠，但它们在涵盖内容上并不完全相同。人格通常包含气质、性格以及气质以外的某些生理因素，而个性则包括气质、性格和能力，但不涉及气质以外的生理因素。因此，人格类型差异和特质差异并不能完全概括小学生的个性差异。为了更全面地揭示小学生的个性差异，我们需要将个性差异研究的三个视角结合起来。

最后，我们还需关注研究的实用性和可操作性。尽管个性的结构论在一定程度上符合我国的教育实际，但由于缺乏内在的有机联系，因材施教的操作难度较大。而类型论和特质论虽然易于操作，但可能不完全适应我国的教育环境。因此，我们需要将结构论、类型论和特质论相结合，并进一步实现本土化，以更好地适应我国的教育需求。

这项任务既长期又艰巨，需要我国心理学工作者共同努力，逐步推进。在当前的过渡阶段，我们可以借鉴英国心理学家艾森克的人格理论，结合我国的实际情况，深入分析小学生的个性差异。艾森克的特质论在一定程度上融合了荣格的内外倾类型论，不仅易于测量，还便于因材施教的具体操作。因此，本教材将重点探讨以艾森克特质论为基础，结合结构论和类型论，实施因材施教的操作问题，以期为我国小学教育提供更为精准和有效的个性化教学策略。

二、小学生的人格特质与类型差异分析

小学生的人格特质与类型差异分析

在探讨小学生的人格特质和类型差异时，我们借鉴了艾森克的人格理论。通过整合其维度理论与类型论，我们得以更精确地对小学生的人格进行分类，从而优化教学实践。艾森克博士认为，人格特质是个体行为倾向的集合，而人格类型则由一组相关的特质构成。将这些特质按展现程度排列，形成连续的人格维度尺度。每个人都可以在尺度上找到自己的位置，这一位置反映了他们的特定人格特质。据此，艾森克归纳出人格的三大基础维度：外向性(E)、情绪性(N)和精神质(P)，并添加了一个掩饰性(L)维度来衡量掩饰程度。这四个维度共同描绘出一个全面的人格画像。

(一)四个维度所反映的主要行为差异

1. 外向性的差异

外向的小学生活跃、好动、喜欢交往、交谈和参加活动，粗心、易冲动、自控力差，

需要刺激，不喜欢独处。内向的小学生则稳定、好静，活动和交往不主动，不易冲动，自控力较强，喜欢沉思且细心，倾向于有秩序地学习和生活，不喜欢强刺激。

2. 情绪性的差异

情绪不稳定的小学生容易激动，喜怒无常，难以恢复平静，焦虑水平高。情绪稳定的小学生则温和、稳定、善于自我控制，不易焦虑，情绪反应慢而轻微，容易恢复平静。

3. 精神质的差异

精神质是每个人在不同程度上都具有的特质，并非暗指精神病。高精神质可能反映一种行为异常的倾向。具有高精神质的小学生往往倔强、固执、粗暴、强横、缺乏同情和怜悯，甚至冷酷，攻击性强，常对他人表现出恶意。低精神质的小学生则反映了一种温柔、温和倾向。

4. 掩饰性的差异

掩饰性不仅反映被试说谎的程度，也反映了一种人格特点。有的小学生不愿意将内心世界袒露于外，而有的小学生则相反。

(二)四个维度的层次化

为了方便小学教师使用，还可以按程度把每个维度分成五个层次，例如，可以把内外向分成内向、倾内向、中间型、倾外向和外向五个层次；把情绪性分成稳定、倾稳定、中间型、倾不稳定和不稳定五个层次。

(三)维度组合所反映的主要特质与类型差异

将外向性和情绪性垂直交叉，可得到四种人格层面，每种代表一种气质和八种人格特质的组合。这种类型差异有助于教师在设计教学、评价和个性化教育中进行操作。

尽管艾森克的模型为理解小学生的个性提供了框架，但它需要进一步本土化以适应中国小学教育的具体情况。此外，我们应关注小学生性格特征的差异，包括态度、情感、意志和认知特性等方面，这些都是普通心理学、发展心理学及教育心理学研究的重要领域。通过跨学科的整合，我们可以更全面地了解和应对小学生的个性差异。

三、小学生个性差异的测量及因材施教

在当今教育体系中，对于小学生个性差异的测量与因材施教显得尤为重要。这一过程涉及了多种方式与方法，其中包括了经典的人格测验和多种评定手段。下面，我们将深入探讨这些方法的细节与操作，并辅以实例加以说明。

(一)小学生个性差异的测量

了解小学生个性差异的简便方法主要包括两种：一是借助艾森克人格问卷(简称 EPQ)进行人格测验；二是结合观察法和作品分析法进行综合评定。这两种方法各有特色，相互补充，能够更全面地揭示小学生的个性特点。

1. 艾森克人格问卷(儿童版)

艾森克人格问卷是由艾森克编制而成,后由中国湖南医科大学龚耀先教授进行了本土化修订。该问卷包含四个量表:P(精神质)、E(内外向)、N(神经质)和 L(掩饰性),共计 88 个题目。其中,L 量表作为效度量表,是后续加入以增强问卷的准确性和可靠性。

实施测验时,存在以下三种操作方式。

(1) 计算机操作模式。被试者可根据自身实际情况,通过点击对应键或鼠标进行"是"与"否"的回答。当全部 88 道题目作答完毕后,计算机会自动显示四个量表的原始得分和标准化得分(T 分),并直观地展示被试者在各个维度以及 E 和 N 相交构成的四个维度上的位置分布。同时,还会附上关于被试者人格特征的详细描述,使得操作过程既简便又直观。

(2) 传统的纸笔测验方法。被试者需在答题纸上按题号标记出每道题的答案,随后主试人员使用计分板计算各量表的原始分数,并参照指导书后的常模换算表得出标准化得分(T 分)。之后,将 T 分标注在剖析图上,便可对被试者的人格特征进行准确鉴定。

(3) 结合纸笔测验与计算机分析的方法。被试者首先完成纸笔测验的答卷,随后主试人员将答案输入计分软件。计算机会自动呈现与计算机操作模式相同的三种结果,实现了传统与现代的完美结合。

2. 综合评定法

综合评定法主要用于弥补 EPQ 测验在全面反映小学生个性结构,尤其是性格特征方面的不足。该方法通常包括以下几个关键步骤。

(1) 进行计划准备。根据小学生的个性结构特点,明确综合评定的主要目标、采用的方法以及具体步骤。例如,在进行性格特征评定时,需从态度特征、理智特征、情绪特征和意志特征四个方面入手,制定详细的观察和作品分析计划,明确分析内容和时间安排等。

(2) 搜集个性素材。按照既定计划,主试人员需对小学生的观察和作品分析结果进行记录,并随时进行整理,以便后续分析使用。

(3) 进行分析概括和原因探究。依据所学的个性理论,对搜集到的个性素材进行深入分析,概括出小学生的主要个性特点,并探究其形成的原因。这一步骤有助于更深入地了解小学生的个性面貌。

(4) 书写鉴定书。将综合评定的结果与 EPQ 测验结果相结合,可以弥补各自方法的不足,从而更准确地反映小学生的个性特点。通过书写鉴定书的形式,将评定结果以书面形式呈现,既方便查阅又有助于后续的教育和辅导工作。

(二)小学生个性差异的因材施教

1. 构建个性化的学生发展档案

在小学阶段,学生的个性正经历着不断成长与塑造,尚未最终定型。因此,创建一份详尽的个性化发展档案对于跟踪和理解每一位学生的特质至关重要。通过收集和保存每次个性测试或评估的结果,教育工作者可以获得关于学生个性成长历程和趋势的清晰图景,从而能够更精准地制定并实施针对性的教育策略,以优化学生的学习体验和个性发展。

2. 整合分类教学与个别化教学方法

正如前文提及的,依据艾森克人格问卷(EPQ)测验结果,小学生可以被划分为 4 个主要类型或进一步细化为 24 种人格类型。尽管在大型班级中实行完全的一对一个别化教学是不可能实现的，但我们可以考虑以下方法来实现有效地分类及个别化教育：

(1) 根据学生的内外向倾向与情绪稳定性两个维度，将全班学生分为四大类型：内向稳定型、外向稳定型、内向不稳定型以及外向不稳定型。

(2) 利用一个五层分类系统来组合 E(内外向)和 N(情绪性)，以及 N 和 P(精神质)，从中识别出极端的外向不稳定型、极端内向不稳定型以及高精神质的不稳定型等三种类型，并为属于这些类型的学生建立详细的个案研究。

(3) 结合个性分类与智力水平、学习成绩的分层分组，尤其要关注那些智力超群、成绩优异、处于智力发展边缘或学习困难的学生，为他们创建个性化的发展档案，并在班级内部划分小组时，考虑到每个学生的个性类型。

总的来说，小学教师应该掌握如何根据学生的个性类型和特点进行有针对性的教育，普通心理学的相关理论提供了这方面的指导，本书不再赘述。

3. 与思想品德教育及心理健康教育的融合

在中国，思想品德教育是促进小学生个性全面发展的重要途径。许多个性教育的内容实际上与思想品德教育紧密相关，包括态度特征、情感特征和意志特征等方面。因此，针对小学生的个性差异进行的因材施教应当与思想品德教育紧密结合，共同促进学生的全面和谐发展。

本章小结

本章详细探讨了小学生的心理差异及其在因材施教中的具体应用。首先，概述了小学生心理差异的研究视角和核心内容，阐明心理差异研究的重要性，同时论证了因材施教在教育实践中的必要性。其次，从发展水平、发展特点和发展倾向三个方面系统分析了小学生心理差异的主要表现，并指出了这三者之间的紧密关联。在此基础上，重点解析了小学生心理差异的具体内容，包括智力发展水平的差异、学习能力的差异以及智力类型和认知风格的差异。通过典型案例分析，讲解这些差异如何影响小学生的学习和发展，并提出了基于心理发展水平差异的个性化教学策略。

在探讨小学生个性差异与因材施教时，本章着重论证了小学生性格的可塑性以及教师在实施个性化教育策略中的关键作用，介绍了小学生个性差异的独特性，包括研究个性差异的三个基本维度和小学生个性差异研究的独特视角。此外，本章还详细分析了小学生的人格特质与类型差异，并介绍了如何通过测量个性差异来实施因材施教。

研究表明，系统把握小学生的心理差异，教师可以更好地理解每个学生的独特性和需求，从而制定更具针对性的教学计划和策略。因材施教不仅能够提高教学效果，还有助于促进小学生的全面发展。因此，本研究结果对于教育工作者来说具有重要的指导意义和实践价值。

思考题

(1) 请简述小学生心理差异的主要研究视角和内容是什么？

(2) 为什么心理差异研究在小学教育中具有重要意义？

(3) 小学生的心理差异主要表现在哪些方面？并简述这三者之间的紧密关联。

(4) 请举例说明小学生心理差异中智力发展水平和学习能力差异对学习和发展的影响。

(5) 教师在实施个性化教育策略时，应如何充分利用小学生心理差异的研究结果？

第六章　小学生的知识学习

本章学习目标

➢ 知识目标：掌握知识的概念，区分陈述性知识和程序性知识，理解知识表征的概念；理解知识巩固的实质和过程，熟悉不同记忆类型的特点及分类；了解知识应用的实质、特点和作用。

➢ 能力目标：能够运用知识表征的理论进行知识表征的实践操作；能够设计并实施有效的知识巩固教学策略，帮助学生提高记忆效果和学习效率；能够指导小学生进行知识应用，帮助他们提高分析问题和解决问题的能力。

➢ 素质目标：培养学生的团队协作精神和沟通能力，使他们能够在集体学习中相互帮助、共同进步；树立学生正确的学习态度和价值观，使他们能够珍视知识、尊重知识，并具备持续学习和终身学习的意识。

重点与难点

➢ 重点：知识的分类及其特点；知识理解的过程和影响因素；知识巩固的策略和方法。

➢ 难点：设计并实施有效的知识巩固教学策略；培养小学生的知识应用能力，提高他们的分析问题和解决问题的能力。

引导案例

记忆宫殿巧运用

李老师是一位小学四年级数学教师。在过去的一次数学单元测试中，李老师发现大部分学生在解决 20 以内的加减法问题时表现不佳，尤其是进位加法和借位减法的题目。为了帮助学生更好地理解和掌握这些基础数学概念，李老师决定采用一系列创新教学策略

李老师首先明确了学生的学习目标，让学生能够熟练掌握 20 以内的加减法，特别是进位加法和借位减法的操作。为了提高学生的识记效果，她引入了"记忆宫殿"的概念，这是一种将信息放置在心中想象的空间里的记忆技巧。

李老师引导学生构建个人的记忆宫殿，将每个数学操作想象成宫殿中的一个房间，每个数字和运算符都是房间内的装饰或家具。例如，将加法操作想象成一个充满鲜花和彩球的房间，每次进行加法时，就想象自己在向房间内添加更多装饰。

通过绘制加减法的"故事图"，如用图画表示数字和运算过程，帮助学生形象化地理解和记忆运算规则。模拟商店购物的场景，让学生在实际情境中使用加减法计算找零，增

强学习的实际应用能力。通过手势或身体动作来表示数字和运算过程，如用手指表示数字，用手臂上升表示进位。

通过实施这些策略，李老师希望能够有效提高学生在20以内加减法的知识巩固水平，让他们在未来的测试中取得更好的成绩，并在日常生活和进一步的学习中运用所学知识。

(资料来源于本书作者的工作日记)

知识，作为社会经验的一种体现，对学生来说，是前人认识的成果和间接经验的体现。在教育心理学领域，知识的学习不仅构成了学生的主要任务，同时也是研究的一个核心议题。本章致力于深入探讨知识的本质、其学习过程的多样性，以及小学生在学习知识过程中经历的三个关键阶段。

第一节　知识与知识学习

一、知识的概念与作用

(一)知识的概念

从哲学认识论的视角出发，知识被视为对客观世界的主观反映，是对事物属性与联系的认识。在我国的教育辞书中，知识被普遍定义为："对事物属性与联系的认识，体现在对事物的知觉、表象、概念及规则等心理形式中。"

更具体地讲，"所谓知识，就其反映的内容而言，是关于客观事物的属性和联系的反映，即客观世界在人脑中的主观印象。就其反映活动的形式而言，有时呈现为对事物的感性知觉或表象，即感性知识；有时则表现为对事物的概念或规律的理解，即理性知识。"这两个定义都基于哲学认识论的反映论，强调了知识作为客观世界主观反映的本质。哲学认识论明确了知识的本质，指出知识是人类对事物属性与联系的能动反映，是人与客观事物相互作用过程中形成的。

从心理学的角度观察，知识则是个体心智中的一种内部状态。随着教育心理学研究的不断深化，人们对于知识的理解也变得更加丰富。传统上，知识被理解为能够以语言、文字或符号储存的信息或意义，如各学科的事实、概念、公式和定理等。而从现代认知心理学的角度来看，知识被认为是主体与其环境互动获得的信息及其组织方式，其本质在于信息在人脑中的表征。

(二)与知识相关的概念

1. 知识与数据和信息的差异

知识并不等同于数据和信息。数据是客观世界中零散的事实，是信息的组成部分。信息由一系列符合语法规则、语义清晰的消息组成，为知识的构建提供必要的素材。因此，在某种程度上，知识可以视为经过个体主观加工的信息，其中融入了个人的观点和解释。尽管信息本身是客观且可共享的，但知识带有主观色彩，是基于以往学习的产出，并影响未来的学习。

2. 知识与能力的关系

虽然知识不简单等同于能力，但它是能力发展的重要基础。能力是更稳定的心理特性，对人的活动有更广泛、更一致的调节作用。能力的发展依赖于知识的获取，通过知识和技能的广泛应用实现。因此，在当前注重全面提升学生素质的背景下，如何帮助学生形成深层次、灵活、实用的知识，如何提高知识获取的效率和质量，应成为教学活动的中心议题。

(三)知识的作用

知识是个体行为定向和调整的基础，也是适应环境的重要因素。它具备三种基本功能：辨别功能，使人们能够根据相关知识对感觉到的事物进行区分和分类；预测功能，使人在具备相应知识的情况下可以通过推理来预期事物的发展和变化；调节功能，个体总是以自己的知识为基础来确定活动的程序，并对活动的执行进行监控和调整。

普遍认为，知识是人类实践活动的认识成果，具有一定的稳定性和明确性。特别是在教育领域内，各学科涉及的基本是该学科中较为确定、接近共识的内容，这些是人类积累下来的相对可靠的经验体系。然而，这些知识并非绝对正确、不可置疑的事实。

知识总在不断地进化和更新，人类始终致力于对世界作出更精确、更完整、更深刻的理解和解释。因此，在学校教育中，我们不应将知识作为既定的结论灌输给学生，而应将其视为一种观点、一种解释，鼓励学生去理解、分析、鉴别。面对不容置疑的"威信"，学生难以发挥自主性和创造性。

二、广义知识的分类

不同的心理学家对知识的概念和范围有着不同的理解，因而将知识划分为不同的类型。

(一)感性知识与理性知识

感性知识，顾名思义，是主体对事物外在特征及其相互关系的直观反映。这种知识层次相对浅显，主要包括感知和表象两种形式。感知是指我们通过感官直接接触事物所获得的初步印象，表象则是这些印象在头脑中的进一步加工和整合，形成对事物的初步认知。

与感性知识相对应的是理性知识，它更为深入地揭示了事物的本质特征和内在规律。理性知识主要通过抽象思维和逻辑推理来把握事物的本质属性及其之间的联系，通常包括概念和命题两种表现形式。概念是对事物本质属性的概括和提炼，如"喙"和"卵生"是鸟类所独有的特征，这些特征使得我们可以将鸟类与其他动物区分开来。而命题则是对概念之间关系的陈述和判断，例如"圆是轴对称图形"就是一个典型的命题。

在知识体系中，感性知识与理性知识相互补充、相互渗透。感性知识为理性知识提供了丰富的素材和直观的基础，而理性知识则对感性知识进行加工和升华，揭示了事物的本质和规律。对于小学教师来说，理解并传授这两种知识类型至关重要，它们有助于培养学生的观察力和逻辑思维能力，为其今后的学习和发展奠定坚实基础。

此外，值得一提的是，不同心理学家对于知识的分类可能因理论背景和研究领域而异。因此，在实际教学中，小学教师需要根据学生的年龄特点和认知水平，灵活运用各种教学方法和手段，帮助学生更好地理解和掌握不同类型的知识。

(二)陈述性知识和程序性知识

近三十年来，信息加工心理学迅速崛起，知识成为其核心概念之一。安德森(John Robert Anderson，美国认知心理学领域的著名心理学家)将人类习得的知识分为两大类：陈述性知识和程序性知识。

陈述性知识和
程序性知识

1. 陈述性知识

陈述性知识用于回答"世界是什么""为什么""怎么样"的问题，是个体能够有意识地回忆并表达的关于事物及其关系的知识。例如，"中国的首都在哪里？""第二次世界大战的原因是什么？""人的心脏结构与血液循环有什么关系？"等问题，都需要运用陈述性知识来解答。这里的"陈述"，既可以是对他人的陈述，也可以是在头脑中对自己的陈述。

2. 程序性知识

程序性知识用于回答"怎么办"的问题，是个体在具体情境中运用的算法行为步骤。例如，"1/3+2/5=?""将'我把书忘在教室'改成被动句"等问题，都需要运用程序性知识。

程序性知识就是我们平常所说的技能。安德森认为，动作技能、智慧技能和认知策略等，本质上均属于程序性知识。与陈述性知识不同，程序性知识往往难以被有意识地提取，其存在只能通过个体作业表现间接推测。

例如，我们会计算数学题，使用某种语言或骑自行车，这些都是程序性知识的体现。在实际活动中，个体是否具备程序性知识不是通过他的回忆，而是通过他的活动才能判断。以"三角形的面积"为例，学生不仅可以说出计算公式，还能运用公式解决有关问题。

程序性知识是与一定的问题相联系的，在相应的问题情境中，它会被激活并自动执行，不需要太多的意识体现。

3. 陈述性知识与程序性知识的联系

陈述性知识和程序性知识在实际的学习和问题解决活动中密切相关。陈述性知识常常为执行具体实际操作程序提供必要的信息。例如，判断水是否烧开需要陈述性知识而根据这一信息关火则涉及程序性知识。

另一方面，程序性知识的掌握也会促进陈述性知识的深化。例如，乘法交换律是陈述性知识，利用它解决问题的步骤则属于程序性知识。

此外，陈述性知识是创造的基础，专家对问题的灵活解决往往依赖于丰富的经验。在学习中，陈述性知识是掌握程序性知识的基础。例如，学生先背诵乘法口诀(陈述性知识)，再学习乘法计算(程序性知识)。同时，掌握记笔记、阅读等程序性的知识对学习陈述性知识具有重要意义。

(三)显性知识和隐性知识

在文化知识的传承中，教育发挥着重要作用。然而，有一种知识类型往往被忽视。为此，英国科学家和哲学家迈克尔·波兰尼(Michael Polanyi)于1958年提出了"隐性知识"的概念。

显性知识，也被称为明言知识，指的是可以通过文字、语言、数学公式和图表等符号系统明确表达的知识。而隐性知识则是一种基于个人经验和直觉、难以用言语表达的认知形式。

例如，幼儿在正式接受教育前就能使用合乎语法的句子表达想法，却并未意识到话语中的语法规则。同样，我们能够从成千上万张脸中认出某个人，却无法解释是如何做到的。这种现象在教学中也普遍存在，学生在学习方法交流会上提出的建议可能相似，但实际效果却大相径庭。

实际上，信息加工心理学对知识的分类与波兰尼的分类高度一致。陈述性知识，即显性知识，是个体能够意识到并用言语表达的知识；而部分程序性知识是个体无法意识或表达的，即隐性知识。

显性知识和隐性知识的存在是相对的，由于显性知识的特征，人们更容易识别它。过去，显性知识被视为知识的全部，没有突出其"显性"特征，导致隐性知识长期处于"缄默"状态。然而，两者可以实现相互转化。相关研究通过知识转化矩阵，说明了两种知识转化的途径。

通过社会化共享隐性知识，分享他人的经历和经验，理解他人的思想感情，可以促进知识的外化，特别是通过自然交谈。

此外，显性知识也可以通过内化和综合化过程转化为隐性知识。内化是将新创造的显性知识转化为个人隐性知识的过程，这需要个体对新的显性知识进行重构。传播某一方的知识并进行编辑和系统化是这一转换模式的关键。在知识外化过程中，新知识得以产生。实践、培训和练习是表达显性知识的重要途径。

教学也是一个蕴藏丰富隐性知识的专业领域。每位教师都通过自己独特的教学经验积累了丰富的知识和才能。

三、知识表征

一般而言，表征可以被划分为内容与形式两个维度。同一事物可以展现出多元化的表征形式，而这些形式的共同核心信息就是表征内容。

(一)知识表征的概念

知识表征则特指知识在个体头脑中的呈现方式及其内在结构。知识的获得是个体与信息及情境互动的结果。一旦知识被个体吸收，它便会以某种特定的形式和方式在头脑中呈现和储存。

比如，我们利用"狗"这个词来指代那些擅长奔跑、嗅觉敏锐的动物。然而，当提及"狗"时，大多数人首先想到的是狗的具体形象，而非抽象的文字描述。此时，我们采用概念或表象来对知识进行表征。不同类型的知识在思维中的呈现方式也各不相同。陈述性知识通常借助概念、命题、命题网络、表象或图式来表征，而程序性知识则主要通过产生式规则来表达，偶尔也会借助图式的形式。

概念作为知识表征的一种基本形式，代表了事物的关键属性和显著特征。例如，"眼镜"这一概念便包含了诸如"有两个圆形镜片""有两条眼镜腿"以及"用于矫正视力"

等一系列特征。同样，"单身汉"这一概念则可能涵盖"男性"和"未婚"等特征。

(二)知识的命题和命题网络

1. 知识的命题

命题这一术语，源自逻辑学领域，它指的是一种表达判断的语言形式。这种语言形式通常由系词将主词和宾词联系起来，形成一个完整的意义单元。例如，"北京是中国的首都"这一句子，便是一个典型的命题。在认知心理学的视角下，命题被视为意义或观念的最小单元，它用于描述一个具体的事实或状态。每个命题都由一种关系和一组论题构成，关系通常通过动词、副词和形容词等词汇来表达，而论题则多由名词和代词等词汇来指代。

以"电脑坏了"这一命题为例，其中的"电脑"便是命题所谈论的论题，而"坏了"则是描述这一论题状态的关系。这个命题限制了我们对于电脑的了解范围，使我们只关注于电脑出现故障这一特定方面，而忽略其他可能的信息。值得注意的是，尽管一个命题只能有一个关系，但它所包含的论题却可能不止一个。比如，"小明读书"这一命题中，关系为"读"，而论题则包括"小明"和"书"两个。

命题通常用句子来表达，但命题不等同于句子。一个句子可能包含一个或多个命题，这些命题共同构成了句子的完整意义。例如，"小华正在听古典音乐"这一句子中，便包含了"小华正在听音乐"和"音乐是古典的"两个基本命题。句子作为交流的工具，而命题则代表着观念本身。个体在头脑中储存的是命题而非句子。因此，我们在长时记忆中保持的并非句子本身，而是句子所表达的意义。

为了更直观地表示命题，认知心理学家采用了多种方法。其中一种是用圆形(或椭圆)表示命题，并用箭头连接论题和关系。这种图形化方式有助于我们更清晰地理解命题的结构和组成部分。

2. 知识的命题网络

当命题之间存在相互关系时，它们可以构成一个命题网络，也称为语义网络。在这个网络中，两个或多个命题因为拥有共同成分而相互连接。这种网络结构有助于我们理解和记忆知识之间的内在联系。以"那个瘦男孩正在看有趣的报纸"为例，我们可以将其中的命题连接成一个网络，从而更好地理解这一情境的意义。

小学教师在教授这些知识时，注重引导学生理解命题和命题网络的含义及其重要性，帮助他们建立清晰的知识结构，提高学习效率。通过深入讲解和实例演示，学生逐渐掌握了这些概念，并在学习中得到了很好的应用。

(三)知识的表象

表象，作为人们头脑中形成的与现实世界情境相类似的心理图像，扮演着至关重要的角色。美国教育心理学家罗伯特·加涅(Robert Gagne)认为，表象是一种连续保留事物物理特征的知识形式，它是人们保存情境信息与形象信息的一种重要方式。

当我们形成表象时，我们总是试图回忆起或重新建构信息的自然属性和空间结构。例如，在判断"大象比狮子大"的时候，我们的脑海中会浮现出大象和狮子的形象，并在心理上进行比较，这个过程就像是亲眼看到了这两个动物一样。

(四)图式

命题和表象只涉及单个的观念，而心理学家提出的"图式"这一术语，则用来组合概念，图式表征了人类对某个主题知识的综合性。

美国心理学家约翰·安德森(John R. Anderson)指出："对于表征小的意义单元，命题是适合的，但对于表征我们已知的有关一些特殊概念的较大的有组织的信息组合，命题则不适合。"

例如，教师在脑海中都有关于教室的图式，与它相关的信息包括教师、学生、黑板、课桌、讲台等元素。记住这样的图式，我们可以预想到整个教室的布局，甚至预想到上课时的情境。人们关于房子的知识，如果用"房子是人的居住处"这一命题来表征，则不足以涵盖与人有关的"房子"的全部知识。现代认知心理学认为，人的较复杂的整块知识是用图式来表征的。

一般认为，图式是指组织结构，是对范畴的规律性做出编码的一种形式。这些规律性既可以是知觉的，也可以是命题性的。图式是关于某个主题的一个知识单元，它包括与主题相关的一套相互联系的基本概念，构成了感知、理解外界信息的框架结构。这样，图式就不仅仅是命题表征的扩展，因为命题并不对知觉的规律性做出编码，它只是表征事物的抽象含义，而图式则表征了特殊事物间的共同点。这些共同点既可以是抽象命题水平的，也可以是知觉性质的。

(五)产生式与产生式系统

1. 产生式

信息加工心理学视产生式为表征程序性知识的最小单位。这一术语源自计算机科学。信息加工心理学的创始人西蒙(Herbert A. Simon)和纽厄尔(Allen Newell)认为，人脑和计算机一样，都是物理符号系统，其功能都是操作符号。计算机之所以具有智能，能完成各种运算和解决问题，是因为它储存了一系列以"如果/那么"(if/then)形式编码的规则。也就是说，由于人经过学习，其头脑中储存了一系列以"如果/那么"形式表示的规则，这种规则被称为产生式。产生式即所谓的"条件-行动"(condition-action)规则(简作 C-A 规则)。C-A 规则与行为主义的 S-R 公式有相似之处，但也有原则上的区别。相似之处在于，每当 S 出现或条件满足时，便产生反应或活动。不同的是，在 C-A 中，C 不是外部刺激，而是信息，即保持在短时记忆中的信息，A 也不仅是外显的反应，还包括内在的心理活动或运算。

产生式包含了"如果某种条件满足，那么就执行某种动作"的知识，它表明了所要进行的活动以及发生这种活动的条件。它具有自动激活的特点。一旦存在满足了特定的条件，相应的行动就会发生，这常常不需要太明确的意识。我们的日常活动通常包含着一些决策过程。

例如，如果口渴就会去找水喝；如果学习感到疲倦，就听音乐放松一下；考试中如果遇到不会的题目，就先跳过去做其他的题目……在这些决策过程中，我们通常需要先确定情境和条件，然后采取相应行动。这一类知识在我们头脑中的表征方式就是产生式。

2. 产生式系统

一个产生式的结果可以作为另一个产生式的条件，从而引发其他行动。这样，众多产生式联系在一起，构成了复杂的产生式系统。它也是程序性知识的主要表征方式。程序性知识在获得之初以命题网络的形式来表征，经过变式练习后转化为产生式表征。一旦条件满足，行为会自动激活。这就解释了熟练技能自动执行的心理机制。

四、知识的学习

学生学习知识是一项专门的个体活动，它不同于人类知识的整体形成过程。在这一过程中，学生需要将储存在语言文字符号等载体中的知识内化为个人的精神财富，主要以获得间接经验为主。

关于知识学习这一复杂问题，不同学者从不同角度进行了深入探讨，并提出了各自的学习过程模式。例如，美国心理学家鲁姆哈特(David Rumelhart)和诺曼(Donald Norman)基于图式理论，指出知识的获得主要通过图式的积累、调整和重构三种方式实现。积累是指在原有图式的基础上不断增添新的事实和知识，使新经验融入原有的认知结构中。调整则是为了适应新的实际情况，对已有图式进行微调，包括扩大或缩小其适用范围，评估其优劣等。重构则是一种质的飞跃，它要求打破原有的图式，创建全新的认知结构。

此外，美国心理学家斯皮罗(Rand Spiro)等人提出了知识获得的初级学习和高级学习两个阶段。在初级学习阶段，学生主要侧重于对基础知识的理解和掌握；而在高级学习阶段，则更注重知识的应用和创新。因此，实现这两个阶段的关键在于理解和应用能力的提升。

我国传统教育心理学对知识学习过程进行了深入剖析，将知识学习的心理过程划分为理解、巩固和应用三个阶段。虽然这种分类相对粗略，但易于理解，且与现代认知心理学的观点相契合。冯忠良等人在其研究中提出了类似的分类方法，认为知识的掌握需经历领会、巩固和应用三个阶段。这三个阶段的核心在于直观感知、概括化理解和具体化应用能力的培养。

第二节　小学生的知识理解与教学

一、知识理解

小学教师在引导学生学习知识时，主要是帮助学生掌握并内化前人积累的认识成果，将前人的知识转化为个人的精神财富。而理解则是这一过程中的核心环节，是知识得以保持、迁移与应用的关键所在。

(一)知识理解的概念

知识理解是指了解传递知识的载体的含义，使语言文字等各种符号在头脑中唤起相应的认知内容，从而对事物获得间接认识的过程。它是学生掌握知识过程的中心环节。学生了解一个词的含义，明确一个科学概念，学习一个定理、定律、公式，掌握法则的因果关系，把握课文的段落大意及全文的中心思想，都属于理解。无论是初步地、不完全地或比较完全地认识教材的联系、关系，认识其本质和规律，只要不限于单纯地通过感知觉或记忆的直接认识，而是通过思维活动的，都可称为理解。

以阅读为例，当我们浏览一段文字时，似乎文本的意义就在字里行间，自然而然地进入我们的头脑，使我们明白其所要传达的内容。然而，理解的过程实际上远比这复杂。

以一段关于"洗衣机使用说明书"的文字为例，尽管每个字我们都认识，每句话也似乎都能懂，但如果不给出标题，整段文字可能会让人感到不知所云。而一旦给出标题，我们便能恍然大悟，从这段文字中提取出有意义的信息。这是因为标题唤醒了我们头脑中的相关经验，使我们能够将外界信息与已有知识经验相互作用，从而实现对意义的理解。

(二)知识理解的水平

在知识理解的过程中，学生的理解水平会经历不同的发展阶段。美国心理学家史密斯(N.B.Smith)通过研究学生阅读过程中的理解水平，提出了四种水平，这同样适用于学生对知识的整体理解。

首先是字面的理解，即学生能够理解知识字面上的含义，能够用书上的原话回答简单问题。

其次是解释水平的理解，即学生能够从字里行间所提示的其他知识来分析概括，找出其间关系、论证原因与结果或补充意见。这种理解水平比字面的理解更为深入。

再次是批判性理解，即学生能够超越知识的限制，在对知识进行评价中提出个人判断，表现出高一级水平的理解。

最后是创造性理解，即学生能够摆脱课文的限制，发表超越材料内容的新思想或见解，甚至探索问题的答案或解决实际问题，这是最高水平的理解。

因此，小学教师在引导学生理解知识时，应根据学生的实际情况和具体的学习内容，有针对性地提高学生的理解水平。通过引导学生进行深入分析、概括和批判性思维等活动，帮助他们逐步提高理解水平，从而更好地掌握知识并应用于实际生活中。

(三)知识理解的过程

在教学条件下，学生对知识的理解过程一般分为两个阶段：对学习内容的直观认识(感性认识的形成)和对学习内容的概括理解(理性认识的形成)。

1. 对学习内容的直观

1) 直观的本质

直观是指主体通过对直接感知到的信息的表层意义、表面特征进行加工，从而形成对有关事物的具体、特殊、感性的认知活动。简而言之，直观是学生对教材做出的主动的感性反应。它在各类学科的学习中都是必要的，例如，在生物学教学中观察模型、做实验；在历史、地理教学中观看历史图片、地理模型；在语文教学中阅读或倾听形象化的言语描述等。

研究表明，直观是构建科学知识结构的起点，是学生由无知到有知的开端。没有这个起点，缺乏这一开端，学生就只能从字面上死记一些抽象的概念或原则，而对概念和原则所反映的实际内容一无所知，甚至会产生严重的误解。

2) 直观的类型

根据学生在进行直观活动中接触到的现实刺激物的性质，可以将对学习内容的直观分为三类：实物直观、模像直观和言语直观。

(1) 实物直观。是通过直接感知实际事物进行的一种方式。例如，观察实物、收集标本、演示实验以及到工厂或农村进行实地调查都属于实物直观。这种方式因其真实性和亲切感，有利于激发学生对科学知识的求知欲和积极性，同时由于其紧密联系实际事物，便于知识的应用。

(2) 模像直观。是基于模拟性形象的直接感知进行的能动反映。例如，观察图片、图表、模型、幻灯片和教学影片等。模像直观可以克服实物直观的限制，扩大直观范围并提高其效果，例如通过突出本质要素、变化大小、动静结合等方式增强观察效果，成为现代教学的重要手段。

(3) 言语直观。是指在形象化语言的影响下，通过感知语言的形式(语音、字形)以及对语义的想象进行的能动反应。例如，在文学、历史和地理教学中，通过阅读文艺作品、理解情境人物或领会历史事件与地理位置都离不开言语直观。它的一个优点是不受时间地点限制，可以广泛运用，但其引起的表象可能不如实物直观和模像直观那么鲜明完整，因此在可能时应尽量配合使用实物直观和模像直观。

2. 对学习内容的概括

理解知识的过程不仅靠感知实现，还需要一系列思维活动才能完成。对学习内容的概括是指主体通过分析、综合、比较、抽象、概括等深度加工改造感性材料，获得对一类事物本质特征与内在联系的抽象、一般、理性的认识活动。简言之，这是加工改造感性知识以形成和发展理性知识的过程，即自下向上进行抽象思考。

心理学研究表明，对学习内容的概括是使学生认识从具体到抽象、从特殊到一般、从感性到理性的关键步骤，对所有科学知识的理解均不可或缺。只有通过概括教材内容，学生才能真正理解事物的本质，避免形式主义地掌握知识。只有认识了事物的本质，才能在日常生活中和未来学习中广泛应用这种知识去解决问题。

在教学环境中，学生的概括是在前人的指导下通过少量感性知识的概括实现的，这是对学习内容概括的一个重要特征，有助于学生快速获取理性的知识。

二、知识理解的影响因素

(一)学习材料的内容与形式

知识理解的影响因素

首先，有意义的学习材料能够逻辑清晰地表达出某种观念意义，从而具有激活学生相关信息经验的可能性；无意义的音节或乱码则难以产生理解。其次，具体程度较高的学习材料包含了更多形象、贴近生活的信息，例如自然课中的"水""植物的花"等，更接近学生的经验。而抽象内容如"化学键""分子式"等，需要学生努力去思考和分析。最后，直观的学习材料表达方式能提供具体感性信息的支持，但并不局限于感知水平。

(二)教师的言语提示与指导

教师在教学的不同阶段可以通过言语提示激发学生的学习兴趣和求知欲。他们可以通过提问唤起学生对已有经验的回忆，并在讲解新知识时帮助学生建立正确的概念联系。然而，教师的言语作用不仅在于描述和解释知识，更重要的是引导学生进行主动的知识建构。

(三)原有的知识经验背景

学生的原有知识经验背景会制约他们对新信息的理解。这个背景既包括直接的基础性知识，也包括相关领域的知识和日常知觉经验。此外，它还包括与新知识相一致或相冲突的经验以及学生的基本信念。这种背景是一个动态的认知结构，会影响学生对新知识的加工理解和学习效果。

(四)学生的认知发展水平

学生对学习材料的概括和理解还受到自身认知发展水平的制约。低年级学生的思维依赖形象和表象，难以进行抽象的心理操作。只有当他们的抽象逻辑思维发展到一定水平后，才能真正理解复杂和抽象的原理。例如，对于低年级孩子来说，季节交替变化的讲解只需要了解每年四季的变化；而对于高年级学生来说，则需要讲解其产生原理。

(五)主动理解的意识与方法

在教学中，我们常常发现有些学生反复阅读和练习，却不理解所学内容，或只获得字面理解。实际上，理解需要学生主动建立知识经验间的联系。为了促进理解的生成，学生需要改变对学习活动的认识以及自己在学习中的角色定位。他们的任务不是记录和背诵教师所给的知识，而是将所学知识与原有知识和真实生活经验联系起来，进行生成性学习。要让学生明白，理解性的学习不是自动发生的；理解的程度取决于他们在学习中的思考活动及对自己学习过程的意识和控制。为了生成自己的理解，学生需要努力建立当前学习内容各个部分之间的联系，以及当前学习内容与原有知识经验之间的联系。他们必须带着"主动联系"的准备去学习，有意识地关注知识之间的联系，并思考推断知识的真正含义。

三、促进小学生知识理解的教学策略

知识理解作为学习过程中的关键环节，其深度和广度往往取决于学生原有知识经验的丰富性、正确性，以及他们已掌握的基本知识的数量和质量，同时思维的发展水平也是不可或缺的因素。尤其在小学阶段，学生主要依赖形象思维，并逐渐向抽象逻辑思维过渡，这一转折期大多出现在四年级左右。因此，我们在教学实践中，必须紧密结合这些影响知识理解的关键因素，结合具体的教学内容，采取多元化的教学策略，以促进小学生的知识理解。

(一)丰富感性材料与经验积累

著名心理学家鲁宾斯坦曾深刻指出："任何思维，无论其多么抽象、多么理论化，都是从分析经验材料开始的。"在教学中，我们应根据教学内容和学生特点，灵活运用直观教学手段，如实物、模型、图片等，以丰富学生的感性材料，为他们提供充足的认知支撑。

与此同时，实物直观与模像直观各有其优劣。实物直观虽真实可信，但往往难以突出关键特征；而模像直观则能够通过简化、突出关键特征等方式，帮助学生更好地理解和掌握知识。因此，在教学中，我们应根据教学内容和学生需要，灵活选用直观教学手段，以实现最佳的教学效果。

此外，研究还发现，在学习基础知识阶段，模像直观的教学效果往往优于实物直观。但随着学习的深入，学生需要更多地接触实际情境，此时实物直观的作用就显得尤为重要。因此，在教学中，我们应遵循先模像直观、后实物直观的原则，帮助学生逐步建立科学概念和原理，提高他们的知识理解水平。

(二)正例与反例的配合使用

为了帮助学生更好地理解概念或规则的本质特征，我们在教学中应配合使用正例和反例。正例是包含概念或规则本质特征的例证，有助于学生形成正确的认知；而反例则是不包含或只包含部分本质特征的例证，能够帮助学生识别和排除非本质特征，从而加深对概念或规则的理解。

在实际教学中，我们可以先呈现若干正例，引导学生通过观察、比较和分析，概括出共同的特征和规律。然后，再呈现反例，让学生对比正例和反例的异同，进一步明确概念或规则的界限和适用范围。这种教学方式不仅能够帮助学生形成清晰的概念，还能够提高他们的辨析能力和解决问题的能力。

此外，研究表明，同时提供正例和反例的学习效果更佳。因此，在教学中，我们应充分利用正例和反例的互补作用，为学生提供更多的学习资源和认知支持。

(三)提供多样化的变式练习

变式练习是通过改变对象的非本质特征，以突出其本质特征的一种教学方法。在教学中，我们应根据教学内容和学生特点，设计多样化的变式练习，以帮助学生从不同角度、不同层面理解和掌握知识。

例如，在教授数学概念时，我们可以设计不同形式的题目，如选择题、填空题、应用题等，以引导学生从不同的角度思考问题；在教授语文知识时，我们可以让学生通过朗读、背诵、仿写等方式，加深对课文的理解和记忆。

同时，我们还应注意变式的适度性和针对性。变式过多或过于复杂可能会增加学生的学习负担，影响学习效果；而变式不足或缺乏针对性则可能无法有效地突出对象的本质特征。因此，在教学中，我们应根据实际需要精心设计变式练习，以达到最佳的教学效果。

(四)科学比较

在小学教育中，科学比较是一项至关重要的教学方法。为了更有效地进行这种比较，教师需要提供变式的材料或事物，并引导学生对这些材料进行观察和思考。通过对同类事物的比较，有助于学生发现这些事物的共同点和本质特征。同时，通过对比不同类的事物，学生则能更清晰地认识到它们之间的本质差异。

从教育心理学的角度来看，变式在为学生提供理解事物本质的有利条件方面发挥着重要作用，而比较则是一种促进理解的有效方法。在实际应用中，教师可以通过引导学生观察和分析变式材料，让他们从中抽取出事物的各种特点，并进行比较。通过这种方式，学生可以总结出事物的共有本质特征，同时忽略非本质特点，从而加深对概念的理解。

以"平原"这一地理概念的教学为例,教师可以先让学生观察各种平原地带的图片和地图,这些图片和地图就是变式的材料。然后,要求学生比较这些图片和地图上所见到的各个地带的特征,区分出哪些是个别地带所特有的非本质属性,哪些是各个地带所共有的本质属性。经过这样的比较过程,学生就能更好地理解"平原"这一概念的内涵。

同样地,在学习热胀冷缩的原理时,教师可以先让学生观察对若干不同金属加热和冷却的实验现象,这些实验现象就是提供给学生进行比较的变式材料。接着,通过对实验结果进行比较和分析,学生可以逐渐抽象和概括出热胀冷缩的原理。

(五)关注新旧知识的联系

在学习过程中,新旧知识的联系对于学生的理解和记忆至关重要。学生往往是从已有的知识和经验出发去认识和理解新的事物。因此,在教学过程中,教师需要特别关注新旧知识之间的联系,帮助学生建立知识之间的联系网络。

以小学数学为例,学生在学习乘法时,往往是从同数连加的概念入手的。这是因为加法的知识是学习乘法的基础。通过引导学生回顾加法的概念和运算方法,教师可以帮助学生理解乘法的意义和应用。同时,教师还可以将乘法与除法、分数等其他数学概念相联系,形成一个完整的知识体系。

除了数学之外,其他学科也同样需要关注新旧知识的联系。例如,在语文学习中,学生可以通过比较不同时期的文学作品来理解文学的发展和变化;在历史学习中,学生可以通过对比不同历史时期的事件和人物来理解历史的演进和规律。

通过关注新旧知识的联系,教师可以帮助学生更好地理解新知识的内涵和意义,同时巩固和加深对旧知识的理解和记忆。这种教学方法的运用,不仅能够提高学生的学习效果,还能够培养他们的思维能力和创新精神。

(六)激发思维和学习的主动性

在教学过程中,激发学生的思维活动和学习的主动性是促进学生理解知识的重要途径。当学生主动参与到学习过程中时,他们会更积极地思考和探索,从而更好地理解和掌握知识。

为了激发学生的主动性,教师可以采用多种教学方法和策略。例如,教师可以通过提出问题来引导学生思考,鼓励他们主动提出问题和解答问题。在讨论问题时,教师可以鼓励学生发表自己的观点和看法,同时给予适当的引导和反馈。

此外,教师还可以利用多媒体、实验等教学手段来丰富教学内容和形式,激发学生的学习兴趣和好奇心。通过让学生亲自动手进行实验或观察现象,他们可以更直观地理解科学知识的原理和应用。

在教学过程中,教师还需要注意培养学生的自信心和合作精神。当学生遇到困难和挫折时,教师应给予积极的鼓励和支持;同时,教师还可以组织学生进行小组合作学习,让他们在合作中相互帮助、共同进步。

总之,激发思维和学习的主动性是促进学生理解知识的重要途径。通过采用多种教学方法和策略,教师可以帮助学生积极参与到学习过程中来,从而更好地理解和掌握知识。

第三节 小学生的知识巩固与教学

一、知识巩固

(一)知识巩固的实质及过程

知识的巩固是指对所理解的知识保持长久记忆。知识的巩固对知识学习来说必不可少，它是知识积累的前提，理解后的知识如果不能被保持和积累下来，边学边忘，则将学无所成。知识的巩固是通过人类的记忆系统实现的。因此，为了促进知识的巩固，我们首先应该了解人类记忆系统。

知识巩固的实质就是记忆。所谓记忆，就是通过识记、保持、再现(再认或回忆)等方式，在人的头脑中积累和保存个体经验的心理过程。从信息加工的观点来看，记忆就是人脑对外界输入的信息进行编码、存储和提取的过程。人们感知过的事物、思考过的问题、体验过的情感或操作过的动作，都以映像的形式保留在人的头脑中，在一定条件下还能恢复，这就是记忆。

记忆包括"记"和"忆"两个方面，"记"体现在识记和保持上，"忆"体现在再认和回忆上。识记是记忆的第一个环节，是主体获得知识和经验的过程；保持是第二个环节，是已获得的知识经验在头脑中的储存和巩固过程；再认或回忆是第三个环节，是从头脑中提取和恢复知识经验的过程。在这三个环节中，识记和保持是再认或回忆的前提，而再认或回忆又是识记和保持的结果。因此，在记忆活动中，识记和保持占主导地位，知识的巩固主要是通过识记和保持这两个记忆环节来实现的。

(二)知识巩固的分类

人类的记忆现象非常复杂。为了研究方便，心理学家提出了不同的记忆分类。

1. 瞬时记忆、短时记忆和长时记忆

按记忆保持时间的长短，可分为瞬时记忆、短时记忆和长时记忆。

瞬时记忆又叫感觉记忆，是指对事物的感知觉停止后所产生的印迹持续一瞬间就急速消失的记忆(保持时间在一二秒钟以内)。例如，电影一张张静止的画面之所以被看成动的，就是靠瞬时记忆。

在小学低年级数学教学中，20 以内的加减法卡片的出现，也是瞬时记忆的表现。短时记忆是在瞬时记忆的基础上发展起来的，它保持时间比瞬时记忆要长，但也只在一二分钟左右。例如，学生在演算时，对进位加法和减法中错位、进位的数字记忆，就是靠短时记忆；对于只要打一次电话的电话号码，在查阅了电话簿后，能立即根据记忆拨出号码，但事后往往就不再记得了。这就是短时记忆的现象。

短时记忆与瞬时记忆，除了持续时间上的不同外，还有两点不同：短时记忆的内容是人充分意识到的，而瞬时记忆的内容是人未充分意识到的；短时记忆能因人的多次反复练习而加强，瞬时记忆却难免要急速消失，且短时记忆可以转化为长时记忆。长时记忆是保

持时间很久，以至终生不忘的记忆。对于短时记忆的材料，通常要通过有意、无意的各种形式的重复，包括复习、练习等，才能转变为长时记忆而被保持下来。比如，某个电话号码如果经常使用它，就会在记忆中保存下来。当然，有些特别深刻的印象，也可能是一次形成的。

2. 形象记忆、情景记忆、语义记忆、情绪记忆和运动记忆

按照记忆的内容，可分为形象记忆、情景记忆、语义记忆、情绪记忆和运动记忆。

形象记忆是以感知过的事物的具体形象为内容的记忆。它保存着事物的感性特征，具有显著的直观性。例如，我们参观了服装展览会后，能够记住一件件新的服装样式和颜色，即形象记忆。

情景记忆是对个人亲身经历的、发生在一定时空关系中的某个事件的记忆。如想起自己参加过的一个会议或曾去过的地方，当时的场面和情况历历在目，就是情景记忆。由于情景记忆受一定时间和空间的限制，信息的储存容易受到各种因素的干扰，因此，记忆不够稳定，也不够确切。

语义记忆是指人们对各种有组织的知识的记忆，又叫语词逻辑记忆或逻辑记忆。它是以语词所概括的逻辑思维结果为内容的记忆，如字词、符号、概念、公式、规则、思想观点等。如对哥伦布发现美洲这个事实的记忆就是语义记忆。语义记忆具有高度的概括性、理解性、逻辑性和抽象性，它只受一般规则、知识、概念和词的制约，而不受特殊的地点、时间限制，也很少受到外界因素的干扰，因而比较稳定，容易提取。语义记忆为人类所特有，从简单的识字、计数到掌握复杂的科学技术知识，都离不开语义记忆。语义记忆与人的抽象思维密切联系，并随着抽象思维的发展而发展。

情绪记忆是以个体体验过的某种情绪或情感为内容的记忆。如我们对第一天上大学时的愉快心情的记忆，就是情绪记忆。人们在回忆起愉快的事件时，会重新兴奋起来；在回忆难为情的行为时，会再次变得面红耳赤；在回忆以往体验过的恐惧时，会变得面色苍白等。情绪记忆往往是一次形成经久不忘的。它常常成为人们当前活动的动力，推动人们从事某些活动或者某些行为，而回避某些对他们有害的事情。

运动记忆也叫动作记忆，是以人们操作过的动作为内容的记忆。如对书写、劳动操作和某种习惯动作的记忆，就是运动记忆。运动记忆与其他类型的记忆相比，识记比较困难，但是一经记住，则比较容易保持、恢复而不易遗忘。人的生活、学习和劳动都离不开运动记忆。

二、小学生知识巩固的教学促进

(一)明确教学目的，强化识记效果

小学生知识巩固的有效性在很大程度上取决于学习的目的性和主动性。在教学过程中，教师需充分激发学生的有意识记，以提升其识记效果。一个有趣的实验可以很好地说明这一点：当询问住在楼上的普通人关于楼梯的级数时，他们往往无法准确回答；然而，对于住在楼上的盲人而言，他们却能清晰地记得。这是因为盲人有明确的目的和需要去记忆这些信息。

同样地，在教学中，当教师为学生设定明确的学习目标，并在课后检查学习效果时，学生的学习效果通常会显著提升。这是因为明确的学习目的能够引导学生的心理活动趋向于一个目标，使他们在感知时留下更深刻的印象。

为了培养学生的识记能力，教师还可以运用各种教学方法，如呈现不同颜色的字母并要求学生记住特定字母的数量和颜色。这样的活动能够帮助学生理解识记的重要性，并提高他们的识记准确性。

此外，教师还应鼓励学生明确学习任务的意义和作用，以提高他们的学习主动性和识记效果。例如，教师可以通过设定具体的学习目标和要求，引导学生积极参与学习活动，从而培养他们的学习态度和学习习惯。

(二)指导学习策略，提升学习效率

学习策略是学生为了提高学习效率而采用的一系列活动。在小学生知识巩固的教学过程中，教师应积极指导学生运用有效的学习策略。

对于小学生而言，复述策略可以帮助他们巩固所学知识。例如，在记忆外语单词或背诵古诗时，学生可以通过出声或不出声地重复念诵来加深记忆。

教师可以引导学生运用精加工策略来加深对所学知识的理解和记忆。例如，通过提问、讨论和总结等方式，帮助学生将新知识与已有知识联系起来，从而更好地理解和记忆。

教师可以引导学生运用组织策略来构建知识网络和提高记忆效果。例如，通过制作思维导图、分类整理等方式，帮助学生将知识系统化，从而提高记忆效果。

(三)充分利用多元感官提升学习效果

在小学阶段的教学中，教师们深知，引导学生通过多种感官接触新知识，是帮助他们更具体、更全面地掌握新内容的有效途径。来自不同国家的教师们，如美国的史密斯女士、中国的李老师等，都致力于在教学中实践这一理念。

知识的学习过程是一个由直观感受逐渐过渡到深刻理解的过程。在这个过程中，感性认识扮演着基础性的角色，而理性认识则是对感性认识的深化和升华。当学生的多种感官——眼、耳、口、手、脑等共同参与学习时，他们获得的感性材料会更加丰富，对知识的理解和记忆也会更加深刻和全面。

在小学课堂中，"五官并用"的理念被广泛采用。这意味着学生不仅要用眼睛看、用耳朵听、用嘴巴读和说，还要用手去写、去操作，更要用心去思考。这种全方位的学习方式，有助于学生将注意力集中在学习内容上，提高学习效果。

例如，在英语词汇教学中，教师们会采用视、听、读、说、写相结合的方式，让学生通过多种感官接触和记忆单词。这样，学生不仅可以在视觉上认识单词的拼写，还可以在听觉上感受单词的发音，同时在口语和写作中运用这些单词。这种多元化的学习方式，可以显著提高学生对词汇的识记效果。

在地理教学中，地形地貌的识记是一个重要环节。传统的教学方法往往是让学生通过阅读地图来记忆地形地貌，但这种方法往往效果有限。相比之下，让学生自己绘制地图，则可以让他们在操作过程中更深入地理解地形地貌的特征和分布规律。这种教学方式不仅可以提高学生的学习兴趣，还可以加深他们对地理知识的理解和记忆。

总之,通过充分利用学生的多种感官进行学习,可以让他们更全面地掌握事物的特点,更深刻地理解知识之间的联系。这种教学方式不仅可以提高学生的学习效果,还可以培养他们的综合能力和创新精神。因此,教师们在教学中应该注重引导学生通过多种感官接触新知识,让他们在轻松愉快的氛围中掌握更多的知识和技能。

(四)合理复习

1. 把握复习时机

德国著名心理学家艾宾浩斯(Hermann Ebbinghaus)率先对遗忘的进程进行了全面而系统的研究。他不仅是研究的设计者,还是实验的参与者,独自承担主试与被试的双重角色,进行了长达数年的深入探索。

为了更准确地揭示遗忘的规律,艾宾浩斯巧妙地选择了无意义音节作为记忆测试的材料。这种音节结构特殊,由中间一个元音和两边各一个辅音构成,例如 XIQ、ZET、SUW 等。他通过采用这种独特的记忆材料,成功排除了过去经验对实验结果可能产生的干扰,使得研究结果更加客观准确。

为了检验记忆的效果,艾宾浩斯采用了重学法(也被称为节省法)。他精心编制了包含 8 组、每组 13 个无意义音节的字表,然后反复诵读,直到能够连续两次无误背诵为止。在每次背诵过程中,他都会详细记录所需的时间和诵读次数。之后,他会间隔不同的时间再次进行学习,并记录下达到同样背诵程度所需的时间和诵读次数。通过比较两次学习的时间和诵读次数的差异,艾宾浩斯得以量化地评估记忆的保持情况。

最终,艾宾浩斯根据实验数据绘制出了著名的遗忘曲线图(见图 6-1)。这一曲线图直观地展示了遗忘随时间推移的变化趋势,为后人研究遗忘提供了宝贵的参考依据。百余年来,艾宾浩斯的遗忘曲线一直被广泛引用,成为心理学领域中的经典之作。

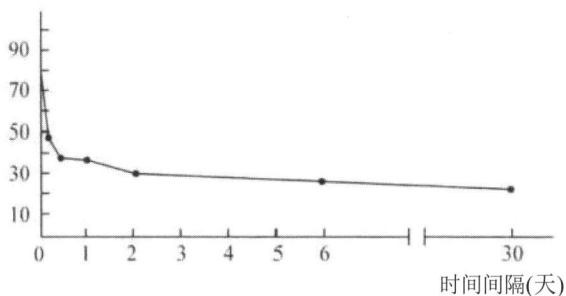

图 6-1 艾宾浩斯遗忘曲线

遗忘曲线为我们揭示了遗忘的规律,即遗忘在初始阶段发展迅速,随后逐渐减缓。考虑到遗忘的先快后慢特点,教师应引导学生遵循"间隔复习"的原则。对于新学的知识,初期应多次、短时间地进行复习,以巩固记忆;随着知识的巩固程度提高,可以适当延长复习间隔,减少每次复习的时间。

复习的最终目的不仅仅是应对考试,更重要的是为将来在工作中能够灵活运用所学知识。因此,教师们还应鼓励学生遵循"循环复习"的原则,对重要的基础知识进行周期性回顾,真正做到"温故而知新"。

2. 选择合适的复习方法

(1) 合理安排复习时间。复习时间的分配对于提高复习效果至关重要。分散复习(即短时间内多次复习)通常比集中复习(即长时间一次性复习)更为有效。因为分散复习可以降低疲劳感，减少前摄抑制和倒摄抑制的影响。因此，教师们应鼓励学生采用分散复习的方式，避免在考试前临时抱佛脚。

(2) 阅读与尝试背诵相结合。在复习过程中，单纯地重复阅读往往效果不佳。相比之下，将阅读与尝试背诵相结合的方法更为有效。这种方法可以帮助学生在阅读过程中加深对知识的理解，同时通过背诵检验记忆效果，及时发现并弥补知识漏洞。因此，教师们在教学中应引导学生注重阅读与背诵的交替进行。

(3) 综合运用整体复习与部分复习。整体复习与部分复习各有其优点。整体复习有助于把握知识的整体框架和内在联系，而部分复习则更侧重于对知识点的深入理解和巩固。因此，在实际教学中，教师们应根据材料的性质和学生的特点，综合运用整体复习与部分复习的方法，以达到最佳的复习效果。

3. 控制复习次数

研究表明，复习次数与记忆效果密切相关。适当的过度学习(即在刚好能够回忆的基础上再进行一定的附加学习)有助于提高记忆保持的效果。然而，过度学习并非意味着复习次数越多越好。当学习熟练程度达到一定程度时(一般为150%)，记忆效果最佳；超过这个程度后，继续增加复习次数可能导致厌倦和疲劳，从而影响记忆效果。因此，教师们在指导学生复习时，应控制复习次数，避免无效劳动。

综上所述，合理复习是提高学生学习效果的关键环节。小学教师们应根据遗忘规律和学生特点，引导学生把握复习时机、选择合适的复习方法、控制复习次数，从而提高学生的记忆保持效果和学习能力。

第四节 小学生的知识应用与教学

在探讨小学生的知识应用与教学方面，我们必须认识到学习过程不仅仅包括知识的吸收和巩固，还涵盖了如何主动且有效地将这些知识应用于解决问题。这一过程是知识掌握的关键阶段。

一、知识应用的实质

(一)知识应用的概念

广义上来说，任何基于已有知识和经验去解决问题的行为都可以视为知识应用，它与学习迁移有着相似之处。狭义上的知识应用则更专注于作为学习阶段的一环，即在理解了学习内容之后，运用所学的知识解决相似问题的过程。例如，学生可能会用学到的概念或原理来解释现象或证明定理。

(二)知识应用的特点

知识应用通常局限于相似事物。这实际上是一个将抽象知识具体化的过程，即将从一类事物中提炼出的知识应用到具体的、类似的事物上。

知识应用与知识理解虽然相关，但它们是不同的。理解是一个从具体到抽象的过程，而应用则是相反。知识应用是一种特定的迁移形式，它涉及将知识直接应用于相似的情境中，而不是改变原有的知识结构。不同于解决实际问题，知识应用更多关注于课业问题的解决，这些问题通常具有明确的对应性。

(三)知识应用的作用

知识应用是学习过程的一个不可或缺的环节。通过实践，如做习题和解答问题，不仅可以检验教学效果，还能加深学生对知识的理解。它促进了知识的广泛迁移，帮助学生快速掌握总概念或特殊法则。知识应用提高了学习的积极性和主动性，让学生感受到学习的实用价值，从而增强他们的学习动力。

它对于能力的形成至关重要，因为只有通过应用知识，学生才能将理论知识转化为解决问题的实际能力。

在这一过程中，教师扮演着关键角色，他们不仅传授知识，还需要引导学生如何应用这些知识。通过设计具有针对性的练习和活动，教师可以帮助学生将理论知识转化为解决实际问题的能力，从而为未来的学习和工作打下坚实的基础。

二、知识应用的一般过程

知识的应用主要经历了审题、联想、解析和类化四个基本环节。

知识应用的一般过程

(一)审题

审题即了解并澄清题目中的条件与问题，明确题目的要求。这是应用所学知识的第一步，涉及一系列在脑海中进行的智力活动。一些学生常忽视彻底理解题意和问题结构的重要性，急于猜测或尝试解答，这往往导致错误。另外，有些学生可能遗漏题目中的关键信息，或者在解题过程中遗忘了问题的条件和要求，这些都需要教师的及时指导和纠正。

例如，在解决数学文字题时，将文字描述转换为内部表征的过程中，许多学生面临挑战，尤其是当题目包含关系陈述句时。例如，对于像"张明有 3 个弹珠，李钢比张明多 5 个，问李钢有几个弹珠？"的问题，学生可能会忽略"比张明多 5 个"这一关键信息，错误地直接认为李钢有 5 个弹珠。这表明学生需要更多的语言学知识来正确理解和表达问题中的关系陈述句。

为了帮助学生克服审题方面的困难，教师可以采取以下措施：一是经常提醒学生重视审题，养成良好的思维习惯；二是教授学生审题的一般步骤，并指出问题中的隐蔽因素；三是强调记忆问题的重要性，并确保问题的表述简洁明了且贴近学生的生活经验。

(二)联想

联想是指在问题条件和要求的驱动下，相关知识在脑海中的重现。这种重现可能是直接的，也可能是通过某些中介性联系间接产生的。学生在进行联想时可能遇到障碍，这主要是因为他们的生理状态、心理状态或旧知识的干扰所致。长时间的紧张思考可能导致脑力疲劳，从而影响联想能力；缺乏信心、过度紧张或注意力不集中也会影响学生的知识重现；此外，新旧知识的混淆亦可能阻碍正确的联想。

(三)解析

解析是指分析问题的内部矛盾和联系，寻找解决矛盾的方法。在知识掌握过程中，这涉及将问题的各部分与已有知识结构的相应部分进行匹配。通过一系列的分析和综合，找出当前问题与过去经验的本质特征，进而提出解决方案和具体的实施步骤。

(四)类化

类化即将当前遇到的问题归类到相应的知识体系中，以便从现有知识中找到解决方法。这是抽象知识具体化的最终步骤，通过重新组织和再生概念、原理和法则等，对问题进行分析和综合，揭示其与已知例题的共同特征，从而实现问题的归类。

三、小学生知识应用能力的教学促进

在教育的广阔天地中，小学阶段扮演着基础且关键的角色。对于这一阶段的孩子来说，知识不仅是填充头脑的工具，更是认识世界、探索未知的基石。因此，教育者面临的一项重要任务是引导学生将学到的知识应用于实际生活和解决问题中，从而加深理解、巩固记忆，并在此基础上发展更高层次的思维能力。以下是实现这一教学目标的几个关键步骤。

(1) 加强知识理解与巩固的指导。教师应该意识到，知识的应用能力是建立在对知识的深入理解和牢固掌握之上的。如果学生对某一知识点只是停留在表层的认识，那么他们在尝试应用这些知识时就会显得力不从心。例如，在学习"热胀冷缩"原理时，仅仅知道水加热会膨胀、冷却会结成冰块是不够的；教师需要引导学生进一步思考并理解固体和气体的相同现象，以及这一原理在日常生活中的具体应用，如铁轨接头处的预留空隙设计。通过这种深入探究，学生能够更准确、灵活地运用所学知识解决新问题。

(2) 帮助学生树立信心。学习的过程充满了挑战，特别是当遇到复杂困难的问题时，孩子们可能会感到沮丧和想要放弃。这时，教师的角色变得尤为重要。他们需要在旁边鼓励和支持，帮助孩子建立起解决问题的信心。同时，教师还应该避免提供过多的帮助，以免孩子产生依赖性，而是要通过适当的引导让他们学会独立思考和解决问题，从而培养他们的自信心和兴趣。

(3) 帮助学生学会分析问题。分析问题是解决问题的关键一环。很多时候，学生无法正确应用所学知识，是因为缺乏问题分析的能力。他们可能不知道在什么情况下该使用哪个概念或原理。因此，教师不仅要教会学生相关知识，还要指导他们理解知识应用的条件(策略性知识)和过程(程序性知识)，使他们能够正确地分析问题，并选择合适的知识来解决问题。此外，鼓励学生大胆提出假设也是激发创造力和批判性思维的有效方法。

(4) 引导学生学会类化。在教学过程中，教师需要引导学生学会如何将当前遇到的问题归类到已有的知识体系中，从而找到解决问题的途径。通过课堂上的例题、例文分析，教师应提醒学生注意归纳总结，培养他们在遇到类似问题时，能够有意识地运用已学知识进行解决的能力。

通过上述步骤和方法的实施，我们可以有效地促进小学生在知识应用方面的能力和信心，为他们日后的学习和生活打下坚实的基础。

本章小结

本章主要探讨了小学生的知识学习，从知识的概念、分类、表征到其学习过程，再到知识的理解和巩固，最后到知识的应用，形成了一个完整的知识学习体系。

首先，我们深入了解了知识的概念、作用和分类。知识不仅是我们认识世界的基础，更是我们进行思维、判断和创新的工具。知识的分类不仅有助于我们更好地理解和组织知识，还为教学提供了重要的指导。

其次，我们详细探讨了知识的理解过程及其影响因素。知识的理解是一个复杂的过程，涉及直观、概括等多个环节。影响知识理解的因素是多方面的，包括学习材料、教师指导、原有知识经验和学生的认知发展水平等。这些因素的探讨，使我们对知识的理解过程有了更深入的认识，也为教学实践提供了有益的启示。

再次，我们关注了知识的巩固和复习策略。知识的巩固是学习的重要环节，它有助于我们更好地记忆和提取知识。有效的复习策略能够显著提高巩固效果。通过明确教学目的、指导学习策略、充分利用多元感官以及合理复习等方法，我们可以帮助小学生更好地巩固所学知识。

最后，我们讨论了知识的应用及其教学促进。知识的应用是学习的最终目的，也是检验学习效果的重要方式。通过审题、联想、解析和类化等过程，我们可以将所学知识运用到实际生活中去。为了提高小学生的知识应用能力，我们需要加强知识理解与巩固的指导，帮助学生树立信心，学会分析问题和类化。

总之，本章内容涵盖了小学生知识学习的多个方面，既有理论层面的深入探讨，也有实践层面的具体指导。通过学习本章内容，我们不仅对小学生的知识学习有了更全面、深入的认识，也为教学实践提供了宝贵的经验和启示。

思考题

(1) 请简述知识与数据、信息之间的差异。
(2) 简述感性知识与理性知识的主要区别。
(3) 在小学生的知识学习中，如何理解陈述性知识与程序性知识的联系？
(4) 请解释知识理解的概念，并说明知识理解的主要过程。
(5) 小学生知识理解的影响因素有哪些？请至少列举三个。
(6) 如何通过丰富感性材料与经验积累来促进小学生的知识理解？
(7) 简述小学生在知识巩固过程中，合理复习应注意哪些方面？
(8) 小学生在知识应用过程中，如何有效地进行审题和联想？

第七章 小学生技能的形成

- ➤ 知识目标：掌握技能的定义；理解技能与知识、能力之间的关系；了解技能的主要分类。
- ➤ 能力目标：能够分析动作技能的形成过程；能够根据分类标准对动作技能进行分类，并理解不同类型动作技能的特点和应用场景；掌握动作技能形成的阶段和特点；识别并应用影响动作技能形成的因素。
- ➤ 素质目标：培养学生的实践能力，使其能够在实际操作中应用所学的技能知识。

重点与难点

- ➤ 重点：技能的定义、分类及其在个性塑造中的作用；影响动作技能形成的因素及其在实践中的应用。
- ➤ 难点：深入理解和区分运动技能和心智技能的概念、特点及其关系；掌握并应用动作技能形成的理论和实际技能操作技巧。

引导案例

小华的钢琴学习之旅

小华是一名小学四年级学生，从二年级开始学习钢琴。起初他对于能够弹出简单旋律感到非常兴奋和自豪。然而，随着学习的深入，他面临的挑战越来越多。在练习新曲目时，小华发现自己的进步速度明显变慢，有时甚至感到自己的表现不如之前。这种情况在尝试学习一首技术上更加复杂的曲目时变得尤为明显。小华学习钢琴的积极性逐渐降低，甚至一度想放弃钢琴学习。

张老师是小华的音乐老师，他注意到了小华的挫折感和动机下降的问题。经过评估，张老师意识到小华可能正处于"高原现象"——即使持续努力，进步看似停滞不前。此外，小华可能由于长时间重复同一练习方法导致效率下降，需要更有针对性地指导和方法调整。张老师采取了如下措施。

(1) 设定具体且可达成的小目标。为了重新激发小华的学习热情，张老师与他一起设定了一系列短期和长期的学习目标。这些目标既具有挑战性，又确保小华能够逐步实现，从而提升自信和动力。

(2) 灵活运用分解练习策略。面对复杂曲目，张老师引导小华采用分解练习的方法，即将整首曲目分解为若干小节或乐句，重点练习难度较高的部分。这种方法有助于小华集中注意力解决具体问题，逐步提高技能水平。

（3）合理安排练习时间和频率。张老师建议小华采用分散练习的方法，即每次练习时间不宜过长，保持高效的专注度，并在练习之间适当休息，以便于消化和吸收所学内容。

（4）提供及时有效的反馈。在每次练习后，张老师都会给予小华具体的反馈和鼓励，指出其进步的地方以及需要改进的部分。这种正面的反馈机制有助于小华及时调整学习方法和态度。

（5）关注心理因素，增强内在动机。张老师还与小华讨论了学习钢琴的意义和乐趣所在，帮助他认识到除了技术层面之外，音乐带来的精神满足和享受同样重要。通过这种方式，小华重新找到了学习的动力。

（6）避免负迁移，促进正迁移。在练习新技能时，张老师注意引导小华识别和应用之前学到的相关技能和方法，这样可以减少新旧技能之间的干扰，并促进知识与技能的正向迁移。

通过以上综合对策，小华在随后的几个月里取得了显著的进步。他不仅成功克服了学习中的瓶颈期，还在最近的学校音乐会上自信地演奏了那首曾经让他感到困难的曲目，收获了观众的热烈掌声和赞誉。

（资料来源于本书作者的工作日记）

第一节　技能的概述

一、什么是技能

技能是个体运用已有知识经验，通过反复练习所形成的一种能够完成特定任务的动作方式或智力活动方式。无论是打字、阅读、写作还是解题，这些看似平常的活动，实则都是技能的体现。而一个人的技能储备越丰富越能适应多变的环境，胜任各种工作任务。

技能可分为初级和高级两个层次。初级技能是建立在一定知识基础之上，通过反复练习或模仿逐渐达到能够"会做"某件事或完成某种工作的水平。例如，刚学会写字的儿童已经掌握了初步的写字技能；刚踏入教育领域的教师也在逐渐培养自己的讲课技能。

高级技能则更为精湛，其活动方式的基本成分已经通过大量练习实现自动化。例如，书法家的精湛笔法、优秀教师的精彩授课等。这种高级技能不仅是专业水平的体现，更是进行创造性活动的重要条件。

二、技能、知识与能力

技能、知识与能力三者之间既相互区别又密切联系。

首先，知识是对客观事物和现象的认识和反映，是人类社会历史经验的积累和概括。技能是通过反复练习形成的自动化动作方式或智力活动方式，涉及感知、表象、记忆、思维和肌肉运动等多个环节。能力则是个体在心理活动中所表现出来的可能性和特征，是顺利完成任务的直接有效因素。

其次，知识、技能和能力的概括水平也有所不同。知识是对事物属性、联系和关系的抽象概括；技能则是对动作方式和操作程序的具体概括；而能力则是对心理活动功能的较高水平的概括。

最后，知识、技能的掌握与能力的发展并非同步进行。一般而言，能力的形成与发展相对于知识技能的获得要更为滞后。然而，这三者之间又存在着紧密联系。知识和能力是掌握技能的前提和基础，而技能的形成与发展则有助于知识和能力的进一步提升。因此，在学习和发展过程中，我们需要注重三者的协调与平衡。

三、技能的分类

技能的分类

技能按其性质和特点可分为运动技能和心智技能两大类。

(一)运动技能

运动技能，又称动作技能或操作技能，是由一系列外部动作以合理的程序组成的操作活动方式。它涉及肌肉、骨骼的运动和相应的神经系统活动。

根据是否需要操纵工具，运动技能可分为操纵器具的运动技能和机体运动技能。前者如写字、绘画、骑自行车等；后者如田径、体操、唱歌和跳舞等。

运动技能在学生的学习和生活中具有重要意义，它不仅有助于完成学习任务，还能提升身体素质和协调能力。

(二)心智技能

心智技能，又称智力技能或认知技能，是一种借助于内部语言在人脑中进行的认知活动方式。它涉及思维、记忆、判断等心理活动。

根据适用范围的不同，心智技能可分为专门心智技能和一般心智技能。前者如默读、心算等特定领域的技能；后者如观察、分析、综合等广泛适用于多个领域的技能。

心智技能的发展有助于提升学生的思维能力、解决问题的能力以及创新能力。

(三)运动技能和心智技能的关系

运动技能和心智技能既有区别又有联系。它们在表现形式、活动方式和作用范围上存在差异，但同时又相互促进、相互制约。在实际学习和生活中，我们需要根据具体任务和要求，灵活运用这两种技能，以实现更好的效果。

例如，小明在学习骑自行车时，这属于运动技能，特别是非连续性动作技能，因为他需要通过一系列突然爆发的动作来掌握平衡和协调。这些技能的完成时间相对较短，动作之间有明显的开始和结束。而在学习数学解题时，他所发展的技能属于心智技能，因为他需要运用观察、分析和综合等广泛适用于多个领域的技能来解决问题。这个例子说明了运动技能和心智技能的区别：运动技能涉及身体动作的协调和执行，而心智技能则涉及思维、记忆和判断等心理活动。

四、习惯和熟练

在小学教育中，习惯与熟练是两种密切相关的心理现象，它们对学生的学习和成长具有重要影响。从教师的角度来看，深入理解和引导学生的习惯与熟练，是提升教学效果、促进学生全面发展的重要手段。

首先，我们来谈谈习惯。习惯是个体在特定情境下自动化地执行某种动作的倾向。当这种动作得以实现时，个体会感到满足和愉快；反之，则会引起不愉快的情绪体验。

例如，一位小学教师艾米发现，她的学生在养成了每天阅读的习惯后，一旦某天未能阅读，便会表现出明显的失落感。这与习惯满足了个体的心理需求密切相关。然而，熟练与习惯有所不同。熟练并非一种需求，而是为实现特定目的而采取的一种高效动作方式。熟练的实现并不直接引发情绪体验，它更多地与任务的完成效率和质量相关。

其次，熟练的形成需要经历有意识、有目的、有组织的练习过程。以打字和写作为例，这些技能的熟练掌握都需要大量地练习和反思。虽然某些习惯也可以通过类似的练习来培养，但许多习惯是在无意识中通过重复某种动作而形成的。例如，学生在日复一日地学习中逐渐形成了良好的学习习惯，这些习惯往往是在潜移默化中形成的。

最后，熟练水平具有高低之分，但并无好坏之别。而习惯则可以根据其对个人和社会的意义分为好习惯和坏习惯。作为小学教师，艾米深知培养学生的良好习惯对其未来发展至关重要。她努力引导学生养成劳动习惯、文明行为习惯等有益于个人和社会的良好习惯，同时帮助学生识别和改正不卫生、吸烟等坏习惯。这些习惯的养成不仅影响学生的学习和生活，更对其未来的职业发展和社会适应产生深远影响。

此外，熟练和习惯在触发机制上也存在差异。熟练往往由任务启动，具有主动性和目标导向性；而习惯则是由特定情境启动，具有被动性和情境依赖性。这种差异使得教师在培养学生熟练形成时更注重任务的设置和完成效率，而在培养学生习惯时则更注重情境的创设和引导。

综上所述，习惯与熟练是小学教育中不可忽视的心理现象。作为教师，我们应该深入了解这些现象的本质和特点，通过有效的教学策略引导学生养成良好的习惯和熟练掌握各项技能，从而为其全面发展奠定坚实基础。

五、技能和个性

技能和个性之间也存在着密切的联系。学生的个性特征，如动机、能力、气质和性格等都会影响其技能学习的方向、速度和水平。反之，技能的学习和掌握也会对学生的个性产生影响。例如，学习运算技能需要学生具备细心和踏实的品质，这些品质在学生学习过程中会逐渐得到培养和强化。

第二节 学生动作技能的形成

一、动作技能的定义

动作技能包括但不限于书写、打字、弹奏乐器、跑步、体操以及修理自行车等。这些技能的实现主要依赖于骨骼、肌肉及相应的神经系统协同工作，通过反复地练习和实践来逐渐形成和提升。

对于小学教师来说，理解和掌握动作技能的概念至关重要。因为只有深刻了解动作技能的形成过程和特点，才能更有效地指导学生进行相关的技能学习和练习。

二、运动、动作与活动的关系

运动是人体的一种基本机能，它涵盖了各种形式的身体活动，如手的抓握、言语的发声以及腿部的伸屈等。这些运动机能有些是与生俱来的，如眨眼和碰到灼热物体时的自动缩回反应，它们属于不随意运动。然而，大多数运动技能，特别是那些与日常生活和社会活动紧密相关的技能，都是通过有意识地学习和练习逐渐形成的，属于随意运动。

动作则是指具有一定动机和目的，并指向特定对象的运动。与单纯的运动不同，动作具有社会性，它受到前辈和当代人所创造的社会环境的影响和制约。例如，学习走路不仅需要依赖身体的运动机能，还需要学习和借鉴前人的经验。

活动则是由一系列具有共同目的的动作组成的系统，旨在完成特定的社会职能。与动作相比，活动具有更广泛的社会意义，它涉及多个动作的组合和协调，以实现更复杂的任务和目标。

在小学教育中，教师需要帮助学生理解运动、动作和活动之间的关系，引导他们通过练习和实践逐渐掌握各种动作技能，并能够在日常生活中灵活运用这些技能。

三、技能动作的分析

为了深入研究技能动作，我们需要采用具体的分析手段。一般来说，技能动作可以从反应时间和准确性两个方面进行分析。

(一)动作的反应时间

反应时间是指从刺激出现到开始作出动作反应之间所经历的时间。它可以在一定程度上反映技能动作的熟练程度和复杂性。简单反应时间是指对单一刺激作出的快速且确定的反应所需的时间，如听到铃声后立即按下按键。而复杂反应时间则涉及对多种可能刺激的选择和辨别，因此所需时间更长。

反应时间的个体差异较大，这反映了不同人在技能上的差异。因此，教师在指导学生学习技能时，应充分考虑到这种个体差异，因材施教，帮助每个学生都能够在原有基础上取得进步。

(二)动作的准确性

准确性是指动作的形式、速度和力量是否恰当协调，以及是否符合任务需求。它是评价技能动作质量的重要指标之一。

1. 动作的形式

动作的形式应指向所要达到的目的，且幅度适中。如果动作方向错误或幅度过大/过小，都将影响任务的完成效果。

2. 动作的速度

动作的速度是指动作部位在单位时间里所移动的路程。动作的速度是肌体的一种能力，其范围通常在每秒几毫米到 1000 毫米之间。

动作的速度应根据任务需求进行调节。在某些情况下，快速的动作是必要的，而在其他情况下，则需要适当放慢速度以确保准确性。

3. 动作的力量

动作的力量是指动作所表现出来或所能表现出来的力量。适当的力量可以使动作更加流畅和有效，而过强或过弱的力量都可能影响动作的准确性和效果。

为了提高动作的准确性，教师需要引导学生进行大量的练习和反馈。通过反复练习，学生可以逐渐掌握正确的动作形式和速度，并学会在不同情境下灵活调整动作的力量。同时，教师还应及时给予学生反馈和指导，帮助他们发现并纠正动作中的错误和不足。

四、动作技能的种类

动作技能根据不同的分类标准，可分为下列几种。

(一)连续性动作技能和非连续性动作技能

连续性动作技能是指以连续、不间断的方式完成的一系列动作。例如，钢琴家演奏钢琴曲时，技能是连续不断、流畅进行的。这类技能通常需要较长时间来完成，如唱歌、说话、打字、滑冰、弹奏乐器等。在执行过程中，动作之间没有明显的开始和结束界限。

非连续性动作技能是由突然爆发的动作组成的。例如，中国奥运冠军刘翔的跨栏动作，是由一系列迅速而有力的动作组成。这类技能的完成时间相对较短，通常不超过 5 秒，动作之间有明显的开始和结束，如投掷标枪、射击、推门、移动棋子等。

(二)封闭性动作技能和开放性动作技能

封闭性动作技能是指可以不参照环境因素而执行的技能。例如，花样滑冰运动员的表演是在不受外界环境影响的情况下完成的。这类技能主要依赖于内部反馈，如体操、游泳、掷铁饼、跳远等。封闭性动作技能通常有一套固定的动作模式，通过反复练习，可以达到完美的执行标准。

开放性动作技能要求人们具有处理外界信息变化的能力和对事件发生的预见能力。如打乒乓球、篮球、排球等。

(三)精细的动作技能和粗大的动作技能

精细的动作技能是指在狭小空间内进行，并要求精巧地协调动作的技能。它一般由小肌肉的运动来实现。如雕刻、刺绣、书法、弹钢琴等。

粗大的动作技能是指需要大力气和大幅度动作的技能，它一般由大肌肉的运动来实现，而且经常要求整个身体的参与，如跑步、游泳、打网球等。

(四)工具性动作技能和非工具性动作技能

工具性动作技能是指操纵某种工具的技能，例如，写字时操纵笔、打字时操纵键盘、生产劳动时操纵各种生产工具等。

非工具性动作技能指不需要操纵工具，仅表现为机体的一系列骨骼、肌肉运动的技能，如唱歌、跳舞、体操等。

五、动作技能形成的阶段和特点

(一)动作技能形成的阶段

动作技能的形成是一个逐步掌握特定动作方式的过程。一般而言，复杂动作技能的形成可分为以下三个阶段。

1. 动作的认知阶段

在学习新技能的初期，学生通常通过老师的指导或观察他人来了解动作的基本要求，并进行初步尝试，形成心理表征。在这个阶段，学生的注意力高度集中，往往只能关注个别动作，难以控制细节，因此动作可能不稳定、速度慢、不协调，且存在多余动作。例如，学习跳绳时，学生可能会先看老师或同学示范，然后尝试自己跳，但一开始可能会因为手忙脚乱而跳得不太好。

2. 动作的联系阶段

在这一阶段，学生继续尝试并练习新技能，逐渐学会如何协调各个动作。虽然动作仍然可能不稳定、速度慢，但随着练习的增加，学生会变得越来越熟练，动作也会越来越流畅。以跳绳为例，学生会逐渐学会如何手脚配合，减少停顿，使动作更加连贯。

3. 动作协调和技能完善阶段

这是技能形成的最后阶段。在这个阶段，学生的动作在时间和空间上协调一致，形成一个连贯的稳定动作系统。紧张状态和多余动作消失，意识对动作的控制作用降至最低，学生能够迅速、准确地完成动作。这一阶段也称为熟练期，动作的连贯主要由本体感受器提供的动觉信号调节。

(二)动作技能形成的特点

在动作技能形成过程中，技能的特点会发生变化，具体表现如下。

(1) 意识对动作的控制作用减弱，动作系统转向自动化。在技能形成的初期，意识对动作的控制较强。但随着技能的形成，意识对动作的控制逐渐减弱，动作系统逐渐自动化。人们在完成技能时，不再需要过于关注个别动作的进行。

(2) 动作反馈由外反馈逐步转向内反馈。在技能学习的初期，外部反馈(如观察他人的动作)起着重要作用。但随着技能的形成，内部反馈(如身体的感觉)逐渐取代外部反馈，成为主要的调节方式。

(3) 动作的稳定性与灵活性增加。技能形成后，动作以相对稳定的方式表现出来，形成稳定的动作模式。但这种稳定性并不意味着刻板不变，熟练的技能能够适应各种变化的情境。

(4) 建立起协调化的运动模式。技能形成后，学生的身体学会了如何协调不同的动作，使他们能够更流畅地完成复杂的动作。这种协调化的运动模式使动作更加连贯和稳定。

六、影响动作技能形成的因素

动作技能的形成受许多因素的影响，包括主观因素和客观因素。主观因素如动机水平、学生的知识经验等；客观因素如动作技能的性质、练习方式、练习时间的分配、练习结果的反馈或强化等。下面着重介绍几个主要的影响因素。

(一)知识经验与理论

知识不是技能，而技能必须运用知识，知识越丰富，对克服技能学习的难点越有帮助。只学习理论而不学习操作，很难学会任何技能。因为知识和运动分析器没有建立起联系。只模仿别人的操作，技能学习也不能得到进一步发展。理论可以加速技能的获得，免去或减少学习中的错误。例如，如果学生对篮球的理论知识有深入的理解，他们在学习篮球技能时就会更加得心应手。此外，理论知识还能帮助学生减少学习过程中的错误。

(二)讲解与示范

1. 讲解

学生的学习之旅往往始于教师的精心讲解。这种讲解通常以口语形式进行，但为了丰富教学手段，我们也可以辅以文字、图解、模型、挂图等工具。讲解的核心目的在于加深学生对动作技能的认知和理解。在讲解时，教师应涵盖以下几个关键点。

(1) 教学目的。明确地向学生阐述学习目标，以及通过练习后应达到的动作技能水平。

(2) 技能性质。向学生介绍所学技能的特点，区分其为简单或复杂，工具性或非工具性，并在必要时介绍相关工具的特性和用途。

(3) 学习步骤。详细指导学生学习技能的具体步骤、动作顺序以及练习的时间分配。

(4) 安全指南。提前告知学生在练习过程中可能遇到的风险以及必要的安全预防措施。

讲解应当简洁而精炼，避免冗长乏味，以免影响学生的学习热情和积极性。适时地在学生练习到一定阶段时提供讲解，可以提高教学的针对性和有效性。

2. 示范

讲解是讲给学生听的，示范则是做给学生看的。因此，示范通常是以动作方式展示的。

示范性动作主要有两种：一种是由教师亲自进行动作示范，另一种是通过教学电影进行展示。无论是哪种示范，其动作都应明确，并应把技能中的每一个动作都清楚地展示出来，使学生能够清楚地看到。如果采用教学电影，可以采用以下方式放映：先按正常速度将全部影片放映一遍，让学生获得一个整体印象；然后再以慢镜头分段展示慢动作，使学生能清楚地看到每一个动作。

小学教学中示范的方式主要有以下三种。

(1) 面对面示范。在教室情境中，教师与学生面对面进行示范。这种方式的缺点是容易产生左右反向认知混淆的不良影响。

(2) 围观示范。教师居中，学生围成圆圈。这种方式的缺点会由于学生从不同角度观察，容易发生混淆错误。

(3) 顺向示范。学生在教师背后，且居高临下。这是一种比较好的示范方式。因为它可以避免左右反向及不同角度观察带来的不良影响。

在实际教学中，讲解与示范是同时进行的。例如，在教授书法时，教师讲解如何磨墨、如何握笔、如何按纸、如何写字等内容时，通常会伴随着实际的示范动作。

(三)练习

技能练习是指有目的地反复执行某种动作，以形成和完善技能的过程。这一过程并非机械地重复同一动作，而是以改善和优化动作方式为目标的有意识的实践活动。例如，为了提高打字速度和准确性，我们反复进行键盘输入训练，这就是一种典型的技能练习活动。通过这种练习，我们可以加快完成任务的速度、提升技能的精确度，并实现动作之间的协调。值得注意的是，尽管技能是在不断地练习中形成的，但并不是所有的练习都会产生相同的成效。有些练习方法能更快地促进技能的掌握和提升，而另一些则可能效果较慢。因此，深入研究练习的本质以及影响有效练习的关键因素显得尤为重要。

1. 练习曲线

练习的成果可以通过"练习曲线"来展示。练习曲线，亦称作学习曲线，是反映技能习得过程中练习次数与成绩变化之间关系的图形工具。一般而言，练习曲线分为两种类型：一类为上升型。用横坐标表示练习时间，纵坐标表示单位时间完成的工作量。随着练习时间的增加，单位时间所完成的工作量也逐步增加，如图 7-1A 所示。另一类为下降型，用横坐标表示练习次数，纵坐标表示完成动作所需时间或完成动作错误次数，随着练习次数的增加，完成动作所需时间逐渐减少，完成动作的错误次数日益下降，如图 7-1B 和图 7-1C 所示。

2. 练习进程的特点

在技能的形成与发展中，不同的技能展现出各自独特的练习特点，但也存在一些普遍适用的规律和特性。

1) 成绩逐步提升

通常情况下，练习初期成绩的提升较为迅速和显著，随着进一步的练习，技能进步速度会有所减缓。这种现象的原因包括：初始阶段由于新鲜感和好奇心驱动下的高动机水平；人们利用已有技能解决新问题的能力；以及从专注于单一动作到关注动作协调的转变。然而，在其他情况下，技能的进步可能呈现出先慢后快的趋势，或者在整个练习过程中均匀发展。这些不同的进步模式与技能的性质、学生的态度、准备情况及个性特征紧密相关。

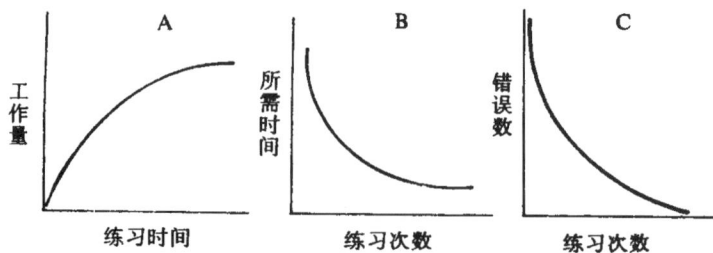

A—表示工作量对练习时间的关系；B—表示每次所需时间对
练习次数的关系；C—表示每次练习的错误对练习次数的关系。

图 7-1　典型练习曲线

2）高原现象

练习进程中常常出现所谓的"高原现象"，即成绩提升出现暂时性的停滞。这种现象最早由美国心理学家布瑞安(William Lowe Bryan)等人在1897年的电报收发技能研究中观察到。在技能学习的某个阶段，尽管继续努力，进步却似乎停滞不前。产生高原现象的原因多种多样，如热情的减退、身体的疲劳、不当的练习方法、意志力的不足等。特别是在旧的技能结构限制下，新的技能提升变得更为困难。要克服高原现象，需要对旧的技能结构进行重组，并通过有针对性地训练来建立新的技能体系。

3）起伏现象

在练习成绩随练习而提高这一总的发展趋势下，有时会出现较大的上升，有时反而下降。在练习过程中，引起成绩下降的原因是多方面的。客观上，环境中可能存在某些干扰的因素；主观上，人们对某项任务的态度发生变化，心境不好、身体状态不佳等都会使成绩骤然下降。此外，在"高原现象"出现后，人们需要改组旧的技能结构。这时，旧的动作方式可能会出现在新的技能结构中，并产生干扰作用，从而使工作效率出现短暂的下降。

在技能发展的最后阶段，练习成绩相对稳定下来，不再继续提高，人们称之为技能发展的极限。但也有一些研究表明，这种极限并不是不可突破的。

4）个别差异

练习者之间的个别差异也是一个不可忽视的因素。每个人的学习准备程度、态度、动机以及对练习内容的适应性都不尽相同，这些个体差异会导致练习成果的不一致。因此，在制定练习计划时，教师需要考虑到每个学生的具体情况，采取个性化的教学策略，以满足不同学生的需求。

3. 影响有效练习的因素

技能的习得和精进需要通过系统的练习来达成。在练习的过程中，多种因素和条件共同作用于技能的形成与发展。正确地识别并利用这些条件，对于提高练习效率至关重要。

1）确定练习的目标

确定明确的练习目标是影响练习效率的核心因素。相较于机械地重复某一动作，练习更强调在明确目标的指引下，不断改进和完善动作的方式与方法。例如，如果一个人每天仅仅重复写字或骑车，而没有设定明确的技能提升目标，那么其技能水平很难有显著的提高。确定练习目标的重要性在于：它不仅能够激发练习者的动机和热情，还能使其对练习结果产生积极的期待，并为后续的结果检查和校正提供依据。

2）灵活应用整体练习和分解练习

在练习方法的选择上，应灵活应用整体练习和分解练习两种策略。整体练习法注重从整体上把握技能的结构和联系，适合于那些难以分解为局部动作的技能，如打字和游泳等。而分解练习法则将技能分解为若干部分或局部动作，通过逐一掌握这些局部动作来逐步达成整体技能的掌握，适用于那些易于分解的技能，如学习排球或步枪射击等。在技能形成的不同阶段，应适时调整整体练习和分解练习的比例，以最大限度地提高练习效率。

3）适当分配练习时间

合理安排练习时间也是影响练习效果的关键因素。集中练习和分散练习是两种常见的练习时间安排方式。一般而言，分散练习相较于集中练习能够更好地促进技能的掌握和巩固。在分散练习中，每次练习的持续时间不宜过长，以免导致疲劳和注意力分散；同时，各次练习之间的时间间隔也不宜过短，以便让练习者有时间对之前的练习进行反思和总结。

4）练习中必须有反馈

在练习过程中，反馈的作用同样不可忽视。只有当练习者从自己的操作或动作结果中获得反馈时，练习才能对技能学习产生积极的推动作用。反馈既可以来自内部，如通过自我感知来判断动作的正确性；也可以来自外部，如通过观察他人的示范或评估来了解自己的技能水平。及时、准确的反馈能够帮助练习者纠正错误、调整策略，从而加速技能的掌握。

5）影响练习成绩的其他心理因素

除了上述因素外，还有一些心理因素对练习效率产生影响。例如，积极的态度和自信心能够激发练习者的动力和潜能，促进技能的提升；适度的焦虑情绪可以激发练习者的警觉性和专注力，有助于取得更好的练习效果；顽强的意志品质则能够帮助练习者在面对困难和挑战时保持坚持不懈的精神。

6）避免技能之间的干扰作用

在练习过程中还需要注意避免技能之间的干扰作用。已经掌握的技能可能会对新的技能学习产生正负迁移效应。因此，在练习新技能时，应充分利用正迁移效应，同时尽量避免负迁移效应的发生。通过合理安排练习顺序、优化练习环境等方式，可以有效降低技能之间的干扰作用，提高练习效率。

七、学生动作技能的培养

在小学阶段，动作技能的培养对于学生的全面发展至关重要。通过练习，学生可以逐步掌握并精进各种动作技能。然而，如何确保练习的高效性，帮助学生迅速而准确地掌握技能，是教师需要深入探讨的问题。为此，除了遵循练习的一般规律并给予正确指导外，教师还应特别关注以下几个方面。

学生动作技能的培养

(一)引导学生明确练习的目的与要求

每一种动作技能都有其特定的学习目标和练习要求。对于小学生而言，明确这些目标和要求是他们自觉组织行动、掌握技能的关键。因此，教师在指导学生进行练习时，应首先帮助他们了解所学技能的目的和应用场景，明确练习的具体要求。这样，学生才能有针对性地进行练习，避免盲目重复和无效努力。

(二)建立正确的动作映像

正确的动作映像对于小学生掌握动作技能具有重要意义。教师可以通过自己的动作示范，结合言语解释，帮助学生形成清晰的动作映像。在示范过程中，教师应注重整体与局部的结合，重复展示关键动作，并适当放慢动作速度，以便学生更好地观察和模仿。同时，教师还应指导学生观察示范动作，引导他们发现动作的特点和规律，从而加深对动作技能的理解和记忆。

(三)注重视觉控制与动觉控制的转化

在动作技能的形成过程中，实现从视觉控制到动觉控制的转化是一个重要的标志。因此，教师在指导学生练习时，应着重培养他们的动觉能力。具体来说，教师可以通过引导学生将视觉形象与动觉表象相结合，让他们通过亲身体验来感受动作的变化和规律。此外，教师还可以运用视觉控制与动觉控制交替练习的方法，帮助学生逐步减少对视觉的依赖，提高动觉控制的准确性和稳定性。

(四)及时反馈练习结果

及时反馈是提高学生练习效果的有效手段。在练习过程中，教师应及时给予学生关于动作技能掌握情况的反馈，包括成绩、错误、优点和不足等方面。这样，学生可以及时了解自己的练习情况，调整练习策略，提高练习效率。同时，教师在提供反馈时还应注重具体性和针对性，以便学生能够更好地理解和接受。

(五)合理安排练习时间与方式

合理安排练习时间和方式是确保练习效果的关键。研究表明，分步练习通常比集中练习更为有效。因此，教师在指导学生安排练习时间时，应鼓励他们采用分步练习的方式，将练习时间分散在多个时间段内或几天内进行。此外，根据学生的实际情况和技能性质，教师还可以灵活调整练习方式和节奏，以确保学生在轻松愉悦的氛围中掌握动作技能。

综上所述，教师在培养小学生动作技能时，应注重引导学生明确练习目的与要求、建立正确的动作映像、注重视觉控制与动觉控制的转化、及时反馈练习结果以及合理安排练习时间与方式等方面。通过综合运用这些策略和方法，教师可以有效地提高学生的练习效果，帮助他们迅速而准确地掌握各种动作技能。

第三节　学生心智技能的形成

心智技能，亦称智力技能或认知技能，是教育领域中的核心要素之一。对于学生而言，掌握心智技能不仅是能力形成与发展的基石，更是有效获取知识和解决复杂问题的关键保障。因此，为了最大程度地提升教学效果，促进学生心理结构的成熟与发展，深入探讨心智技能的形成过程及其规律显得尤为重要。

一、心智技能的内涵及其在教育中的作用

心智技能的作用

(一)心智技能的研究脉络与历程

要深入探索心智技能的精髓，首要任务是明晰心智活动的内涵。回溯历史长河，尽管心智技能的概念姗姗来迟，但人类对于心智活动的认知却可追溯到遥远的古代。具体见表 7-1。

表 7-1　心智技能的研究脉络

时间段	主要学派/人物	主要观点/贡献
两千多年前	亚里士多德(古希腊先哲)	提出心理是灵魂的一种功能，蕴含心智活动的思想萌芽
近代	洛克、哈特莱(英国哲学家)	用观念的联想理论解释心理现象，简化心智活动为联想过程
19 世纪后期	布伦塔诺(奥地利哲学家和心理学家)	主张心理学聚焦于心理动作研究，指明心智活动研究方向
20 世纪上半叶	行为主义者	否认意识存在和心智活动可能性，导致心智技能研究停滞
20 世纪 60 年代	加涅(美国教育心理学家)	区分"心智技能"与"运动技能"，提出"认知策略"概念
20 世纪 60 年代	安德森(美国认知心理学家)	提出"认知技能"概念，定义为程序性知识，但混淆知识与技能概念
20 世纪 50、60 年代至今	苏联心理学家(鲁宾斯坦、列昂节夫、兰达、加里培林等)	深入探究心智活动和心智技能，揭示心智活动本质，形成心智技能形成规律的理论
最近二十年来	积极实践并验证加里培林理论(心智动作形成理论)的研究者们	遵循加里培林理论，在语文、数学教学及技工培训中研究心智动作及技能，取得成果

(二)心智技能及其类型

1. 心智技能的含义与特性

心智技能，本质上是一种调控心智活动的经验积累，是通过个体不断学习与练习形成的遵循特定规则的心智活动方式。它不仅涉及心理活动的调控技巧，更是一种与日常生活和学习息息相关的能力。

首先，心智技能作为一种活动方式，它属于动作经验的范畴，与程序性知识有着明显的区别。程序性知识更多关注于理论层面的规则和步骤，而心智技能则侧重于实际操作中的灵活应用。

其次，心智技能作为一种独特的心智活动方式，它与操作活动方式和外部言语活动也

存在显著差异。心智技能更侧重于思维层面的活动，具有对象的观念性、过程的内潜性和结构的简缩性等特点。它不像操作活动那样直接作用于外部世界，也不像外部语言活动那样通过语言表达出来，而是更多地体现在思维过程和问题解决中。

再者，心智技能作为一种合法则的心智活动方式，它与一般的随意运动和习惯动作有着本质的区别。随意运动和习惯动作往往缺乏明确的规则和目的，而心智技能则是在遵循一定规则的基础上，通过不断练习和反思逐渐形成的。

最后，心智技能是通过学习而形成的，这与本能有着根本的不同。它是在个体不断地学习过程中，在主客体相互作用的基础上，通过动作经验的内化而逐渐形成的。

2. 心智技能与学习策略的类型划分

对心智技能与学习策略的类型划分有助于我们更深入地了解其结构与规律，并为有效地进行心智技能培训提供重要依据。以下是两种主要的划分方式。

1) 从心智技能与学习策略功能的不同来分类

(1) 美国心理学家斯腾伯格(Robert J. Sternberg)在其研究中，将心智技能划分为执行技能和非执行技能两大类。执行技能主要涉及实际任务的执行操作，如匹配、比较等技能，这些技能通常用于具体任务的完成和问题解决过程中。例如，在解决数学应用题时，学生需要运用匹配技能将题目中的条件与已知公式进行匹配，运用比较技能来比较不同解题方法的优势。非执行技能则更多地关注于计划、监控和修改策略等方面，如问题识别、监控解法、反馈敏感性等，这些技能对于高级思维过程和学习策略的制定至关重要。例如，在学习过程中，学生需要识别学习中的问题，监控自己的学习进度，并根据反馈调整方法。

(2) 美国教育心理学家尼斯贝特(Richard E. Nisbett)及其团队在1986年的研究中，深入探讨了六种至关重要的学习策略或心智技能。这些技能对于促进小学生的学习效果和全面发展具有显著意义，具体见表7-2。

表7-2　尼斯贝特学习策略分类

策略名称	定　义	应用范围
提问策略	学生在学习过程中主动提出问题，以明确学习目标和划定任务范围	通过将当前任务与先前的学习经历相联系，学生能够建立起知识的连贯性，并培养独立思考的能力
计划策略	学生需要制定详细的学习计划，包括活动的时间安排和对问题的分类与分解	明确所需的操作步骤和心智技能，有助于学生更有条理地进行学习，提高学习效率
监控策略	学生在学习过程中应时刻关注自己的进展，并将实际结果与预期目标进行对比	通过及时发现并纠正偏差，学生能够更好地调整学习方法和策略
检查策略	在完成学习任务后，学生应对自己的成果进行初步评估	通过检查自己的答案和思考过程，学生能够发现潜在的错误和不足，进而进行改进
矫正策略	通过重新规划或调整目标来纠正错误	这一策略有助于学生形成正确的学习态度和习惯，不断提高自己的学习能力
自测策略	学生对自己的学习效果进行最终评价，总结经验教训	为今后的学习提供借鉴

(3) 美国心理学家丹瑟洛(Daniel Loewenstein)在 1985 年的研究中,将学习策略划分为基本策略与技能和支持策略与技能。

基本策略与技能主要用于直接操作学习材料,包括理解、保持、提取和应用等具体技巧。例如,通过复述和重复来加深记忆(识记策略);通过联想和内在联系来深化理解(精细加工策略);将知识系统化、条理化,形成完整的知识体系(组织策略)。

支持策略与技能主要用于维持学生的学习心态和环境。例如,时间管理策略帮助学生合理安排学习时间;心境维持策略则有助于学生保持积极的学习态度和情绪;注意力分配策略则帮助学生集中注意力,提高学习效率。

(4) 麦克奇(McKeachie)等人在 1990 年的研究中,进一步将心智技能划分为三个维度:认知技能、元认知技能和资源管理技能。认知技能主要涉及记忆组织、精细加工等学习策略。例如,通过联想记忆法将新知识与已知知识联系起来,帮助记忆;元认知技能则包括自我监控和调节策略。例如,学生在学习过程中定期检查学习进度,发现问题并及时调整方法;而资源管理技能则侧重于时间管理和环境安排等方面。例如,合理安排学习时间和学习环境,以提高学习效率。

2) 从心智技能与学习策略层次的不同来分类

尼斯贝特等学者从策略层次的角度对心智技能进行了分类。将策略分为三个不同层次:最高层次是一般策略,主要是与学习态度、学习动机密切相关的学习方法、学习方式。例如,培养积极的学习态度,树立明确的学习目标,保持对学习的热情等;第二层次是宏观策略,是与认知性知识密切相关的策略。例如,掌握有效的学习方法,如预习、复习、总结等;运用思维导图等工具来组织知识结构;第三层次是微观策略,是非常具体的、适合于某一特定任务的策略。例如,在写作中运用特定的写作技巧,如列提纲、修辞手法等。通过从功能和层次两方面对心智技能和学习策略进行分类,我们可以更清晰地理解不同类型技能和策略的特点及其在学习中的作用。这种分类方式有助于我们根据学生的实际情况,制定学习策略,从而提高学习效果和心智技能的发展水平。

(三)心智技能的作用

心智技能在个体的学习、问题解决以及能力形成与发展中具有极为重要的作用。具体阐述如下。

1. 经验获得的必备要素

心智技能与经验的获得密不可分。个体的经验是在其活动中获得的,是主体与客体相互作用的结果。

经验的获得依赖于作为活动对象的客体的影响,同时也需要作为活动主体的个体对客体的反作用。仅有客体的影响而缺乏主体的反作用,是不足以形成个体经验的。例如,学生在阅读一本书时,书中的内容(客体)提供了信息,但只有通过学生的主动思考、理解和记忆(主体的反作用),才能形成真正的学习经验。

在经验获得过程中,主体对客体的反作用形式和水平是多种多样的,其中最直接相关于经验获得的是反应动作。这种动作的基本职能是将客观的物质影响转化为主观的经验结构,即通过能动的反映过程,构建经验。例如,学生通过反复练习数学题(反应动作),将数学知识(客体)转换为自己的解题能力(经验结构)。因此，动作不仅是经验获得的手段，也是经验的产物。

具体经验的性质和水平不仅取决于被反映的对象本身，还取决于主体与客体的相互作用性质以及主体的反映动作水平。即使在相同客体的作用下，由于主体的反映动作不同，所得经验也会不同。心智动作是获得理性经验的手段，而理性经验则是心智动作的产物。因此，按一定法则构成的心智技能在经验获得中具有重要意义。

2. 问题解决的关键前提

心智技能不仅对知识经验的获得至关重要，它还是问题解决的重要前提。在认知心理学中，问题解决被视为受目标指引的认知操作序列，涉及一系列具有重要认知成分的操作。

从问题解决的发生和过程来看，必须经过一系列的心智动作，如判断问题性质、选择正确的表征形式等。这些心智动作构成了合法的心智活动方式，即心智技能，它对问题解决活动具有直接的调节和指导作用，是活动正确顺利进行的保证。因此，心智技能也是问题解决的必要条件。

3. 能力形成与发展的基石

能力作为概括化和系统化了的知识与技能，是活动的自我调节系统中不可或缺的组成部分。心智技能作为获得理性经验的重要手段，也是获得知识的重要条件。它可以通过作用于知识经验来影响能力的形成与发展。能力的形成与发展不仅依赖于知识与操作技能的获得及其类化，还依赖于心智技能的获得和类化。因此，心智技能的获得是能力形成和发展的重要基础。

二、学生心智技能的形成的过程

关于心智技能形成的问题，心理学界至今仍无定论。苏联著名心理学家加里培林(Galperin)等人依据自己多年来的实验研究成果，于1953年提出了智力活动按阶段形成的理论。

(一)智力活动形成的五个基本阶段

依据加里培林的观点，"智力活动是外部的、物质活动的反映"，学生心智技能的形成"是外部物质活动转化到反映水平的结果"。这种转化(内化)过程需要经历五个基本阶段。

1. 活动定向阶段

这是一个准备阶段，即领会活动任务的阶段。也就是说，在学生从事某种活动之前要了解做什么和怎样做，从而在学生头脑中形成对活动本身和活动结果的表象，进行对活动本身和活动结果的定向。

例如，在学生的加法运算定向阶段，教师在演示加法运算时，应该使学生明了加法运算的目的在于求几个数量之和，了解运算的客体是事物的数量，知道运算的操作程序和方法，懂得运算的关键是进位等，由此在学生头脑中形成完备的定向映像。这一阶段虽然是活动的准备阶段，但非常重要。学生通过活动定向阶段不仅了解了活动的目的和所学的对象，还明白了这一智力活动中的操作及其程序。可见，活动的定向是学生进行智力活动不可缺少的调节器，相当于学习信息加工过程中的控制部分。从某种意义上来说，定向水平是决定学生智力活动能否顺利进行的重要因素。

在教学中帮助学生建立完备的定向映像，其教学措施主要包括：

(1) 教师在实物直观或模像直观教学中，要帮助学生建立活动的原型。也就是说，让学生了解这种活动的物质或物质化的形式，确切地确定它的内容。例如，在演算一道运算题之前，教师要把该题的演算目的、数量与数量之间的关系等用实物或图像等形式表示出来。

(2) 在指导学生审查的前提下，教师对活动原型进行分析，帮助学生在头脑中形成完成这一活动所必须经历的操作程序。

(3) 教师在对学生进行活动的示范和讲解时，要把这种活动的操作程序以物质或物质化的形式展开，并注意变换这种展开的物质或物质化形式，如用手指、算棒、点子、算珠等，使活动得以概括，以利于学生在头脑中形成比较完备的定向映像。

2. 物质活动或物质化活动阶段

物质活动和物质化活动是直观中的两种基本形式。物质活动是运用实物的教学；而物质化活动则是物质活动的一种变形，是指利用实物的模像，如示意图、模型、标本等进行的活动。这个阶段实质上是借助实物或模像为支柱进行的心智活动的阶段。例如，在学生的加法运算中，既可以让他们利用小木棒进行演算活动，也可以利用画片中的小木棒进行演算活动。通过这种物质活动或物质化活动，让他们掌握加法运算的实际操作程序，学会如何进位。

必须指出，在这一阶段中应该注意先把活动展开，把活动分为大大小小的各种操作，指出其间的联系，然后再进行概括，使学生从对象的各种属性中区分出这一活动所需要的属性，并归纳出进行这一智力活动的法则。从教师的演示中，学生了解到了运算的每一步，即先通分，求出 4 和 3 的最小公倍数作为公分母，然后将每个分数的分子和分母乘以相同的倍数，再进行同分母的分子相加，最后将数简化为带分数。在完成这一活动的运算步骤后，学生就可以归纳出异分数加法运算的一般法则。当然，学生在进行这种概括并熟悉这种概括后，还要将完成这一活动的全部操作进一步简化，并与他们的言语活动结合起来，为过渡到下一阶段做准备。

3. 有声的言语活动阶段

有声的言语活动即出声地说话。这一阶段是指学生的学习活动已不直接依赖实物或模像而借助自己出声的外部言语形式来进行的阶段。

例如，在加法运算中，他们能根据题目的数字出声地说出"3 加 2 等于 5"或"8 加 4 等于 12"等。在这一阶段中，他们虽然不用操作实物或模像来进行计算，但他们是用出声的言语来运算的。这样，学生不仅要对这些动作的对象内容进行定向，而且还对这些对象内容的词的表达进行定向。必须指出，这一阶段虽然脱离了实物或模像操作，但它并不是智力活动本身，还不能在学生头脑中默默地完成活动。

4. 无声的外部言语活动阶段

这一阶段是出声的言语活动向内部言语活动转化的开始，属于无声的外部言语活动。也就是说，学生是以词的声音表象、动觉表象为支柱进行智力活动。

从表面看，这种无声的外部言语活动似乎是"言语减去了声音"，看似很简单。但实际上，这种无声的言语活动是有声言语活动向内部言语活动转化的重要途径。

5. 内部言语活动阶段

这是智力活动完成的最后阶段。在这一阶段中，学生凭借简化了的内部言语，似乎不需要多少意识的参与就能"自动化"地进行智力活动。这一阶段的特点是简缩和自动化。由于内部言语是指向自己的，不必考虑到外部言语作为交际手段的机能——即不需要完整地表达，因而可以大大压缩和简化。加之它的进行基本上是处于自我观察的界线之外的，是自动化、自己觉察不到的。例如，学生演算进位加法时，已经不再需要默念公式和法则，而是在头脑中出现几个关键词，随之而来的就是自动化的操作。整个运算过程的智力活动在他们头脑中被"压缩"和"简化"，以至于他们已不大可能觉察运算过程，所能觉察到的只是运算的结果。

这个假设一经提出，便受到了苏联心理学界的重视，并得到了国际学术界的普遍关注。作为一种理论假设，它不是根据现有的学习理论提出来的，而是根据人的心理活动形成和发展的问题提出来的。但这一理论假设谈的是人的智力活动的形成阶段，又离不开学生在教师教育教学指导下掌握知识经验的过程，所以实质上也是一种新的学习理论。

例如，小华在刚开始学习下棋时，他首先通过观察老师和其他同学的游戏来了解下棋的基本规则和策略(活动定向阶段)。然后，他开始使用实物棋子进行实践，通过实际操作来掌握下棋的步骤(物质活动或物质化活动阶段)。随着练习的增加，小华开始能够不依赖棋子，而是通过出声地说出自己的走棋步骤来进行游戏(有声的言语活动阶段)。最终，小华能够在心里默默地进行游戏，不需要出声，他的下棋策略已经内化为一种心智技能(内部言语活动阶段)。

(二)维果斯基和列昂节夫的活动心理学

在 20 世纪 20 至 30 年代，俄国心理学家维果斯基(Lev Semyonovich Vygotsky)提出了诸多重要理论，包括人类高级心理机能说、文化历史论以及内化说。他深刻洞察了人类心理与动物心理的本质差异，并强调人的心理之所以具备高级性、间接性和社会历史性，关键在于人类拥有独特的心理活动工具——语言和词汇。维果斯基进一步指出，人类心理发展的核心在于个体与周围人的交往过程中，逐步掌握并内化人类文化的成果。这种间接的、文化的、高级的心理活动起初以外部活动的形式呈现，随后逐渐转化为内部活动，形成内部活动的形式，这一过程即被称为内化。而内化过程正是以言语作为关键工具的。这些理论对后续的心理学研究，特别是加里培林的理论构建，产生了深远的影响。

列昂节夫(Alexei N. Leontev)则继承了维果斯基关于人类心理活动社会历史观的观点，并进一步发展了这一理论。他提出，人的心理活动是人类活动的一种特殊形式，它表现了主体与客体之间相互转变的过程。列昂节夫还指出，人的心理是在历史发展过程中，由外部的物质活动逐渐转化为内部意识活动的发展结果和派生物。内化的过程，实际上是操作外界物质对象的外部形式转化为智慧方面和意识方面的过程。

加里培林在维果斯基和列昂节夫的理论基础上，进一步研究了智力活动是如何从外部物质活动经过概括化、简缩化而转化为内部意识活动的。他提出的关于智力活动按阶段形成的理论，由于具有坚实的哲学理论基础，在心理学界和教育理论界产生了广泛的影响，并引发了众多学者的讨论。

支持者认为，这一理论为智力活动的形成提供了有计划的指导，使得研究者能够从智力活动过程的角度进行深入研究，而不仅仅是关注智力活动的结果。同时，这一理论还有助于将知识的掌握与应用紧密结合，为教育实践提供了有益的参考。

然而，也有反对者指出，智力活动的概念尚未明确，解释尚存不一致之处，因此该理论的普遍意义仍需进一步考察。加里培林学派也坦诚地承认，他们尚未找到可靠的工具来确定这一理论中动作的简化程度等问题。

尽管如此，我们认为加里培林关于智力活动按阶段形成的理论对于进一步探索智力活动和心智技能形成的规律仍具有重要的价值。在当前我国学校实施的素质教育中，这一理论也具有一定的参考意义，有助于我们更深入地理解和指导学生的智力发展。

三、学生心智技能形成的特征

当小学生的心智技能得以顺利形成，他们将在其智力活动中展现出一系列引人注目的特征，具体表现为以下几个维度。

(1) 从智力活动的方式层面来看，原本分散的智力活动环节现已逐渐融为一体，形成了一个紧密相连、协同工作的有机整体。在这一过程中，学生的内部言语也日趋精炼，逐渐实现了概括化和简约化，而观念间的泛化现象则日益减少，直至最终消失。当面对具体问题时，学生已能熟练运用"简缩性推理"替代传统的展开性推理，使问题解决过程更为高效。

(2) 从智力活动的调节角度来看，智力活动现在能够自主运行，而无需过多的意识干预来调节和控制。学生的心智活动达到了"运用自如""得心应手"的境界，使得他们在执行任务时能够自如应对。他们已不再需要刻意关注头脑中的内部操作过程和程序，而只是简单地觉察到内部活动的最终结果。

(3) 从智力活动的品质层面分析，无论是学生思维的广度、深度，还是独立性、批判性、敏捷性、灵活性、流畅性、逻辑性以及敏感性等品质，都在多个维度上得到了显著提升。这种提升不仅体现在学生对新知识的掌握上，更体现在他们解决问题时的速度和水平上，使得他们在学业和生活中都能取得更为出色的表现。

总而言之，学生心智技能的形成是一个复杂而精细的过程，它涉及智力活动方式、调节和品质等多个方面的变化。这些特征不仅反映了学生心智技能的发展水平，也为教育工作者提供了有益的参考，有助于他们更好地指导和促进学生的智力发展。

四、学生心智技能的培养

作为教育工作者，我们深知对学生心智技能的训练至关重要，这有助于促进他们的全面发展。以下从五个方面探讨如何有效培养学生的智力技能。

（1）遵循智力活动按阶段形成的理论。加里培林及其同事提出的关于智力活动按阶段形成的理论揭示了智力活动形成的五个基本阶段，这一理论充分体现了心智技能形成的一般规律。因此，在培养学生形成心智技能时，我们应遵循这一理论，积极创造条件，帮助学生从外部的物质活动向内部的智力活动转化。

（2）根据实际情况选择培养途径。心智技能的培养应根据其复杂程度采用不同的途径。对于复杂的心智技能，如写作技能和解题技能等，我们可以采用部分到整体的训练方法。这意味着我们需要从单个智力活动训练开始，使其掌握，然后以统一顺序将它们联结起来，构成一套复杂的心智技能。而对于那些简单的心智技能，如加减运算和字形笔画分析等，我们则宜采用整体方法来训练。

（3）创设条件，提供应用心智技能的机会。学生的实践活动是心智技能形成和发展的基础。为了促进学生心智技能的形成和发展，使他们能够熟练掌握并灵活运用这些技能，我们必须积极引导他们参加实践活动或创设问题情境，让他们的心智技能在解决问题的练习中得到锻炼。此外，我们还应该加强指导，帮助他们正确运用心智技能来解决相关问题。

（4）培养学生具有良好的思维方法和思维品质。思维是学生心智技能的核心心理成分。因此，培养学生良好的思维方法和思维品质对学生心智技能的形成与发展具有重要意义。为此，我们在教学过程中要重视学生的思维训练，培养他们思维的独立性与批判性、敏捷性与灵活性、流畅性与逻辑性以及敏感性等良好品质，养成认真思考的习惯。

（5）熟练掌握智力活动规则和课题解答程序。智力活动规则是学生对自己在认知活动中所运用的方式方法的概括和总结。各类课题的解答程序则是解题的具体步骤和方法在智力活动方式中的有机组合。当学生对某种智力活动规则和某种解答程序达到熟练掌握时，也就标志着相应的心智技能已经形成。因此，帮助学生熟练地掌握智力活动的规则和解答程序是培养学生心智技能的重要环节。

五、心智技能的培养要求

心智技能的培养是一个系统化的过程，需要遵循其形成规律，分阶段、有针对性地进行训练。以下是心智技能培养的重点和分阶段练习的要求。

(一)心智技能培训的重点

心智技能是按照一定阶段逐步形成的，因此其培养必须分阶段进行，以取得良好的教学效果。一种心智技能通常由多个心智动作构成。如果学生在其他心智技能的学习中已经形成了某些动作成分，那么这些动作成分可以在心智层面上直接迁移。若在某项心智技能中，有些动作成分已被掌握，而有些尚未掌握，那么就需要针对新的动作成分进行分阶段练习，并在培训中注意指导新旧动作间的组合关系。

例如，在小学数学运算教学中，当学生已经掌握了加法运算和乘法口诀之后，再进行多位数乘法的连续运算教学时，学生需要学会将两个部分积错位叠加这一动作方式。这是乘法运算中唯一新的心智运算方式。对于这个新的动作方式，必须依据动作形成的规律实施分阶段练习。只有当学生掌握了这一动作方式，并将其与已掌握的知识和技能整合后，才能顺利完成教学任务。

另一个例子是在小学数学的珠算教学中，对于加减法运算，我们总结出了"一读、二拨、三看、四判、五算、六报"的实践模式，即：

(1) 读题。

(2) 拨打第一个数字(被加数或被减数)。

(3) 观察第二个数字(加数或减数)，并同时观察算盘(外珠或内珠)。

(4) 判断，根据第二个数字与算盘上的珠子大小关系选择运算策略。

(5) 计算，根据判断结果在算盘上进行实际操作。

(6) 报告答案，说出计算结果。

在这个实践模式中，"一读"和"二拨"是学生已经掌握的简单操作技能，同样"五算"和"六报"也是学生已经掌握的。因此，在珠算教学过程中，分阶段练习时应重点关注"三看"和"四判"，因为这两步对学生来说是新的，需要一系列心智动作来完成。因此，这两步应得到充分重视，准备必须充分，在学生理解的基础上提高学生的判断力。只有这样，才能真正使学生达到准确熟练的目标。

(二)分阶段练习的要求

为提高分阶段练习的效果，在培养工作方面必须充分依据心智技能的形成规律采取有效措施。为此，我们必须注意以下几点。

(1) 激发学习的积极性和主动性。任何学习任务的完成都依赖于学生的学习积极性和主动性。学习的积极主动性取决于学生对学习任务的自觉需要。由于心智技能本身难以认识的特点，学生往往难以体验其必要性，因此在完成学习任务时可能缺乏相应的学习动机和积极性。为此，在培养工作中，教师应采取适当措施激发学生的学习动机，调动他们的学习积极性。

(2) 注意原型的完备性、独立性和概括性。所谓"原型"是指心智活动的原始模型，即外化了的实践模式，物质化的心智活动方式或操作活动程序。心智技能的培养始于学生建立起来的原型定向映像。

(3) 适应培养的阶段特征，正确使用言语。心智技能是通过内部言语实现的，因此言语在心智技能形成中起着非常重要的作用。言语在不同的阶段起着不同的作用。在原型定向与原型操作阶段，言语的作用在于标记动作并对活动的进行起组织作用。

本章小结

本章详细探讨了小学生技能学习的各个方面，包括技能的概述、学生动作技能的形成以及学生心智技能的形成。

首先，我们明确了技能的定义，并探讨了技能与知识、能力之间的关系。技能被分为运动技能和心智技能两大类，这两者在小学生技能学习中都扮演着重要的角色。同时，我们也讨论了熟练和习惯在技能形成中的作用，以及技能与个性之间的相互影响。

其次，我们深入探讨了学生动作技能的形成过程。从动作技能的定义出发，我们分析了运动、动作与活动之间的关系，并对技能动作进行了详细解析。根据动作技能的种类，我们进一步探讨了动作技能形成的阶段和特点，以及影响动作技能形成的各种因素。最后，我们提出了学生动作技能培养的策略，包括明确练习目的、建立正确动作映像、注重视觉与动觉控制的转化等。

最后，我们详细描述了心智技能形成的过程，包括智力活动形成的五个基本阶段，以及维果斯基和列昂节夫的活动心理学理论。此外，我们还探讨了心智技能形成的特征，以及培养心智技能的方法和要求。

通过本章的学习，我们不仅对小学生技能学习有了更为全面和深入的了解，还掌握了一系列培养小学生技能的方法和策略。这将有助于我们在教学实践中更有效地促进小学生技能的发展，提高他们的学习效果和综合素质。

思考题

(1) 请简述什么是技能，并给出至少两个技能的例子。

(2) 技能与知识、能力之间有何关系？请简要说明。

(3) 简述运动技能与心智技能的主要区别。

(4) 谈谈熟练和习惯在技能形成中的作用。

(5) 技能和个性之间有何相互影响？请举例说明。

(6) 动作技能的定义是什么？请简要描述。

(7) 描述动作技能形成的三个阶段及其特点。

(8) 影响动作技能形成的因素有哪些？请列举至少三个。

(9) 学生动作技能的培养中，如何引导学生明确练习的目的与要求？

(10) 心智技能的含义与特性是什么？请简要解释。

(11) 在学生心智技能的培养中，如何培养学生具有良好的思维方法和思维品质？

第八章 小学生的问题解决与创造性培养

引导案例

河内塔问题

在一块板上有3根柱子,在柱子1上有自上而下大小逐渐增大的三个圆盘A、B、C。要求被试将圆盘移动到柱子3上,且仍保持原来的大小顺序。移动的条件是每次只能移动一个圆盘,且必须满足大盘在下小盘在上,可利用柱子2。

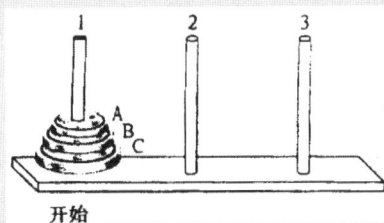

开始

解决这一问题,目前最重要的差异是C盘不在柱子3上。但根据条件,当C盘上没有其他圆盘时C盘才可以移动,现在C盘上有B盘和A盘,因此建立的第二个子目标是先移动B盘。由于移动B盘的条件不具备,因此另一个子目标是先移动A盘。此时移动A盘的条件已成熟,于是将A盘移到柱子3上,B盘移到柱子2上,再将A盘移到柱子2 B盘的上面。此时即可将C盘移到柱子3上。这时,当前状态与目标状态的差别是B盘不在柱

3上，要消除这一差别，需建立另一个子目标，即先将 A 盘移到柱子 1 上。完成这一操作后，再将 B 盘移到柱子 3 上，最后把 A 盘移到柱子 3 上。至此达到了问题所要求的目标状态。

在上面的案例中，个体把现有条件和目标进行比较，以辨别两者之间的差异。然后，个体建立子目标来减少这一差异。进而，个体执行各种操作来达到子目标。这是典型问题解决策略中"手段-目的分析法"的体现。

(夏凤琴. 教育心理学[M]. 北京：高等教育出版社，2010，135)

第一节　问题解决

在人类的日常探索中，我们每个人都不可避免地会遭遇各种挑战和难题，而寻找解决方案则是我们应对这些困境的自然反应。从简单的家庭琐事到复杂的职业任务，问题解决在我们的生活中扮演着至关重要的角色。例如，当家中突然停电时，我们会迅速寻找原因并尝试恢复电力；医生需要准确诊断病情以便施治；工程师设计桥梁时须考虑各种技术参数；作家在创作小说时也会面临如何更好地表达情感和情节的挑战。甚至有时候，我们可能会不小心将自己锁在房间或汽车外，这时也需要找到解决问题的办法。

一、问题及问题的类型划分

(一)关于问题的定义

问题的类型划分

根据德国格式塔心理学家卡尔·邓克尔(Karl Duncker)的定义，问题产生于个体有明确目标但不知道如何达成时的情形。而美国心理学家梅耶(Mayer)则将问题视为一种情境，其中个体希望从一个状态转变到另一个状态，但不知道如何克服两者之间的障碍。

综合来看，我们可以认为问题是一种情境，个体由于缺乏直接的解决方案而感到困扰。梅耶认为一个问题由 3 种成分构成：给定状态、目标状态以及阻止给定状态转变为目标状态的障碍，详见表 8-1。

表 8-1　问题的构成

成　分	具体内容
给定	已知的关于某个问题的全部信息，即问题的初始状态
目标	关于问题所要达到的最后状态，即问题的目标状态
障碍	正确的问题解决方法往往不是直接地显而易见的，只有通过一定的思维活动才能达到目标

值得注意的是，一个问题的存在与否是相对的——对于某些人来说可能是个难题，而对于另一些人则可能不是。

(二)问题的类型划分

心理学家一般采用两分法对问题加以分类。他们所采用的标准不同，因而划分的结果也不同。一般来说，在对问题的分类上，有 5 种主要的两分法。

1. 界定不清晰问题与界定清晰问题

界定不清晰问题是指问题的起始状态、目标状态或转换方法中的一项或多项缺乏明确界定的问题，如农业产量低下的问题；而界定清晰问题则是指所有这些要素都已清楚界定的问题，如下棋。

2. 对抗性问题与非对抗性问题

对抗性问题涉及一个理性的对手试图阻止问题解决者实现其目标，如下棋；非对抗性问题则没有对手参与，解决者面对的是一些被动的材料或情境，如解字谜。

3. 一般领域的问题与专门领域的问题

一般领域的问题(也有人称之为语义贫乏问题)是指问题解决者不具有大量的与之相关的专业知识。而专门领域的问题(也有人称之为语义丰富问题)，是指问题解决者具有大量的与问题有关的专业知识。例如，下象棋对于一个初学者来说，由于他不具备大量的象棋知识，所以下象棋属于一般领域的问题；而对于一个象棋大师来说，由于他积累了大量的下棋经验，因而下象棋就成为专门领域的问题。

4. 常规问题与非常规问题

常规问题是指那些可运用已有的方法或程序加以解决的问题；而非常规问题是指那些问题解决者没有可直接利用的解决方法，而必须自己创造、生成新的解决方法的问题。

5. 有固定答案问题和无固定答案问题

有固定答案问题是指在现存知识中已有肯定答案的问题，如几何数学题的解答，化学实验的结果。无固定答案问题是指这类问题或者根本没有答案，或者有很多答案，或者到现在为止还没有找到答案。如，"什么蔬菜对人身体健康最有利？"这个问题有很多答案，但没有唯一肯定的答案。

二、问题解决的心理学含义及问题解决的阶段

(一)问题解决的心理学含义

在心理学范畴内，问题解决通常指的是个体在面对特定情境时，由于初始状态与目标状态之间存在障碍或挑战，通过一系列认知操作来克服这些障碍，最终实现从初始状态向目标状态的转变过程。这一过程涉及多个中间状态，这些状态与初始状态、目标状态共同构成了所谓的"问题空间"。问题解决可以被看作是一个从初始状态开始，经过多个中间状态，最终抵达目标状态的动态过程。在这个过程中，个体的思维活动起到了关键作用，它引导着个体根据情境变化调整策略，直至找到解决问题的最佳途径。

此外，问题解决是一种复杂的心理过程，它涉及认知、情绪、意志等多个方面。当个体面临任务而又缺乏直接手段时，就会引发思维活动去寻求解决方案。一旦找到并实施有效的手段或方法，问题便得以解决。这种形式的思维活动具有明确的目的性，并受到意识

的控制。

（二）问题解决的阶段

问题解决的理论和模式是从整体上探讨解决问题的过程及其理论依据。在实际教育工作中，常常会遇到如何把握问题解决过程的阶段问题。尽管问题本身是各式各样的，问题解决的过程不会完全相同。关于问题解决的过程，教育学家和心理学家们提出了多种阶段划分方式。这些划分有助于我们更深入地理解问题解决的内在机制。以下介绍两种具有代表性的阶段划分方法。

1. 杜威的五步问题解决模式

美国心理学家杜威(John Dewey)于1910年提出了一个具有广泛影响力的五步问题解决模式。这一模式如下。

(1) 失调。个体意识到现状与期望之间存在差距，产生困惑或挫折感。

(2) 诊断。识别问题的具体所在，明确解决目标及所需填补的缺口。

(3) 假设。提出解决问题的可能方案或策略。

(4) 推断。通过逻辑分析或实验验证来检验假设的有效性。

(5) 验证。通过实践检验假设的正确性，调整或完善解决方案。

杜威的五步模式强调了问题解决的系统性和逻辑性，为后来的研究提供了重要的理论框架。

2. 我国心理学家的问题解决四阶段论

我国心理学家通常将问题解决过程划分为发现问题、明确问题、提出假设和检验假设四个阶段。这四个阶段相互关联、循序渐进，共同构成了问题解决的全过程。

1) 发现问题

问题解决是从发现问题开始的。只有当问题被发现时，才能引起人们解决问题的思维活动。问题本身是客观存在的，有的问题较为明显，容易被发现；有的问题则比较隐蔽，不易被人发现。有人善于提出问题，有人则对问题熟视无睹。

2) 明确问题

明确问题就是认清问题的关键。只有认清问题的关键，思维活动才会有明确的目标，才能有条不紊地围绕问题的核心展开。要明确问题，就必须分析问题，任何问题都可看作包括要求和条件两个方面。要求是指问题解决要达到的目标，条件是指问题解决过程中所能利用的因素和必须接受的限制。

3) 提出假设

提出假设就是提出解决问题的可能途径、方法和策略。学生提出的解题设想，教师制定的教学计划，医生选定的治疗方案在正式实施之前都具有假设的性质。提出假设的数量和质量取决于两个条件：①个体思维的灵活性。思维越灵活，越能多角度地分析问题，就越能提出众多合理的假设；②个体已有的知识经验。与问题解决相关的知识经验越丰富，就越有利于扩大假设的数量并提高其质量。

4) 检验假设

检验假设就是通过一定的方法来确定假设是否合乎实际、是否符合科学原理。在确定

我国心理学家的
问题解决四阶段

这些计划、方案和安排时，都必须进行可行性检验。

综上所述，问题解决是一个复杂而系统的过程，涉及多个阶段和方面。通过深入了解这些阶段和方面，我们可以更好地指导个体进行问题解决活动，提高他们的问题解决能力。

三、问题解决的策略

问题解决策略，是指在面对问题时，个体在搜索问题空间并达到目标状态过程中所采用的一系列方法和思路的总称。每位个体在解决问题时，都会根据问题的性质和内容，选择适合自己的策略。

策略的有效性主要取决于两方面：一是策略本身的正确性；二是策略是否适合解决当前问题。问题解决的策略多种多样，下面将介绍几种主要的策略。

(一)算法策略

算法策略，即遵循一套正规且机械性的步骤来解决问题。它涉及将所有可能达到目标的方法列举出来，并逐一尝试，以确定最佳答案。然而，这种方法往往耗时耗力且效率较低。

美国心理学家桑代克提出的尝试错误法便是算法策略的典型代表。该方法通过随机搜索可能的解决方案，直到找到一种有效的方法为止。

例如，在解决一个涉及三个旋钮的保险柜问题时，尝试错误法需要尝试所有可能的组合(共计1000种)，以找到正确的组合方式。尽管这种方法能保证问题的解决，但效率低下，尤其是当问题复杂时，需要进行大量的尝试。

再如，在解决数学问题时，小红采用了多种问题解决策略。首先，她使用了算法策略，通过列出所有可能的解题步骤，逐一尝试，直到找到正确答案。这种方法虽然耗时，但确保了她能够解决所有问题。其次，她运用了启发式策略中的手段-目的分析法，通过比较当前状态和目标状态，建立子目标，逐步缩小差距，最终解决问题。

(二)启发式策略

启发式策略则是基于个体已有的知识经验来解决问题的一种方法。它有助于个体找到解决问题的线索或提示，但并不能保证问题一定得到解决。常用的启发式策略包括手段-目的分析法、逆向搜索策略、选择性搜索策略以及类比迁移策略等。

1. 手段-目的分析法

手段-目的分析法是一种通过比较现有条件和目标状态之间的差异，建立子目标来逐步缩小差距的策略。个体首先认清问题的初始状态和目标状态，然后将总目标分解为若干小目标，并选择适当的手段来实现这些子目标。这一策略有助于降低目标的难度，使个体能够更容易地达成每个子目标，并最终实现总目标。

例如，在小学生写作文时，学生可能会觉得任务很困难。然而，通过采用手段—目的分析法，他们可以将写作任务分解为以下子目标：确定作文主题、列出写作大纲、收集相关素材、撰写初稿、修改润色等。这样，学生可以逐个完成这些子目标，最终完成一篇完整的作文。

然而，手段-目的分析法的一个缺点是可能会增加工作记忆的负担，因为个体需要同时关注多个子目标。遗忘任何一个子目标都可能影响问题解决方案的执行。

2. 逆向搜索策略

逆向搜索策略，又称目标递归策略，是从问题的目标状态出发，逐级逆向推理，直到找到解决问题的起点或条件。这种方法特别适合解决具有多条可能路径的问题，尤其是在几何问题中应用广泛。

例如，以证明长方形对角线相等为例(见图 8-1)，逆向搜索策略要求从目标出发，即证明 AC=BD，然后逆向推理出需要证明的条件，如三角形 ACD 全等于三角形 BCD 等。通过这种策略，学生可以更有效地找到问题的解决方案。

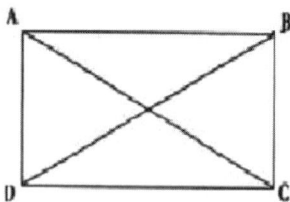

图 8-1　长方形 ABCD

3. 选择性搜索策略

选择性搜索策略是在问题解决过程中，根据已知信息和规则，选择问题的突破口，并从中获取更多信息，以逐步接近问题解决的目标。这种方法能够消除大量盲目尝试，提高问题解决的效率。

例如，在解决数学问题时，学生可以根据已知条件和定理，选择可能的解题方向，并尝试验证这些方向的正确性。通过选择性搜索，学生可以更快地找到问题的解决方案。

4. 类比迁移策略

类比迁移策略是通过将熟悉情境中的问题解决方案应用到新情境中，以解决类似问题的方法。这种策略要求个体能够识别不同情境之间的相似性，并将已有的知识经验迁移到新的情境中。

例如，在研究蝙蝠的飞行机制时，科学家可以将其与飞机的飞行原理进行类比，从而更好地理解蝙蝠的飞行方式。这种类比迁移有助于将已有知识应用于新问题，促进知识的创新和发展。

(三)产生-检验策略

产生-检验策略适用于那些可以检验有限个解决方案的问题。这种策略要求个体产生多个可能的解决方案，并通过检验来确定哪些方案能够达到目标。

例如，以解决电灯不亮的问题为例，个体可以产生多个可能的解决方案，如更换灯泡、检查开关等，并通过逐一检验来确定问题的真正原因。这种策略要求个体具备一定的知识和经验，以便能够产生有效的解决方案并进行检验。

(四)头脑风暴法

头脑风暴法是一种通过集体讨论产生大量想法和解决方案的方法。它鼓励参与者自由发表意见，不受任何限制和评判。通过头脑风暴法，个体可以集思广益，激发创新思维，从而找到更好的问题解决方案。

例如，在解决学生不敢在课堂上发言的问题时，教师可以采用头脑风暴法，邀请其他教师或学生一起讨论可能的解决方案。通过集体讨论，可以产生多种可能的解决方案，并从中选择最适合的方法。

总之，问题解决的策略多种多样，每种策略都有其适用的范围和优缺点。在实际应用中，个体应根据问题的性质和内容选择合适的策略，并结合自身的知识和经验进行问题解决。

四、影响问题解决的关键因素

(一)知识经验

在解决问题的过程中，所需的知识与经验包含以下两个层面。

(1) 是一个人拥有的知识与经验的总量。通常情况下，个人的知识与经验越丰富，他们解决问题的能力也相应更强。大多数情况下，一个人的知识与经验量主要受年龄影响。年轻人相较于年长者，其积累的知识与经验较少，这通常导致他们在解决问题时能力不如后者。

(2) 是知识与经验的质量，即通过实践活动积累的实际经验和专业知识。例如，一只熊从 P 点出发，向南走一英里，再转向东走一英里，再转向北走一英里又回到 P 点，问这只熊是什么颜色？没有相关知识的人可能会觉得这个问题很奇怪。实际上，由于地球的球状特性，在北极点出发向南走一英里后向东走一英里再向北走一英里会回到原点。北极的熊是白色的，而南极则无熊。

(二)问题的表征

问题的呈现方式是指问题在思维中的表现形式。即使具备了必要的知识和经验，如果不能正确地理解和表达问题，也无法有效解决。寻找一种有效的问题表达方式，意味着找到了一个全新的解决问题的途径。

(三)问题情境

所谓问题的情境，即问题被提出的具体环境。如果问题呈现的方式与个体已有的知识经验相近，问题的解决就较为容易；反之，若相差悬殊，则解决起来相对困难。

(四)定势

美国心理学家陆钦斯(Abraham S. Luchins)的量杯实验是一个典型例子，说明定势如何根据情境促进或限制问题解决方法的产生。关键在于使学生意识到定势的双重性，分析具体学习情境，既要利用积极的定势解决问题，也要打破僵化的定势，灵活且创造性地应对问题。

陆钦斯的量杯实验是定势影响迁移的经典案例,它深入揭示了定势在问题解决过程中的双重作用。该实验要求参与者使用不同容积的量杯(A、B、C)来测量特定量的水(D)。实验条件包括具体的量杯容量及目标水量,具体数据如表8-2所示。

表8-2　陆钦斯的定势实验

课题序列	水杯容量			所求水量
	A	B	C	
1	29	3		20
2	21	127	3	100
3	14	163	125	99
4	18	43	10	5
5	9	42	6	21
6	20	59	4	31
7	23	49	3	20
8	15	39	3	18

在实验的前五个问题中,实验组参与者通过一系列练习,发现采用三杯方法(即 D=B-A-2C)可以有效解决问题,因此形成了定势。这种定势促使他们在后续问题的解决过程中,直接将三杯方法迁移应用,从而显著提高了解题速度,使得问题看似变得更加容易解决。

然而,当实验进展到第6、7题时,实验组的参与者在定势的影响下遭遇了挑战。尽管存在更为简便的解题方法(即 A-C),但他们受限于先前形成的三杯方法定势,难以灵活转变思维,从而无法有效采用新的解题方法。这种思维僵化现象阻碍了有效经验的灵活应用,凸显了定势在特定情境下的消极影响。

与此同时,控制组的参与者则未受到三杯方法定势的束缚,他们通常采用更为直观和简单的两杯量法(A-C)来完成后两个问题。这一对比进一步突显了定势在迁移过程中的潜在限制,以及打破定势对于创造性解决问题的重要性。见表8-3。

表8-3　定势对问题解决影响的实验结果

组别	人数	用 B-A-2C 的方法的正确解答(%)	用 A-C 的方法的正确解答(%)	方法错误(%)
实验组	79	81	17	2
控制组	57	0	100	0

陆钦斯的量杯实验不仅展示了定势在促进问题解决方面的积极作用,还揭示了其可能导致的思维僵化和创造性受限的消极影响。这一实验结果为我们深入理解定势在迁移过程中的作用机制提供了宝贵的启示,同时也强调了培养灵活思维和打破固有模式的重要性。

定势在某些情况下有助于快速解决问题,节省时间和精力。但过度依赖则可能限制创新思维,阻碍有效解决问题。

(五)功能固着

功能固着是由德国格式塔心理学家卡尔·邓克尔提出的概念,指人们对物体功能的固定看法。这种固化思维限制了人们在面对新问题时的思考范围，成为解决问题的一大障碍。通过改变对物体功能的传统认知，可以更有效地解决某些问题。

例如，对于电吹风，一般人只认为它是吹头用的，其实它还有多种功能，可以作为衣服、毛巾等的烘干器；砖的主要功能是用来建筑，然而我们还可以用它来当武器、坐凳等。功能固着对解决新问题有很大的阻碍作用。人们能否改变事物的固有功能，适应解决新问题的需要，往往成为解决问题的关键。例如，心理学家梅厄(Meir)的双绳问题：他要求被试想办法把两根绳子结在一起，而这两根绳子的距离是能抓住一根就抓不住另一根的。在这个过程中，被试可以利用室内的任何物品，如图 8-2 所示。

正确的办法是将老虎钳系在一根绳上，让它做钟摆运动。接下来，被试一只手握住一根绳，另外一只手抓住随老虎钳摆动的另外一根绳，这样就可以把两根绳子结在一起了。但如果在解决这一问题之前，让被试用老虎钳连接一个简单电路，那么在上述问题解决过程中，被试使用老虎钳做摆锤的可能性就会较小。

还有一个实验，如图 8-3 所示，问题是利用给定的工具将蜡烛固定在墙壁上。对于这个问题，只有当你不仅仅把火柴盒看作是装东西的盒子，而换一个角度看成一个平台时，你才能想出解决办法。这些例子都显著地证明了，功能固着对于有效地解决某些问题存在着很大的障碍。

图 8-2　双绳问题　　　　　　　　　　图 8-3　蜡烛问题

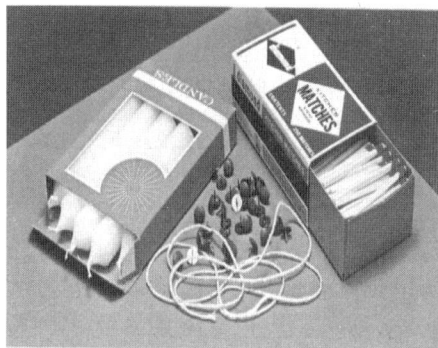

(六)动机和情绪状态

一个人的动机状态对问题的解决起着不同的影响作用。就动机的性质而言，如果一个人的动机越积极，就越具有社会价值，它对人的活动的推动力就越大，人们为解决问题进行的探索就越积极、越主动，活动效率就越高。就动机的强度而言，它对解决问题的思维活动的影响比较复杂。

(七)个性差异

人的个性特征如理想追求、意志力、勤奋程度、情绪稳定性和创新能力等，均影响问题解决的效率。相反，缺乏动力、情绪不稳、自满和保守等特质可能会阻碍问题的解决。

(八)人际关系

在社会中，个人解决问题不仅受到自身心理因素的影响，还受到与他人关系的影响。

团体合作和相互帮助能加快问题的解决,而互不信任和紧张的人际关系则会阻碍问题的解决。

五、提升小学生问题解决能力的训练策略

为了培养小学生的问题解决能力,教师可以深入理解和掌握问题解决的常规步骤,并巧妙地将其融入日常教学中。问题解决通常包含以下四个关键步骤。

(1) 接纳问题,明晰目标,恰当表征。在问题解决的初始阶段,教师需引导学生积极接纳问题,并帮助他们做好心理准备。面对复杂多变的问题,学生往往会出现两种极端心理:一种是畏难情绪,对于难度较大的问题感到无所适从;另一种则是轻视问题,草率地认为问题简单易解。因此,教师需要通过鼓励和引导,帮助学生克服这些心理障碍,以平和的心态去面对问题。

同时,教师还要指导学生进行审题,即分析已知条件、限制条件以及求解目标。通过反复核对和思考,使学生能够明确问题的核心和关键,为后续的问题解决奠定基础。

(2) 构建假设,提出解决方案。在明确了问题的目标和已知条件后,教师需引导学生构建解题假设。假设是基于对问题的深入分析和理解,以及对已有知识的运用和整合而提出的解题思路或策略。教师应鼓励学生多角度、多层面地思考问题,提出多个可能的假设,并通过讨论和比较,选择出最有可能获得预期结果的假设。

(3) 实践操作,验证假设的有效性。在确定了解题假设后,学生需要根据假设和已知条件,运用所学知识和技能,采取实际行动来验证假设的有效性。在这一阶段,教师应给予学生充分的指导和支持,帮助他们克服在操作过程中可能遇到的困难和挑战。同时,教师还要引导学生学会变通已有的知识结构,避免受到定势作用和功能固着等心理因素的影响。

(4) 反思与评价,提升问题解决能力。当学生通过实践操作验证了假设的有效性并获得解题结果后,教师需要引导他们进行反思和评价。这包括对解题过程的回顾和总结,对解题策略的评估和改进,以及对解题成果的检验和修正。通过反思和评价,学生可以更深入地理解问题解决的本质和规律,进一步提升自己的问题解决能力。

对于教师而言,培养学生自觉检查、评价解题结果的学习习惯是十分重要的。这不仅可以帮助学生及时发现和纠正错误,还可以促使他们不断调整和优化自己的解题策略,从而逐渐形成一种高效、准确的问题解决能力。

第二节 创造性思维及其培养

创造力是问题解决能力的最高表现,培养学生的创造力和创造精神是教育所追求的重要目标之一。创造力的核心内容就是创造性思维。

一、创造性思维

创造性思维是指人们运用新颖的方式解决问题并产生独特的、有社会价值的产品的思

维过程。新理论的提出、新技术的发明、文学作品的创作等都属于创造性活动。在人类的创造性活动中，一般有以下两种情况。

(1) 真创造。真创造是指产生了独创性成品的活动，这种独创性成品在人类历史发展过程中是首创的。

(2) 类创造。类创造是指成品在人类历史上并非首创，但对个人而言，其成品具有独创性。

例如，高斯在少年初期就独立地发现了计算 $1+2+\cdots+100$ 的简单方法，表现出了一种新颖独特的创造性思维能力。但这种能力只能称之为类创造，这与其成年后提出"高斯定理"的思维能力虽然没有本质区别，但毕竟用首尾相加的办法计算连续正整数之和，在高斯之前就有人提出过。因此，提出"高斯定理"才是真正的创造活动。

从实践上看，人类的创造活动往往表现在青少年阶段。在"类创造"中培养出来的能力和良好的个性品质，可以为以后在工作和事业中进行"真创造"打下良好的基础。

独特性指的是与众不同或前所未有的意思，它是创造性思维的主要特征之一。然而，具有独特性的产物不一定都是创造，还要看它是否有社会价值。精神病人的胡言乱语是独特的，但不能称之为创造。某种产物不仅要具有独特性，而且要符合客观规律，才具有社会价值。

二、创造性思维的特点

创造性思维的特点

创造性思维是人类在解决问题或创造新事物时表现出的独特思维方式。它不仅遵循一般思维的规律，还具有一系列鲜明的特征。这些特征共同构成了创造性思维的核心，使其在人类活动中发挥着重要作用。下面将从六个方面详细阐述创造性思维的特点。

(一)新颖性

与一般思维活动相比，创造性思维最突出的特征是与创造性活动联系在一起，其思维结果具有新颖性。创造性思维不仅要遵循一般思维活动的规律，而且要另辟蹊径，超越甚至否定传统的思维模式，冲破原有观念的束缚，提出具有重大社会价值、前所未有的独特的思维成果。

(二)敏感性

敏感性是指具有及时把握独特新颖观念的能力。创造性观念的把握要求我们具有敏锐的感受性。独特新颖观念就如歌德所说，"像一位陌生的客人"来到思想者身边，思维的敏感性就是捕捉这位"陌生的客人"的能力，富有创造力的人通常具有高度的思维敏感性。

(三)突破性

突破性是指突破习惯性思维方式，开创不同方向的能力，即摆脱思维定势的影响。富有创造力的人的思维比一般人的思维更具发散性，思考的途径多，范围广；而缺乏创造力的人的思维通常局限于单一方向，因而缺乏灵活性。

(四)艰苦性

创造是解决前人没有解决的问题，因此没有现成的答案，必须通过刻苦、艰辛的努力，才能找到解决问题的答案。翻开科学发展史，我们可以清楚地看到，每一项发明创造都凝聚着一代甚至是几代人的心血与成果。

(五)流畅性

流畅性是指在一定时间内产生观念的数量。在规定时间内产生的观念越多，思维流畅性越大；反之，则缺乏流畅性。在这一类测验中，最著名的是吉尔福特(J. P. Guilford，美国著名心理学家)编制的南加利福尼亚大学创造力测验和托兰斯编制的托兰斯(E. P. Torrance，美国心理学家和教育学家)创造性思维测验。

(六)灵感状态

灵感状态是创造性思维的典型特征之一。灵感是指人在创造性活动中出现的认知飞跃的心理状态，是人在集中全部精力解决问题时，因偶然因素的触发而突然出现的顿悟现象。在灵感状态下，人们的注意力高度集中，大脑处于高度兴奋状态，将全部精力投入到创造性活动的对象上。此时，人的创造欲望特别强烈，创造意识十分敏锐，思维活动极为活跃，往往伴随着情绪的紧张与亢奋，对创造活动的对象充满着激情。灵感并不是个体的心血来潮，而是在长期的创造性思维活动的基础上出现的认知飞跃，是人的主观能动性和积极精神力量的集中体现，若没有个体巨大的劳动作为基础，则不可能有灵感出现。

三、创造性思维的基本过程

关于创造性思维过程的研究，主要是通过对创造发明者的自述或科学家、艺术家的日记、传记等材料的分析完成的。英国心理学家华莱士(G.Wallas)提出了创造性思维的四阶段说：准备期、酝酿期、豁朗期和验证期。

(一)准备期

指创造活动前，积极搜索有关资料和信息，筛选与问题有关的观念，积累有关知识经验，为创造做准备的时期。通常准备期要花费较长时间，能否实现创造取决于准备时间的长短和对前人所积累的有关同类问题的知识经验的掌握。

(二)酝酿期

指在积累一定知识经验的基础上，在人脑中对问题和信息资料进行周密细致的探索和深刻的思考，以力图找到解决问题的途径和方法。这个阶段从外表上看并没有明显的外部活动，创造者的观念仿佛处于"冬眠"状态，有时还搁置对问题的思考，从事其他事情；但实际上，潜意识和意识的思维活动在断断续续地涌动着，有时会在一些无关活动中受到启发，使问题得到创造性解决。这个阶段的最大特点是潜意识的参与，虽然有些问题百思不得其解，只能搁置一旁，但潜意识的思索并未停止，正在搜集灵感和可能的解决方案，一旦酝酿成熟，答案就会脱颖而出。

(三)豁朗期

指新思想、新观念、新形象产生的时期，又叫灵感期。经过酝酿期之后，灵感常常因无意中遇到某种情境而使解决办法突然明朗起来。获得灵感的经典例子是伟大的希腊科学家阿基米德解决测定王冠含金量的问题。据记载，国王购买了一顶华丽的王冠，想知道王冠是不是纯金的。阿基米德接受了这项艰巨的任务，但反复思考不得其解。一天他在洗澡时发现，他的身体排出的水量等于排出水的体积。他立刻想到，如果把王冠浸没水中，它将置换出同体积的水，由此便可确定王冠是不是纯金的。阿基米德就是在灵感突然闪现的一瞬间解决了这个问题。

(四)验证期

验证期是对豁朗期出现的新思想、新观念进行验证、补充和修正，使其趋于完善的阶段，也是对整个创造过程的反思阶段。在这个阶段，经过理论和实践的多次反复论证和修改，无数次的汰劣存优，创造性活动获得了圆满的结果。如果验证失败，则问题仍未得到解决，需要返回到前面的准备期或酝酿期。验证阶段既可以采取逻辑推理的方式进行，也可以通过实验或实践活动检验所获得的创造性成果。

四、影响创造性思维的因素

(一)个体内部因素对创造力的影响

创造力并非凭空产生，而是受多种因素的影响。这些因素既包括外部环境，也包括个体内部的心理特征。在个体内部，动机、人格和智力等因素相互作用，共同塑造了创造力的发展途径。理解这些内部因素的作用机制，对于培养和激发创造力具有重要意义。

1. 动机对个体创造力发展的影响

动机是推动个体进行创造性活动的内在驱动力。当个体感受到某种需求或渴望时，会自然而然地产生满足这些需求的动机，并引发相应的行为。在创造过程中，这一机制同样适用。只有当个体具备创造新产品的强烈动机时，创造行为才能得以有效执行。

例如，人类语言的诞生，便是在社会进化的推动下，为了更好地满足交流需求而逐渐形成的。同样，文字的产生也是源于人们希望将先辈的经验和智慧传承给后代的强烈愿望。在我国古代，尽管人们的劳动经验和生产知识主要是通过口头传授，但随着经验的积累，人们发现使用符号记录可以更加高效地传递信息，于是结绳记事等记录方式应运而生。

因此，动机是创造力发展的关键因素之一。当个体在心理或生理层面产生需求时，会尝试通过各种途径来满足这些需求。由于人类需求的多样性和复杂性，个体的动机也呈现出多样性和复杂性的特点。创造力动机作为众多动机中的一种，对于推动个体进行创造性活动具有不可替代的作用。

2. 人格对个体创造力发展的影响

创造力是一种综合能力的体现，它涵盖了知识、智力、能力等多个方面。然而，这些能力的发挥往往受到个体人格特质的深刻影响。一个拥有优秀人格特质的个体，即使具备渊博的知识和非凡的智力，也不一定能够充分展现其创造力。

正如爱因斯坦所言，性格的伟大在很大程度上决定了智力成就的高低。因此，从某种意义上说，创造力的发展是以优良的人格素质为支撑的。

创造人格是指那些能够促进个体创造活动的人格特质。这些特质通常与高水平的创造活动和高创造性的问题解决能力密切相关。创造人格的特点表现在多个方面，如好奇、持之以恒、自信、热情、敏锐的观察力以及独到的见解等。这些特质使得个体在面对创造性问题时能够保持积极的态度和持久的动力，从而有效地推动问题的解决。

然而，值得注意的是，并非所有个体都能充分发挥其人格特质在创造力发展中的作用。因此，我们需要对创造性人格的特点进行深入分析，以便更好地理解其对创造力发展的影响机制。

3. 智力对个体创造力发展的影响

尽管智力并非创造力的唯一决定因素，但它仍然是创造力发展的重要基础。较高的智力水平有助于个体更好地理解和分析问题，从而提出更具创新性的解决方案。此外，智力还能帮助个体在创造过程中保持清晰的思维和有效的决策能力。

综上所述，动机为创造力提供了内在驱动力，人格特质塑造了创造力的表现方式，而智力则为创造力奠定了认知基础。然而，创造力的发展并非单一因素作用的结果，而是多种因素相互交织、共同作用的过程。因此，在培养创造力的实践中，我们需要综合考虑这些内部因素，通过激发动机、塑造优良人格、提升智力水平等，为创造力的发展创造更加有利的条件。

(二)环境因素对创造力的影响因素

环境因素在个体创造力的形成与发展中扮演着重要角色。其中，家庭和学校作为儿童成长的两大核心环境，对创造力的培养具有深远的影响。接下来，我们将分别探讨家庭与学校环境如何通过不同方式影响着创造力的发展。

1. 家庭与儿童创造力教育

正如德国著名教育家福禄贝尔(Friedrich Fröbel)所言："家庭生活在儿童的每一个阶段，甚至在人的整个生命历程中，都占据着无可替代的重要地位。"家庭不仅是儿童个性与社会性发展的关键场所，更对其认知功能，特别是创造力的培养，产生着深远的影响。近年来，大量研究表明，适时且科学的早期家庭教育对于激发和促进儿童创造力的发展具有显著效果。此外，家庭环境、教育方式以及家长的期望与关注等因素，都与儿童创造力的培养息息相关。

1) 早期教育的影响

研究表明，人的大脑中大约拥有 140 亿个神经细胞，这些细胞在 5 岁左右时大部分已形成，各项功能也趋于完善。然而，通常人的大脑仅利用了这些神经细胞所具备的巨大潜力的四分之一，甚至有人高达 90%以上的大脑神经细胞未被充分利用和开发。因此，儿童的大脑神经细胞潜力惊人，若能在良好的环境和合理的教育条件下得以开发，其巨大的潜能便能被充分激发。

2) 家庭气氛与教养方式对创造力的影响

研究表明，家庭气氛融洽、民主，子女往往表现出自信、思维敏捷等特质；反之，家庭气氛紧张、专制，子女则可能显得自卑、孤僻。这种家庭气氛对子女创造力的影响不容忽视。

美国心理学家罗杰斯提出的"心理安全"和"心理自由"理论，与家庭气氛对儿童创造力的影响相吻合。在和睦、民主的家庭气氛中，儿童感到安全自在，能够无拘无束地探索和创新，这有助于创造力的发挥。相反，紧张的家庭气氛可能导致儿童产生焦虑和心理压力，从而抑制其创造力的发展。

3) 家长期望与关注对创造力教育的影响

美国心理学家费特莫尔(David Feldman)明确指出，家长对孩子的期望与其创造力的提升之间存在着紧密的联系。他强调，即便孩子的初始表现不尽如人意，只要家长怀有高度的期望，他们仍然会不遗余力地为孩子提供各种机会，并通过积极的鼓励来肯定孩子每一点微小的进步。这种持续的支持和肯定不仅有助于孩子的全面发展，而且往往能使他们最终达到甚至超越家长的预期。

这一现象正如某些研究所揭示的那样，家庭环境中同样存在着"皮格马利翁效应"。通过日常言行和举止的微妙暗示与感染，父母让孩子逐渐意识到自己在他们心中的重要性和特殊性，进而激发孩子形成较高的自我期望，并产生强烈的成就动机。而成就动机，作为一种直接指向活动结果的内在动力，对于个体在创造性活动中的表现起着至关重要的作用。

作为教师，特别是小学教师，我们应该充分认识到家长期望与关注在创造力教育中的重要作用。通过加强与家长的沟通和合作，共同为孩子创造一个充满期望和关注的学习环境，我们可以更好地激发孩子的创造潜能，促进他们的全面发展。

2. 学校环境与儿童创造力教育

相较于家庭环境，学校环境在儿童创造力教育过程中具有更为重要的地位。学校教育作为一种有目的、有组织、有系统的教育活动，在影响儿童创造力发展和潜能开发方面发挥着主导作用。

1) 教师与儿童创造力教育

教师是学校教育工作的具体执行者和引导者。教师的职业道德、专业知识、教学能力以及创造性等特质，都对儿童创造力教育产生着深远影响。在教学过程中，教师的教学方法和态度往往决定了儿童的学习效果和创造力发展。

研究表明，教师的民主作风有助于营造积极的课堂氛围，激发学生的学习兴趣和创造力。相反，专制作风可能导致学生对教师产生不满和反感，抑制其创造力的发挥。因此，教师应注重培养自己的民主作风和创造性，以更好地促进儿童创造力的发展。

2) 课堂气氛与儿童创造力教育

课堂气氛是学校教育环境中的重要组成部分，它直接影响着学生的学习情绪和创造力发展。积极、和谐、愉快的课堂气氛有助于激发学生的思维活跃性和创造性，而消极、压抑的课堂气氛则可能抑制学生的创造力发挥。

因此，教师应努力营造积极、和谐的课堂氛围，尊重学生的个性和差异，鼓励他们大胆发表自己的见解和想法，以促进其创造力的发展。

3) 同伴关系与儿童创造力教育

同伴关系是儿童在学校环境中不可忽视的一种人际关系。良好的同伴关系可以为儿童提供情感支持和社交经验，有助于培养他们的合作精神和创造力。通过与同伴的交流与合作，儿童可以相互启发、相互学习，共同解决问题和创造新事物。

然而，同伴关系也可能对儿童的创造力发展产生负面影响。例如，同伴之间的压力和竞争可能导致儿童过于关注他人的评价而忽视自己的内心需求和创造力发挥。因此，教师应关注儿童的同伴关系状况，引导他们建立积极、健康的同伴关系，以促进其创造力的发展。

(三)社会与儿童创造力教育

人是社会的人，自出生之日起，我们便置身于特定的社会环境之中。这种环境构成了儿童心理发展成熟的重要背景，对儿童的创造力发展具有不可忽视的影响。社会文化在塑造儿童创造力方面尤为显著，因此，社会教育也逐渐成为现代儿童创造力教育领域中备受瞩目的焦点。

1. 社会文化因素对儿童创造力发展的作用

诸多研究已证实，社会文化因素与儿童创造力发展之间存在着紧密的联系。美国心理学家保罗·托伦斯(Paul E. Torrance)在其跨文化研究中，深入探讨了美国、澳大利亚、印度、德国等不同国家儿童的创造力发展情况。他发现，尽管文化背景各异，但这些国家的儿童在创造思维独创性的发展上都呈现出相似的趋势。特别是在 5 岁、9 岁、13 岁和 17 岁这几个关键年龄阶段，儿童的创造力发展都出现了短暂的停滞或下降。

具体而言，在这些特定的年龄阶段，儿童往往需要面对一系列新的挑战和变化，如升学压力、社会角色的转变以及新环境的适应等。这些变化往往导致儿童原有的文化环境和认知结构受到冲击，进而影响他们的创造力发展。

2. 社会教育与儿童创造力教育的融合

社会教育是学校教育与社区、家庭教育相结合的一种综合性教育形式，它在儿童创造力教育中扮演着不可或缺的角色。如果说学校教育是儿童创造力教育的内在驱动力，那么社会教育则是其外在环境的重要支撑。

社会教育的发展水平与一个国家的文明程度息息相关。在原始社会和封建社会时期，由于社会文明程度较低，社会教育水平也相应有限，相关的教育机构和形式相对较少。然而，随着现代社会的到来，社会教育得到了迅猛的发展。

总之，社会与儿童创造力教育之间存在着密切的关系。通过深入了解社会文化因素的作用以及加强社会教育与学校教育的融合，我们可以为儿童创造一个更加有利于创造力发展的环境，从而激发他们的创新潜能，并推动社会的持续进步。

五、创造性思维的培养

创造性思维是推动个体创新与进步的核心能力，其培养需要从多个维度入手，结合心理学、教育学等领域的理论与实践，形成系统化的培养策略。以下将从激发学习动机、改变传统观念、培养思维能力和塑造心理环境等方面，全面探讨创造性思维的培养路径。

(一)激发学习动机，培养学习兴趣和求知欲

学习动机作为驱动学习主动性与积极性的关键力量，无疑是发展创造性思维不可或缺的基石。研究表明，缺乏学习主动性与积极性的人，其创造性思维能力的培养与发展将面临巨大的挑战。因此，对于小学教师而言，首要任务便是激发学生的学习动机，培养他们的学习兴趣和求知欲。

兴趣是激发学生深入探索与学习的强大动力。当学生对某一事物产生浓厚兴趣时，他们会主动投入精力去钻研、思考问题，并坚持不懈地探索其中的奥秘。这种对知识的渴望与追求，正是发展创造性思维能力的关键所在。

求知欲是激发学生创造性思维活动的另一重要因素。一个求知欲旺盛的学生，不会满足于现成的答案或书本上的结论，而是会积极地去思考、探索新的解释和答案。在这个过程中，他们容易发现新的知识点，甚至可能创造出前所未有的新事物。

为了培养学生的求知欲，教师可以为他们创造一个充满变化与新意的学习环境，鼓励他们积极提出问题并寻求答案。同时，教师还可以通过设置具有挑战性的问题或任务，引导学生深入思考、探索，从而激发他们的创造性思维。

(二)改变传统的评定成绩观念，创设良好的环境，鼓励学生进行创造

传统的评定学生学习成绩的观念往往强调死记硬背和应试能力，导致学生在固定答案的圈子中思考问题，思维变得僵化。为了培养学生的创造性思维，教师应摒弃这种传统的评定观念，转而关注学生的独立思考能力和创新精神。

在教学过程中，教师应鼓励学生自主发现问题、分析问题和解决问题，而不是直接灌输知识。教师的角色应是启发者、协助者和鼓励者，帮助学生建立独立思考的能力。同时，教师还应尊重学生的独特见解和创造性答案，不要预设是非对错的绝对标准。

此外，创造性思维的发展受环境的影响较大。因此，教师应努力为学生创造一个宽松、民主、自由的学习环境，允许学生标新立异、偏离常规。在这种环境中，学生可以自由地表达自己的想法和观点，不用担心受到批评或指责。

为了构建这样的教学环境，教师可以采取多种教学策略。例如，可以组织学生进行小组讨论或合作学习，鼓励他们相互交流、分享观点；还可以开展项目式学习或问题式学习等活动，让学生在解决实际问题的过程中锻炼创造性思维。

(三)培养学生的发散思维和聚合思维的能力

发散思维和聚合思维是创造性思维的两大核心能力。发散思维强调对问题提出新颖独特的见解，而聚合思维则注重将不同观点和信息整合起来形成结论。为了培养学生的这两种思维能力，教师可以采取以下措施。

(1) 教师可以通过设置开放性问题或任务来引导学生进行发散思维训练。例如，在数学教学中，可以鼓励学生尝试多种解法来解决问题；在作文教学中可以让学生从多个角度思考并写出不同风格的文章。

(2) 教师可以通过引导学生进行归纳总结、提炼精华等活动来培养他们的聚合思维能力。在教学过程中，教师可以定期组织学生回顾所学内容并进行总结概括；还可以让学生将所学知识应用到实际生活中去解决问题。

(3) 教师还可以利用一些专门的思维训练工具或方法来帮助学生提高发散思维和聚合思维的能力。例如，可以通过头脑风暴法、思维导图、六顶思考帽等工具，系统地训练学生的思维逻辑性、灵活性和创新性。

(四)头脑风暴法

头脑风暴法是一种激发集体智慧的有效方法，可以帮助学生产生大量的新想法和解决方案。在运用头脑风暴法时，教师应遵循推迟判断、广开思路的原则，鼓励学生大胆提出自己的想法和观点。

同时，教师还可以引导学生对提出的想法进行筛选、优化和整合，形成更具可行性和创新性的方案。在这个过程中，学生不仅可以锻炼自己的创意思维能力，还可以学会如何与他人合作、沟通与交流。

(五)远距离联想

距离联想能力是创造性思维的重要组成部分，它要求学生能够在看似不相关的概念之间建立联系并产生新的想法。为了培养学生的这种能力，教师可以设计一些有趣的练习或游戏来引导学生进行远距离联想训练。

例如，教师可以给出一个词语或概念，让学生尽可能多地联想出与之相关的词汇或概念；还可以让学生通过绘制思维导图来展示他们之间的关联和联系。这些活动不仅可以帮助学生拓展思维边界、提高联想能力，还可以激发他们的创意思维和想象力。

(六)类比推理

类比推理是一种通过比较不同事物之间的相似性来发现新关系和新想法的思维方式。为了培养学生的类比推理能力，教师可以引导学生观察身边的事物并寻找它们之间的相似性；还可以让学生通过阅读或观看一些具有启发性的案例来学习如何运用类比推理进行创造性思考。

在教学过程中，教师还可以结合具体的教学内容来设计一些类比推理的练习或活动。例如，在语文教学中，可以让学生比较不同文章的风格和表达方式；在科学教学中，可以让学生探索不同领域之间的相似性和联系。这些活动不仅有助于提高学生的类比推理能力，还可以促进他们对知识的深入理解和应用。

(七)形成和发展"心理安全"

美国心理学家罗杰斯在 1959 年提出，培养学生的创造力，关键在于营造一个充满"心理安全"与"心理自由"的氛围。这是因为，创造性活动在本质上往往显得与众不同，在常规视角下可能被视为"异常"。因此，富有创造力的人必须在心理上感到"自由"和"安全"。其中，"心理自由"常常是"心理安全"的自然结果。

根据罗杰斯的理论，心理自由的人通常具备以下特质。

(1) 他们能够坦然接受并展示真实的自我，不惧怕被他人嘲笑或奚落。

(2) 他们能够自如地表达自身的冲动和思想，无需压抑、扭曲或隐瞒。

(3) 他们能够以幽默而独特的方式处理印象、概念及词句，而不会感到愧疚。

(4) 他们将未知和神秘视为值得挑战或探索的机遇，而非恐惧或逃避的对象。

(八)培养优良的个性

创造性思维的发展，不仅与智力因素息息相关，还与非智力因素和个性特点紧密相连。实验研究显示，创造力强的儿童通常具备以下特质：强烈的责任感、充沛的热情、坚韧不拔的毅力、勤奋好学的精神、丰富的想象力、较低的依赖性、热爱自学、勇于克服困难、敢于冒险、好奇心旺盛，以及他们还能进行自我观察，展现出较强的独立性和广泛的兴趣爱好，喜欢深入思考，不盲从他人。因此，为培养学生的创造力，我们需结合教学实际，着重培养他们的独立性、勤奋、自信及持之以恒等优良个性品质。

(九)学会捕捉灵感

灵感是创造性劳动过程中酝酿已久后突然涌现的宝贵产物。它并非天外来物，也非心血来潮或偶然所得的灵感一现。俄国作曲家柴可夫斯基曾言："灵感是一位挑剔的客人，它不愿光顾懒惰者的门槛。"

灵感的产生往往依赖于良好的精神状态和乐观的心态。根据英国科学家贝弗里奇的研究，灵感常常在紧张工作一段时间后，当注意力转移至休闲活动时悄然降临；鲜少有科学家是通过吸烟、饮酒等消极方式激发灵感的。因此，我们应学会在日常生活中保持积极乐观的心态，以便更好地捕捉那些稍纵即逝的灵感火花。

本章小结

本章主要讨论了问题解决和创造性思维的培养。首先，定义了问题及其类型划分，并详细解析了问题解决的步骤与策略，同时指出了知识经验、问题的表征、问题情境等多种因素对问题解决的影响。其次，探讨了提升小学生问题解决能力的训练策略。最后，介绍了创造性思维的概念、特点和基本过程，分析了影响创造性思维的各种因素，并提出了培养创造性思维的具体方法。通过这些内容的阐述，本章旨在帮助读者深入理解问题解决的过程和提升创造性思维的策略。

思考题

(1) 请简述梅耶关于问题构成的三个主要成分，并解释每个成分的含义。

(2) 问题解决的阶段有哪些？请分别解释杜威的五步问题解决模式和我国心理学家的问题解决四阶段论。

(3) 问题解决的策略有哪些？请简要说明其中至少三种策略的具体内容。

(4) 影响问题解决的关键因素有哪些？请列举并简要解释其中三个关键因素。

(5) 创造性思维的特点是什么？请列举并简要说明其中三个特点。

(6) 创造性思维的培养有哪些有效方法？请列举并简要描述其中三种方法的具体实践。

第九章　小学生的学习策略

📖 **本章学习目标**

➢ **知识目标**：掌握学习策略获得的主观条件；理解学习策略的定义，理解学习策略获得的客观条件，理解元认知策略在小学教学中的应用方法；了解认知策略的主要类型。

➢ **能力目标**：分析并判断不同学习策略在不同学习情境下的适用性；能够根据实际学习需求选择合适的学习策略以提高学习效率和效果；运用复述策略、精加工策略和组织策略有效促进知识的记忆；运用元认知策略，对自己的学习过程进行计划、监控和调节，培养自主学习能力。

➢ **素质目标**：增强学生的自主学习意识和能力，培养他们的终身学习能力；提高学生的思维品质和创新能力，促进他们的全面发展；引导学生形成积极的学习态度和习惯，培养他们乐于学习、善于学习的品质。

重点与难点

➢ **重点**：学习策略的定义、特征和分类；复述策略和精加工策略的具体方法和应用。
➢ **难点**：元认知策略(计划策略、监控策略、调节策略)在小学教学中的实际应用。

引导案例

记忆小达人

　　小明在学校的学习表现一直不尽如人意，尤其在语文和英语单词的记忆上显得特别吃力。老师发现，小明在课堂学习中经常分心，对于新学的内容很快就遗忘，尤其是对于一些需要记忆的人名、地名和单词等。家长也反映，小明在家里复习作业时，往往花费大量时间但收效甚微。

　　经过观察和了解，老师发现问题的部分原因，①小明在学习过程中容易受到外界环境(如电视声音、家人谈话声)的干扰；②小明没有形成有效的学习和记忆方法，对所学知识进行加工处理的方式较为单一；③由于反复遗忘，小明对学习产生了一定的抵触和消极情绪。

　　为了帮助小明提高学习效率，老师根据认知策略的理论，采取了以下方法。

　　(1) 排除干扰。与家长合作，为小明创造一个安静的学习环境，尽量减少学习时的外部干扰。教育小明学会自我管理，识别并减少内部干扰，比如教他如何在学习前做简单的放松练习，集中注意力。

　　(2) 科学复习。引入间隔重复法，帮助小明制定复习计划，让学习内容得到适时回顾，避免一次性长时间的无效学习。合理使用闪卡、思维导图等工具，使复习更加多样化，刺激不同的记忆路径。

(3) 过度学习与自动化。通过适当的过度学习(如额外 50%的学习量)，增强记忆的稳定性，使知识点更牢固地存储于长期记忆中。鼓励通过大量操练，将基本知识和技能逐渐转化为自动化的行为模式，减轻认知负担。

(4) 多感官协同活动。利用视觉、听觉和动手操作相结合的方式，如在背单词时，既听发音又看拼写，甚至尝试自己写出来，加深记忆。

(5) 积极的心向、态度和兴趣。通过游戏化学习、小组竞赛等方式激发小明学习的兴趣和动力，逐步转变其对学习的消极态度。定期给予积极反馈和适当奖励，增强自信心和成就感。

经过一段时间的实施，小明在学习态度和效率上有了明显的改善。他学会了如何有效利用各种认知策略来优化自己的学习过程，记忆能力得到加强。老师和家长继续密切关注小明的进步，同时调整教学策略以适应他的个性化需求。

(资料来源于本书作者的工作日记)

第一节　学习策略的概述

在探讨教育心理学和学习心理学的领域时，我们不可避免地要关注一个对学生成效至关重要的元素——学习策略。尽管这一概念的重要性已被广泛认识，但关于学习策略的系统性研究却是在 1956 年由美国杰出的认知心理学家布鲁纳(J. S. Bruner)发起的人工概念研究之后才真正启动。从那时起，"学习策略"这一术语在学习心理学中逐步形成、确立并得到了广泛应用。

一、学习策略的内涵

学习策略作为教育心理学的重要研究领域，其内涵随着研究的深入而不断丰富。国内外学者从不同视角对学习策略进行了探讨，形成了多样化的理论观点。以下分别从国外和国内的研究视角，梳理学习策略的内涵与界定。

(一)国外关于学习策略的研究

自 20 世纪后半叶起，国外对学习策略的研究应运而生，成为心理科学持续进步的结晶。随着现代心理学对人类内在世界的深入剖析，人们逐渐揭开了心理"黑箱"的神秘面纱，认识到人脑的学习机制是可探索的科学领域。美国心理学家布鲁纳在其人工概念研究的里程碑式贡献中，首次引入了"认知策略"的概念，为心理学界，尤其是教育心理学领域开辟了新的研究视角。随后，纽厄尔(Newe)、肖(Shaw)与西蒙(Simon)通过计算机模拟，成功模仿了问题解决策略，从而正式确立了学习策略的概念，这一突破激发了心理学界，特别是教育心理学界的浓厚研究兴趣。

关于学习策略的界定，国外学术界尚未形成统一共识，但存在几种主流观点。

1. 内隐规则视角

美国丹佛(Duffy)等学者将学习策略视为内隐于心的学习规则，强调了其内在性和不易察觉的特点。

2. 信息加工过程视角

美国学者琼斯(Jones)、艾米伦(Amiran)、凯蒂姆斯(Katims)等认为学习策略是涉及信息编码、分析及提取的智力活动或思维步骤；瑞格尼(Rigney)、丹塞雷(Dansereau)及梅耶(Mayer)等则进一步阐述，学习策略是促进知识获取、保存、提取及信息有效利用的一系列过程或步骤，强调其作为信息加工活动的核心作用。

3. 具体技能视角

美国加涅(Gagne)、奈斯比特(J.Nisbet)及舒克史密斯(J.Shueksmith)等学者将学习策略视为学生调节自身注意力、记忆、思维等心理过程的技能，或是选择、整合、应用学习技巧的操作程序，凸显了学习策略作为具体技能的外显特性。

4. 综合视角

美国学者温斯坦(Weinstein)与斯腾伯格(Sternberg)等则提出，学习策略是学习方法与学习监控的有机结合，既包含执行的调控技能，也涵盖非执行的学法技能，这一观点全面融合了学习策略的内隐性与外显性特征，认为学习策略是两者的和谐统一。

综上所述，学习策略既非纯粹的内隐规则，也非单纯的外显技能，而是内外兼修、相辅相成的综合体。其内隐的学习规则系统和调控机制虽深藏不露，但外显的学习方法技巧执行过程却清晰可见，共同构成了学习策略这一复杂而精妙的学习艺术。

(二)我国学者对学习策略的界定

回溯我国古代，虽未直接提及"学习策略"一词，但相关论述却屡见不鲜。孔子"学而不思则罔，思而不学则殆"的论断，深刻揭示了学习与思考相辅相成的学习策略；而"知之为知之，不知为不知，是知也"则体现了对自我认知水平的清醒认识，即元认知策略的重要性。《学记》中的"学然后知不足，教然后知困……"更是展现了元认知策略在教育教学过程中的积极作用。

尽管我国古代不乏学习策略的思想火花，但系统的学习策略研究直至 20 世纪 70 年代才方兴未艾，且国内对于学习策略的界定亦存在多元视角。

首先，学习策略被视为学习方法和技巧的集合。史耀芳(1991)等学者认为，学习策略是学生在追求学习目标过程中，有意识调控学习环节的操作流程，是认知策略在学习实践中的具体展现，常表现为具体的学习方法和技巧。

其次，学习策略被看作是对学习过程的监控与调节机制。李雁冰、魏声汉(1992)等强调，学习策略涉及在元认知指导下，根据学习情境的变化，灵活调整学习方法与策略的内部活动。

最后，学习策略是学习方法与调控过程的有机统一体。胡斌武(1995)、刘电芝(1997)等认为，学习策略是学生在元认知驱动下，根据学习情境特点，灵活选择并调控学习方法，以实现高效学习的综合手段，它既是内隐的规则体系，也是外显的操作流程。

综上所述，国内外关于学习策略的定义虽各有侧重，但均强调了其作为实现有效学习目标的综合性策略，融合了规则、方法、技巧及调控方式等多方面要素。这些观点共同丰富了我们对学习策略的理解，为教育实践提供了宝贵的理论指导。

二、学习策略的特征

通过以上阐述，我们知道学习策略是学生为了提高学习的成效与效率，有目的和有意识地制定的一系列复杂方案。这揭示了学习策略的四个关键特点。

(1) 学习策略是学生为了实现学习目标而主动采用的。这通常涉及有意识的心理过程，其中学生分析学习任务及自身特质，基于这些分析结果制定相应的学习计划。

(2) 学习策略对于实现有效学习来说是必不可少的。策略的本质在于其对效果和效率的关注。举例来说，记忆一系列英语单词，如果仅依赖于反复朗诵，虽然经过足够时间最终能够记住单词，但这样的记忆往往不牢固且持续时间短暂；相反，采用分散复习或是尝试背诵的方法则可以显著提升记忆的效果与效率。

(3) 学习策略关注的是整个学习过程。它规定了在学习过程中应该做什么、不应该做什么，先进行哪些活动、后进行哪些活动，以及如何进行等具体问题。

(4) 学习策略实际上是一种由学生制定的学习计划，由一系列的规则和技能组成。虽然严格来说，每次学习活动的计划都是独特的，但在相同类型的学习中往往存在一些基本共通的方案，如阅读策略等，这些都是构成学习策略的基本元素。本质上，学习策略是一种程序性知识，是由规则系统或者特定技能构成的组合，代表了学习技巧或学习技能的综合体现。

三、学习策略获得的条件

学习策略获得的条件

从现代知识观的角度来看，学习策略隶属于知识的范畴，特别是程序性知识。与所有知识一样，学习策略的获得并非偶然，而是受到一系列主观条件和客观条件的制约。接下来，我们将从主观条件和客观条件两个角度深入剖析这些关键因素。

(一)学习策略获得的主观条件

1. 学生的年龄特征

学生的年龄是影响学习策略获得的重要因素。不同年龄段的学生，在学习策略的掌握和运用上表现出显著的差异。总体来说，随着年龄的增长，学生对学习策略的掌握和运用能力逐渐增强。例如，有研究表明，年幼的儿童在记忆任务中可能更依赖简单的复述策略，而随着年龄的增加，他们开始能够运用更复杂的组织策略，如分类或联想记忆。在成长过程中，儿童在学习策略的运用上表现出更加成熟和灵活的特点。例如，他们能够更加自觉地调整学习策略以适应不同的学习任务，也能够更好地监控自己的学习过程并作出相应的调整。

2. 学生的智力水平

智力水平是影响学生学习效果的关键因素，同样也会影响其学习策略的获得。智力较高的学生通常能够更快地掌握和运用学习策略，而智力水平较低的学生在学习策略的获得上可能面临更大的挑战。

研究表明，智力水平不同的学生在学习策略的掌握上存在明显的差异。智力较高的学生不仅能够掌握更多的学习策略，而且能够更灵活地运用这些策略来解决问题。相反，智力水平较低的学生可能只能掌握有限的学习策略，并且在运用上也显得较为机械和呆板。

3. 学生的元认知发展水平

元认知是指学生对自己学习过程的监控和调节能力，它是学习策略获得的重要主观条件。学生的元认知发展水平越高，越能够有效地掌握和运用学习策略。

研究表明，元认知水平高的学生通常能够对自己的学习过程进行更加有效的监控和调节。他们能够根据自己的学习情况和目标，灵活地调整学习策略，从而更好地适应不同的学习任务。相反，元认知水平较低的学生可能无法对自己的学习过程进行有效的监控和调节，从而难以有效地掌握和运用学习策略。

4. 学生的动力水平

动力水平是影响学习策略获得的另一个重要主观因素。学生的学习动力主要来自于对学习结果的期望和对自己能力的信心。当学生对学习结果有明确的期望，并且对自己的能力充满信心时，他们更有可能积极地去探索和运用学习策略。

此外，学生的学习归因方式和自我效能感也是影响动力水平的关键因素。学生的归因方式会影响他们对学习策略的选择和运用。例如，那些将学习成功归因于努力的学生更有可能积极地去探索和运用学习策略，而那些将学习失败归因于外部因素的学生则可能对学习策略的运用持消极态度。同时，学生的自我效能感也会影响他们对学习策略的信心和使用意愿。自我效能感高的学生更有可能相信自己能够掌握和运用有效的学习策略，从而在学习过程中更加积极地去尝试和探索。

5. 学生的知识背景

学生的知识背景对学习策略的获得具有不可忽视的影响。已有的知识结构和经验能够为学生提供必要的认知基础，使他们能够更有效地理解和应用新的学习策略。同时，知识背景也能够影响学生对学习任务的理解和感知，从而影响他们选择和使用学习策略的方式。

具体来说，学生在某一领域的知识越丰富，越能运用与该领域相关的学习策略。例如，对于熟悉数学公式和定理的学生来说，他们可能更倾向于使用逻辑推理和问题解决策略来学习数学；而对于那些对音乐有深入了解的学生来说，他们可能更善于运用旋律和节奏感知策略来学习音乐。

综上所述，学习策略的获得受到学生年龄、智力、元认知、动力和知识背景等多方面主观条件的共同影响。为了有效地促进学生学习策略的获得和发展，教师需要深入了解每个学生的个体差异，并根据他们的具体情况提供有针对性的指导和支持。

(二)学习策略获得的客观条件

小学生的学习策略掌握和运用不仅取决于他们个人的主观努力，还与外部环境条件紧密相关。这些外部因素包括学习材料的难度、教师的指导、教育环境以及学习时间和反馈机制等多个方面。

1. 学习材料的难度

学习材料的难度是影响学生学习策略选择和应用的重要因素。学习材料的难度通常与学生已有的知识背景相比较而定。研究表明，当学习材料对学生来说是完全陌生的，或是过于复杂时，学生会难以选择并有效地使用各种学习策略。相反，当学习材料对学生而言已经较为熟悉或简单时，他们可能不需要过多地依赖学习策略，因为已有的知识已经足够支持他们进行自动加工。只有当学习材料的难度适中，既具有一定的挑战性又不至于过于困难时，学生才会更加积极地运用各种学习策略，如生成表象、问答以及精制加工等，以优化学习效果。

2. 教师因素

教师在学生学习策略获得过程中扮演着至关重要的角色。教师的策略教学意识、教学经验以及教学方法的灵活运用，都会对学生的学习策略产生深远影响。具备策略教学意识的教师，能够有意识地引导学生学习和运用学习策略，而不仅仅是传授知识。同时，拥有丰富教学经验的教师能够根据学生的实际情况和需求，选择并传授合适的学习策略，帮助学生更有效地学习。此外，教师还需要灵活运用各种教学方法，以适应不同学生的学习特点，并在教学过程中给予学生必要的指导和反馈，促进学生策略的有效应用。

3. 教育环境因素

教育环境也是影响学生学习策略的重要因素。学校教育环境是否开放、民主、受学生欢迎，以及学校教学方法是否注重培养学生的创造性思维和问题解决能力，都会对学生的学习策略产生影响。同时，家庭教育环境同样重要。家庭是否关心孩子的学习问题、家长的教育方式以及父母的受教育程度等，都会在一定程度上影响孩子学习策略的选择和应用。

4. 学习时间及反馈调节作用

学习时间和反馈机制也是影响学生学习策略获得的关键因素。学习策略的获得是一个渐进的过程，需要足够的时间进行学习和实践。同时，有效的反馈机制能够帮助学生了解自己的学习状态，调整学习策略，从而优化学习效果。

综上所述，小学生学习策略的获得是一个复杂的过程，受到多种因素的影响。因此，教师在教学过程中应充分考虑这些因素，有针对性地引导学生学习和运用学习策略，以提高学生的学习效果和自主学习能力。同时，学校和家庭也应共同营造良好的教育环境，为学生的策略学习提供有力的支持和保障。

第二节　学习策略的分类

学习策略的分类

学习策略的分类有很多，不同学者从不同角度进行了划分，综合看来，学习策略可分为认知策略、元认知策略和资源管理策略三种(见图9-1)。

认知策略 {
复述策略：如重复、抄写、做记录、画线等
精加工策略：如口述、总结、答疑、类比、记忆术等
组织策略：如组块、选择要点、列提纲、画地图等
}

元认知策略 {
计划策略：如设置目标、制定学习计划、浏览、设疑等
监视策略：如自我测查、集中注意力、监视领会等
自我调节策略：如调整阅读速度、重新阅读、复查等
}

资源管理策略 {
时间管理策略：如按时间表行事、设置目标等
学习环境管理策略：如寻找适合自己的学习环境等
努力管理策略：如归因于努力、调整心境、自我谈话等
社会资源利用策略：如寻找教师帮助、伙伴帮助、小组学习、获得个别指导等
}

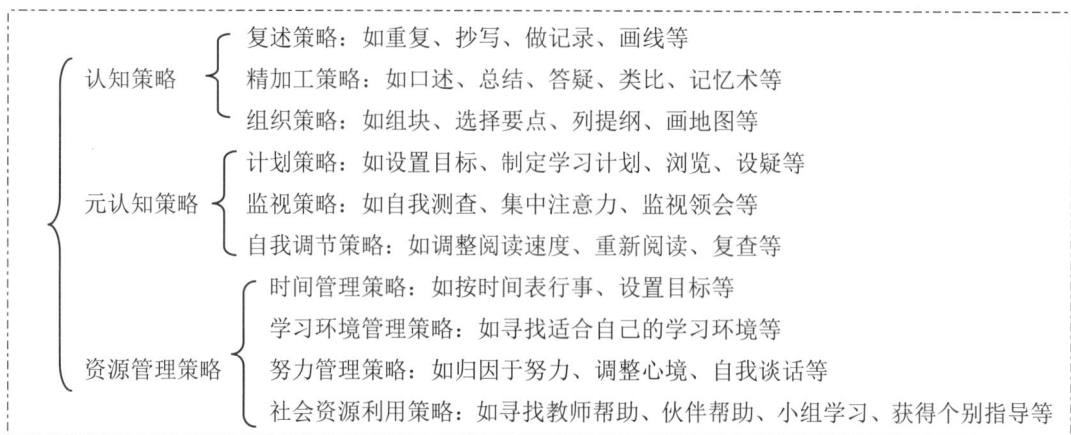

图 9-1　学习策略的分类

认知策略是加工信息的一些方法和技术，有助于有效地从记忆中提取信息。认知策略因所学知识的类型而有所不同，针对陈述性知识的认知策略包括复述策略、精细加工策略和组织策略；针对程序性知识的认知策略则包括模式再认策略、动作系列学习策略等。

元认知策略是学生对自己认知过程的认知策略，包括对自己认知过程的了解和控制策略，有助于学生有效地安排和调节学习过程。元认知策略包括计划策略、监视策略和调节策略。

资源管理策略包括时间管理策略、学习环境管理策略、努力管理策略和社会资源利用策略，是辅助学生管理可见环境和资源的策略，有助于学生适应环境并调节环境以适应自己的需要，对学生的动机具有重要的作用。

一、认知策略

认知策略指的是一系列旨在高效加工信息的方法和技术。它们在学习过程中发挥着至关重要的作用，有助于学习、记忆以及问题解决等认知活动的顺利进行。认知策略主要包括复述策略、精加工策略和组织策略三种形式。

(一)复述策略

复述策略，即通过对信息的重复以维持其在记忆中的存在。在学习过程中，复述被广泛用作一种重要的记忆手段。尤其是对于新信息的记忆，如人名、地名、外语单词等，经过多次复述后，能够更有效地在大脑中留下印记。以下是一些常用的复述策略。

1. 排除干扰

心理学家发现，干扰是影响记忆效果的关键因素之一。例如，美国心理学家彼得森(LIoyd Peterson)曾进行了一项实验，实验的对象是大学生，实验任务是让他们记住三个辅音字母。在实验中，每次给被试听觉呈现 3 个辅音字母(如 KBR)，呈现字母后，立即听觉呈现一个 3 位数，要求被试从这个数中迅速地做连续减 3 的运算并说出每次运算的结果，直到主试发出信号时再回忆刚才记住的 3 个字母。结果发现，当延长时间为 3 秒时，被试能

正确回忆 80%；当延长 6 秒时，正确回忆 55%；当延长 8 秒时，正确回忆 10%。这个实验中要记住的内容很简单，但是为什么识记效果这样差呢？原因就在于干扰的影响。即识记后的数学运算干扰了对字母的回忆。

这表明，在学习过程中，我们需要尽量减少外部和内部干扰，以提高记忆效率。为此，学生应合理安排学习时间，避免在记忆任务中穿插其他活动，以减少干扰的影响。

2. 抑制和促进

抑制和促进是两种在学习过程中常见的心理现象。它们反映了不同学习材料之间可能存在的相互影响。为了有效利用这种影响，学生需要明确区分前摄抑制和倒摄抑制，以及正迁移和负迁移。通过合理安排学习顺序和内容，学生可以最大化利用前摄促进和倒摄促进，同时减少前摄抑制和倒摄抑制的负面影响。

此外，心理学家还发现，在记忆一系列词汇时，人们往往更容易记住开头和结尾的词汇，这分别受到首因效应和近因效应的影响。因此，在教学过程中，教师可以利用这两个效应来优化课堂设计，确保最重要的内容在开始时得到强调，并在结束时进行总结，以提高教学效果。

3. 科学复习

科学复习是提高记忆效果的关键。有效的复习应遵循一定的时间间隔和方式。根据研究，最佳的复习时间安排应包括短期和长期间隔。短期内，可通过多次快速回顾来巩固记忆；长期来看，每隔一段时间进行一次深度复习有助于保持记忆的持久性。此外，复习方式也应多样化，包括阅读、讨论、实践等多种形式，以刺激不同的记忆通路。

在复习过程中，合理安排每次复习的时长也非常重要。虽然过度复习可能在一定程度上提高记忆效果，但并非复习时间越长效果越好。相反，过长的复习时间可能导致疲劳和注意力分散，从而降低记忆效率。因此，学生应根据自己的实际情况和记忆特点来设定合适的复习时长。

4. 过度学习

过度学习是指所学材料达到刚刚成诵后的附加学习。心理学中很多实验证实了这一点。如德国心理学家克鲁格(W. C. F. Krueger)曾作过这样一个实验：实验材料为 12 个名词，被试分为三组，学习程度分别为 100%、150%、200%，在学习后 28 天内的几个时段分别让他们重新学习，从测得的保持量来看，学习程度在 150% 左右时，保持效果较好。虽然学习程度更高时保持效果会随之有所提高，但增加幅度不大。因此，较为合适的过度学习量为 50% 左右。

研究表明，适当的过度学习可以增强记忆的稳定性，使信息在大脑中留下更深刻的印象。然而，过度学习并非无限制地增加学习时间，而是要根据学习材料的性质和难度来确定合适的过度学习量。

5. 自动化

自动化是认知策略中的一个重要概念，它指的是通过反复练习使某些技能或操作达到无需意识监控便能自动完成的状态。在学习过程中，通过大量的操练和练习，可以将一些基本的知识和技能转化为自动化的行为模式，从而提高学习效率。自动化对于提高学习效率、减轻认知负担具有重要意义。

6. 运用多种感官协同活动

运用多种感官协同活动(见图 9-2)也是提高记忆效果的有效策略之一。在学习过程中，通过调动视觉、听觉、触觉等多种感官来共同参与信息的处理和记忆，可以增强记忆的深度和广度。例如，在阅读时结合朗读、笔记或绘图等方式，可以更有效地提取和记忆信息。

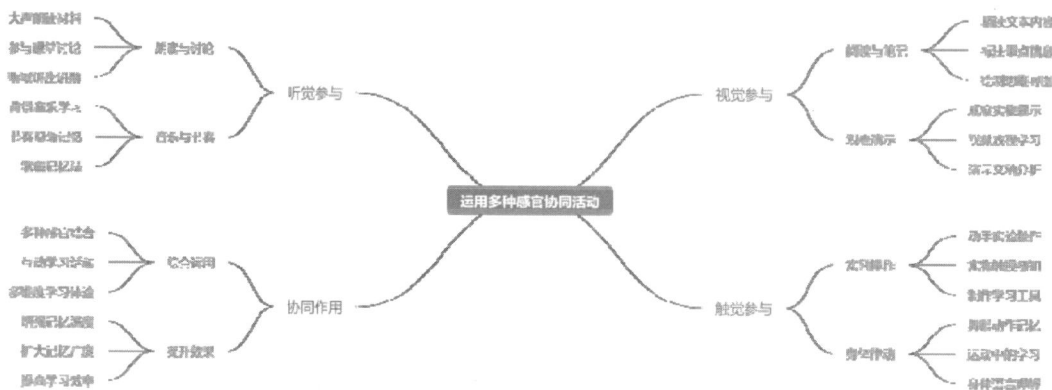

图 9-2 多种感官协同活动

7. 积极的心向、态度和兴趣

心向、态度和兴趣对记忆效果具有重要影响。学生应积极调整自己的学习态度和兴趣，以更好地投入到学习中。对于感兴趣的学习内容，学生往往能够更专注地投入学习，从而取得更好的记忆效果。同时，积极的学习态度和心向也有助于激发学生的学习动力，提高学习效率。

(二)精加工策略

精加工策略(elaboration strategies)作为一种高效的学习策略，旨在通过联系新旧信息，增强信息间的意义关联，进而促进信息的储存与记忆。这种策略的核心在于构建信息间的联系网络，联系越丰富，回忆信息的途径便越多样，记忆的效果也自然更佳。

在精加工策略的实践中，有多种具体方法可供选择和实施，下面列举并详述其中的几种重要策略。

1. 类比法策略

类比(analogy)是一种基于对象间属性相似性的推理方法。通过类比，学生可以将抽象的概念具象化，将深奥的原理简单化，从而更易于理解和记忆。

2. 比较法策略

比较法是一种常用的学习策略，它通过对两种或多种易混淆的相关事物进行对比分析，帮助学生更清晰地把握各自的特点和差异，深化对知识的理解。

3. 质疑法策略

质疑法鼓励学生以批判性的眼光审视现有知识，通过追问"为什么"来深入探究事物的本质和内在逻辑，从而促进对知识的深层次理解。

4. 记忆术策略

记忆术(mnemonic devices)是提升记忆效果的一系列技巧和方法。通过为无意义的信息赋予逻辑意义或联想结构，记忆术能够显著提高记忆效果。具体方法见表 9-1。

表 9-1　记忆术策略举例比较

记忆术名称	定义与描述	应用示例
位置记忆法	利用熟悉的地点或场景作为记忆的线索，构建场景并设定路线与点，将信息与点对应	学生构建一个家的场景，将每个房间与需要记忆的信息关联，如客厅代表历史事件，卧室代表数学公式
串联法	将单词或名称的某些部分组合成新词或句子，帮助记忆顺序性信息	将英语单词的首字母串联成一个新的词，如"HOMES"代表英语中的五大湖(Huron, Ontario, Michigan, Erie, Superior)
谐音联想法	利用单词或信息的谐音进行联想记忆，建立直观、有趣的记忆联系	将数字"23"与"迈克尔·乔丹"(因其球衣号码为23)联想，以便更容易记住这个数字
形象化法	将抽象信息转化为具体形象进行记忆，运用比喻、联想等技巧	将历史事件中的某个年代想象成一幅具体的画面，如将"1492 年"与哥伦布发现新大陆的场景联想

备注：这些记忆术可以单独使用，也可以结合使用，以提高记忆效果。它们适用于不同领域和类型的信息记忆，如语言学习、历史学习、数学公式记忆等。

这些记忆术虽然具有一定的强化作用，但要想取得更好的记忆效果，还需要与其他方法结合使用。

5. 充分利用背景知识策略

背景知识在精加工过程中扮演着举足轻重的角色。学生在接触新知识时，如果能够将其与已有的背景知识相联系，将更有助于理解和记忆。因此，教师在教学中应引导学生积极利用背景知识来辅助学习。

6. 记笔记策略

记笔记是一种有效的精加工策略，它有助于学生保持注意力、加深记忆、方便复习以及构建知识框架。通过记录关键信息和思考过程，学生可以更好地掌握所学知识，并将其纳入自己的知识体系中。

7. 扩展与延伸策略

对新知识进行扩展和延伸是深化理解的重要途径。通过扩展相关知识领域和引申相关概念原理，学生可以进一步拓宽视野、加深理解，并将新知识与其他知识相联系，形成更完整的知识体系。

8. 先行组织者策略

先行组织者是美国心理学家奥苏贝尔提出的一种教学策略。它在学习材料呈现之前，先给学生提供一些引导性材料，以帮助学生更好地组织和理解新知识。先行组织者可以分为陈述性组织者和比较性组织者两种类型，教师根据学习材料的性质和已有知识的关联程度进行选择和应用。

综上所述，精加工策略是一种非常实用的学习策略，它能够帮助学生更好地理解和记忆新知识。通过运用类比、比较、质疑等具体方法，以及记忆术、背景知识利用、记笔记等辅助手段，学生可以构建更完整、更深刻的知识体系，从而提高学习效果和记忆能力。

(三)组织策略

组织策略，又称系统化策略，是依据知识之间的内在联系，对学习材料进行系统、有序地分类、整理与概括，从而使其结构更加合理化的方法。这一策略对于深入加工学习材料，促进对所学内容的理解与记忆具有显著效果。尤其对于那些需要深入思考和理解才能把握其内在深层意义的学习材料来说，组织策略显得尤为重要。因此，它被誉为学习与记忆新信息的关键策略之一。

组织策略的形式多种多样，主要包括列提纲、绘制关系图、群集策略、摘录要点以及划线标注等。在这里，我们将重点介绍前三种策略，并探讨其在小学教学中的应用。

1. 列提纲策略

这一策略要求学生用简洁的语词概括主要和次要的观点，以金字塔式的结构组织材料。具体来说，就是将学习内容按照重要性进行层次划分，较具体的细节则归属于更高一级的类别之下。列提纲有助于学生清晰地把握学习内容的整体框架和重点，进而加深对知识的理解。在实际教学中，教师可以引导学生使用列提纲的方法来整理课文或知识点，帮助他们形成清晰的学习思路。

2. 绘制关系图策略

这一策略通过图解的方式展示各种观点之间的内在联系，有助于学生更加直观地理解知识结构。在绘制关系图时，需要先确定中心思想，然后分析各知识点之间的逻辑关系或心理联系，最后用图解的形式表达出来。通过绘制关系图，学生可以更加清晰地看到知识点之间的联系和脉络，从而加深对知识的理解和记忆。

3. 群集策略

这种策略强调对零散、个别的项目或单元进行分类与排列，以加强知识之间的相互联系。通过归类整理，学生可以形成简明有序的知识结构，便于记忆和提取。在小学教学中，教师可以指导学生使用群集策略来整理学习资料或进行知识复习，帮助他们建立起系统的知识体系。

二、元认知策略

元认知策略是学生对自身认知过程进行监控、调节和优化的重要方法，它能够帮助学生更有效地规划、执行和反思学习活动。以下从元认知及其结构、元认知策略的分类及在小学教学中的应用、元认知能力及其提高三个方面展开详细讨论。

(一)元认知及其结构

元认知这一概念由美国心理学家弗拉维尔(J.H. Flavell)提出，它指的是个体对自己的认知过程和结果的意识与控制。换言之，元认知是对认知的认知，它关注的是个体如何监控、调节自己的思维和学习活动。元认知策略作为元认知的重要组成部分，在小学教学中具有重要的应用价值。

元认知结构包括知识、体验和监控三个方面。其中，知识是对有效完成任务所需的技能、策略及其来源的意识；体验是学生在学习过程中形成的对自己认知能力的认识；监控则是对学习过程进行有意识的监视和调整。这三个方面共同构成了元认知策略的基础。

(二)元认知策略的分类及在小学教学中的应用

元认知策略主要包括计划策略、监控策略和调节策略三类。在小学教学中，这些策略的应用可以帮助学生更好地规划学习、监控学习过程和调整学习策略，从而提高学习效果。

1. 计划策略的应用

计划策略强调在学习前对学习目标、过程等方面进行规划与安排。在小学教学中，教师可以引导学生制定学习计划，明确学习目标和时间安排，预测学习的重点和难点，并浏览相关学习材料。同时，教师还可以帮助学生分析如何完成学习任务，提出具体的学习方法和策略。通过计划策略的应用，学生可以更有条理地进行学习，提高学习效率。

2. 监控策略的应用

监控策略关注学习过程中对学习进程所采取的方法、效果等方面进行有意识的监测和控制。在小学教学中，教师可以引导学生对自己的学习过程进行监控，包括领会监控、策略监控和注意监控。领会监控要求学生关注自己的理解程度，及时调整阅读速度和策略；策略监控则要求学生关注自己所使用的策略是否有效，并根据实际情况进行调整；注意监控则要求学生在学习过程中保持注意力集中，有效抑制分心现象。通过监控策略的应用，学生可以更好地掌握自己的学习状态，及时调整学习策略。

3. 调节策略的应用

调节策略强调根据学习进程的实际情况对计划、学习进程、所用的策略等进行调整。在小学教学中，教师可以引导学生学会自我调节学习策略。当学生在学习过程中遇到困难时，可以鼓励他们分析原因并尝试调整学习策略；当发现原计划不切实际时，可以指导学生修改计划以适应新的学习情况。通过调节策略的应用，学生可以更好地适应学习过程中的变化，提高学习适应能力。

综上所述，元认知策略在小学教学中的应用具有重要意义。通过引导学生掌握和应用这些策略，教师可以帮助学生提高学习效果和学习适应能力，促进他们的全面发展。

(三)元认知能力及其提高

元认知理论的提出，让我们认识到了学习不仅仅是了解学生在学习中获得的知识和学习方式，更重要的是理解学生如何控制和调整自己的学习过程，也就是我们所说的元认知能力。元认知能力的核心是自我监控，也就是学生对自己学习活动的自我调节和控制能力。这种能力包括在学习过程中设定目标、制定计划、选择学习方法、管理时间、调整学习努力的程度、执行计划、对学习效果进行反馈和分析以及采取补救措施等。这些都是学习能力的重要组成部分。那么，我们应该采取什么措施来提高学生的元认知能力呢？我国学者在参考国外研究成果的基础上，提出了以下几点建议。

(1) 让学生坚持每天写学习日记。写学习日记的目的是让学生反思自己的学习过程，从而学会学习，并将注意力从学习结果转移到自己的认知过程上，这有助于学生主动地控制自己的学习。学习日记的内容可以包括：当天主要学习的内容(以某一学科为例)；列出相关知识点及其联系；列出自己反复思考但仍不清楚的问题；将易混淆的概念列出并进行比较和鉴别，同时给出例子。

(2) 引导学生养成自我质疑的习惯。教师可以通过引导学生养成自我质疑的习惯，帮助他们逐步形成自我控制和自我检查的能力。例如，教师可以让学生经常问自己："我对作业的要求清楚吗？""这样做是否正确？"等。特别是对于小学低年级的学生，他们往往在没有深思熟虑的情况下快速完成作业，而这些作业常常错误百出。这是因为这些学生往往缺乏学习的责任感，没有对自己的思维过程进行深入反思。因此，教师引导学生养成自我质疑的习惯，对于提高学生的元认知能力是非常必要的。

(3) 引导学生形成自我反思能力。教师可以通过引导学生反思自己的思维过程，来提高他们的元认知能力。例如，教师可以按照以下步骤引导学生进行反思：停一停、想一想、找一找、看一看、做一做等。

(4) 增强学生对他人及自己认识过程的意识。教师可以通过语言将自己的思维过程展示给学生。例如，教师在解决新问题时，可以向学生描述自己首先想到的策略，然后采用的补救策略，以及如何调整和转换这些策略的过程。同时，教师也可以让学生关注其他同学的思维过程。例如，一位小学教师在给学生上思维训练课时，不仅要求学生计算出某一道题的正确结果，还要求学生说出自己的思考过程，然后引导其他同学对其思维过程进行积极的评价。此外，教师还可以向全班学生呈现一个新的学习任务，让他们评价这个问题的难度，并阐述自己准备解决这个问题的一系列步骤和方法，然后进行相互评价。

(5) 引导学生监控、评估自己的理解能力。教师可以要求学生在开始作业前明确作业的要求，并在阅读或解决问题的过程中经常给自己提一些问题："我这点理解得对吗？""这里的叙述与前面的叙述一致吗？"等。同时，教师还可以通过列表的形式提供对某一问题理解程度的判断标准，帮助学生对照检查自己的理解能力。

(6) 为学生提供尝试练习和反馈的机会。教师应该为学生提供运用所学知识的机会。通过尝试练习和反馈，可以帮助学生提高元认知能力。例如，教师可以指导学生将学过的理论知识应用到实践中；让学生相互复述相关的学习内容；向他人表述自己的理解等。

(7) 让学生注意到影响学习效果的因素。教师应该引导学生意识到影响学习效果的因素。这些因素包括：所学材料的性质特点；学生当前的知识与技能水平；学生当前的心理状态；检验学习效果的标准与形式。

三、资源管理策略

资源管理策略是辅助学生管理可用的环境和资源的策略，对学生的动机具有重要作用。它主要包括时间管理策略、努力管理策略、学习环境管理策略、寻求支持策略、工具的利用策略等。成功地使用这些策略可以帮助学生适应环境并调节环境以满足自己的需要。

(一)时间管理策略

1. 统筹安排学习时间

学生应像绘制人生蓝图一样，精心规划学习时间。这要求他们根据长远目标，将时间划分为不同的阶段，如学年、学期、月度、周度乃至每日计划。在制定计划时，应强调成果导向，明确每项学习任务完成后应达到的具体成果，而非仅仅停留在"完成阅读"的层面。例如，设定"阅读并总结第二章关键内容，绘制思维导图"的目标，以增强学习的针对性和实效性。同时，培养即时行动的习惯，避免拖延，通过明确任务的必要性和设定合理期望，减少因追求完美而导致的拖延行为。

2. 高效利用最佳时间

学生应认识到不同时间段内个人生理与心理状态的差异，并学会在最佳状态下安排最重要的学习任务。这包括识别并把握个人的高效学习时段，如早晨清醒时的思维活跃期或夜晚的专注高峰期，据此调整学习计划，确保在最佳状态下攻克难点和重点。此外，还应关注一天中学习效率的自然波动，灵活调整学习节奏，如利用午后小憩恢复精力，以更饱满的状态迎接下午的学习挑战。

3. 灵活利用零碎时间

零碎时间虽短，但积少成多，同样具有利用价值。学生可利用这些时间处理学习琐事，如整理学习资料、背诵单词或进行简短阅读，既节省整块时间，又能在轻松氛围中巩固知识。同时，利用碎片时间进行社交交流，如与同学讨论学习心得，也能激发思维火花，促进知识吸收与创新。

(二)努力和心境管理策略

系统性的学习大多需要意志努力。为了让学生保持这种意志努力，需要不断地鼓励他们进行自我激励。

1. 激发内在动机

内在动机是持续学习的关键。学生可通过参与实践活动、了解学科知识的实际应用价值、与热爱该学科的师生交流等方式，培养对学习的兴趣和好奇心。这些活动不仅能让学生感受到学习的乐趣，还能激发他们深入探索的欲望，形成自主学习的良性循环。

2. 树立掌握导向的学习信念

相较于追求外在成绩，学生更应关注自身对知识的真正掌握。树立掌握导向的学习目标，意味着学生将学习视为自我提升的过程，而非简单的分数竞赛。这种心态有助于他们勇于面对挑战，深入钻研，从而在知识的深度和广度上实现突破。

3. 选择有挑战性的任务

选择具有挑战性的学习任务能够激发学生的学习潜力。中等难度的任务既能避免学生因任务过易而失去兴趣，又能防止因任务过难而产生挫败感。通过不断挑战自我，学生能够在实践中积累经验，提升能力，增强自信心。

4. 调节成败的标准

学生应根据自身实际情况和学习进展，适时调整对成败的评判标准。过高的标准可能导致自我苛责和挫败感，而过低的标准则可能滋生盲目自信。通过客观分析自身能力水平和学习成果，学生应设定既具挑战性又可实现的目标，以保持积极向上的学习心态。

5. 正确认识成败的原因

面对学习中的成功与失败，学生应学会冷静分析原因，避免将结果简单归因于能力高低。正确的归因方式是将成功视为努力的结果，将失败视为改进的机会。通过反思学习过程和方法，学生可以从中汲取经验教训，为未来的学习奠定坚实基础。

6. 自我奖励

当学生取得了满意的效果后，应设法对自己进行奖励。奖励的方式多种多样，可以是暗示自己"我真行""我成功了""坚持就能成功"等，也可以是从事一些自己喜欢的活动。需要注意的是，并不是只有获得好成绩后才能获得奖励。每个人的起点不同，但每个人都可在自身的起点上进步和发展。只要自己取得了满意的进步，即使外在分数不高，也值得奖励。因此，要引导学生为了掌握而学，设立自己的成败标准。

(三)环境管理策略

学习环境是可以人为地选择、改善与创设的。设置学习环境的目的是使周围的环境更有利于学习活动的展开。

1. 要有专门的学习场所

良好的环境能够提升安全感，使人思想放松，降低学习时的不安定情绪以及分心状况，进而提高学习效率。学习场所需要满足如下条件：

首先，要注重对自然条件的调节，例如流通的新鲜空气、适宜的温度、明亮的光线以及和谐的色彩等。

其次，要规划好学习的空间，像空间范围、室内的布置、用具的摆放等要素均需考虑。倘若条件允许，应当拥有一个相对固定的学习场所，以降低家庭成员之间的相互干扰，营造出相对安静的学习环境。

最后，要留意桌面的整洁程度。各类学习用具要放置在固定位置，使用完毕后放回原处。

2. 排除干扰

控制干扰的策略通常要求学生在视觉和听觉干扰最小的地方进行学习。

在学习时，视野中不要出现图画和其他吸引人的东西，并且要减小有可能发生其他活动的目标。沃尔特(Walter)和西伯特(Siebert)设计了一个非常生动的故事情节来说明视觉干扰对学习的影响：一位正在自己房间里学习的女学生，视野中突然出现自己童年时代的一张照片，使她回忆起过去快乐的时光；接着又发现了一张自己喜爱的唱片，使她不由自主地哼起了歌曲；紧接着看到了一本自己还未读完的消遣杂志，使她猜测起还未阅读的内容；之后又看到了一张好朋友的照片，使她惦记起这位朋友来；最后她终于放弃学习，跟朋友打电话聊起天来。

在避免听觉干扰方面，一般要求选择一个安静的学习环境，避免噪声。比如，可以将电话线拔掉，以免分心和打乱思绪。此外，听音乐对学习也会产生影响，具体分析如下。

(1) 不经常听音乐的学生在学习时可能会感觉到音乐的干扰，而经常听音乐的学生则可能不会。

(2) 声乐可能比非声乐更具干扰，因为语言更能抓住学生的无意注意。

(3) 熟悉音乐比不熟悉音乐的干扰要小。

(4) 音乐的音量大小直接影响学习表现，大音量的音乐存在潜在的干扰。

(5) 音乐比工业噪声干扰要小。这些研究表明音乐对大多数学生来说确实是一个干扰的背景因素，尤其是对于复杂的脑力劳动，安静的环境下效果最好[①]。

(四)寻求支持策略

学习总是需要与人交流，老师和同学是学习中最重要的社会性人力资源，必须善于利用。

1. 老师的帮助

老师不仅是知识的宝库，更是学习的引路人和促进者。所以，除了老师的授课之外，当自己有疑问无法解答时，最好向老师请教。需要注意的是，老师不一定能给出满意的答案，这并无大碍，毕竟一个人不可能知晓所有事情。另外，老师的解答不一定就是正确的，老师也只是从某个角度看待事物，仅代表一种理解，因此，不应过度迷信老师的权威性。关键在于获取老师在知识、解决问题以及学习方法方面的启发。

2. 同学间的合作与讨论

同学之间的相互合作和讨论有利于彼此启发，达成对事物的全面理解。同学间的合作存在多种形式，一种是双方或小组学习相同的内容，相互探讨，彼此提问并回答；另一种是双方或小组共同完成同一项任务。此外，同学之间还可以相互辅导。当自己不明白时，可以请教已经弄懂的同学，由于同学之间背景知识相同，同学依据自身理解所进行的辅导可能比老师的更易懂；当自己弄懂而别人不懂时，可以主动辅导别人，这不仅是一种付出，同时也能有所收获，往往是双方受益。因为，要想辅导他人，自己必须先理清思路，并且还要组织语言表达自己的想法。毫无疑问，这将有助于加深对内容的理解。

(五)工具的利用策略

学习工具是学习中不可或缺的学习资源，学会有效运用学习工具对人的一生都极为重要。

① 潘飞南. 大学生学习环境管理策略探讨[J]. 江西教育学院学报(社会科学) 2003,24(2):44-49.

1. 参考资料的运用

在选择参考资料时，要留意所选资料应精而不杂；与自身的学习内容相符；具有较强的针对性；与自身的现有水平相适应；编写体例要条理清晰；具有一定的权威性。在使用参考资料时，要注意与教材配合；有选择性地参考重要内容，不必从头到尾进行学习。遇到不懂的地方，要对照其他参考资料，或者请教老师，或者与其他同学讨论。

2. 工具书的运用

工具书是学习时的"无言的老师""案头顾问"。它涵盖字典词典、百科全书、年鉴以及索引等。在选择工具书时，要注意选择最新版本以及具有权威性的出版社或作者群，以保证知识的科学性和时代性。在使用工具书时，一是要了解并熟悉检索方式，二是要注意将工具书中的信息与书本上的上下文结合起来理解。

3. 图书馆的运用

进入图书馆，要先学会依据图书目录查找所需的书籍。检索的方式多种多样，例如按书名或著者检索、分类检索等，书名或著者既能够按笔画查找，也可以按拼音查找。在图书馆看书，要注意做读书笔记和摘要。

4. 广播电视的运用

广播电视不仅能够供人娱乐，还能增长知识，开阔视野。但要注意有选择地收看，比如新闻述评、科技常识、军事天地、文艺欣赏、电脑世界以及英语讲座等。并且，要严格控制时间，可以有计划地连续收看一两项重要内容进行学习，例如新闻联播、英语讲座或者电脑世界等。

5. 电脑与网络的利用

电脑的使用不仅可增长有关电脑科技方面的知识、电脑操作技能，而且也有助于各科课程的学习。它可用作教学工具和学习工具。例如，可选择一些电脑辅助教学软件来自学、预习、复习所学的课堂知识；也可利用电脑中的一些工具软件(如文字处理、电子表格、画图以及某些高级编程语言)获取和处理信息、解决问题。

本章小结

学习策略本质上是学生学习能力的一种表现。掌握这些策略需要满足主观和客观两方面的条件。主观条件包括学生的年龄、智力水平、元认知发展程度、学习动力和知识基础；客观条件则涉及学习材料的难度、教师的指导、教育环境以及学习时间和反馈。在认知策略和元认知策略的辅助下，学生能更好地探索和学习。他们使用复述、精加工和组织策略来掌握知识。例如，减少干扰、利用类比和比较、制作笔记和提纲等方法，可以更有效地记忆和理解学习内容。元认知策略帮助学生在学习过程中进行自我监控和调整。借助计划、监控和调节策略，他们能够设定学习目标，跟踪学习进展，并根据需要调整学习方法。为了提升元认知能力，学生可以通过日常实践(如写学习日记、自问自答和自我反思)来加强。这些活动有助于增强对自己学习过程的理解，从而提高学习效率。

思考题

  (1) 简述学习策略定义及其重要性。

  (2) 列举并简要描述获得学习策略所需的主观条件。

  (3) 如何解释学习材料的难度对学习策略掌握的影响？

  (4) 描述认知策略中的"复述策略"，并举例说明其在学习中的应用。

  (5) 讨论元认知策略在小学教学中的应用，并举例说明如何通过这些策略提高学生的学习效率。

第十章　小学生品德的形成与培养

本章学习目标

➤ 知识目标：掌握道德和品德的基本定义、起源及其心理结构；理解品德形成与发展的过程；了解品德不良的原因及矫正方法。

➤ 能力目标：能够识别并分析个人及他人的品德表现；具备评价和引导品德发展的能力；掌握矫正品德不良行为的有效方法。

➤ 素质目标：培养良好的道德认知、道德情感、道德意志和道德行为；形成健全的人格和强烈的社会责任感。

重点与难点

➤ 重点：品德心理结构及其形成机制；品德不良的主客观原因分析及有效矫正措施。

➤ 难点：柯尔伯格的道德发展理论的理解；道德发展六个阶段的实际应用。

引导案例

爱打人的壮壮

壮壮是个长相可爱的男孩子，虽然只有 5 岁，但个头超过了同龄人，长得身强体壮。他有个坏习惯——爱打架，由于力气大，邻里和学校的同学都打不过他。他常常主动挑起事端，导致小朋友们都躲着他。老师和家长批评教育，他虽然口头答应不再打人，但因为自我约束能力太差，总是控制不住自己。每天妈妈去学校接他时，总有小朋友告状，不是说他又打了谁，就是说他破坏了别人的东西。妈妈苦口婆心地教育，甚至惩罚他，想纠正他的打人行为，但都收效甚微。无奈之下，妈妈把他带到心理咨询室，愁眉苦脸地说："这孩子，打也打了，骂也骂了，该说的都说了，就是不顶事，我们现在对他是毫无办法。"

壮壮为什么总想打人呢？妈妈说不清楚，壮壮自己也说不明白，我们只能从妈妈的陈述中分析判断壮壮存在攻击行为。儿童的攻击行为仅靠说教、惩罚去矫正往往难以见效。这类孩子逆反心理很强，不爱受约束。我们建议采用适合其年龄特点的游戏疗法对壮壮进行矫正和治疗，效果可能更好。我们为壮壮制定了以下治疗方案：

指导壮壮用手指画画，帮助他学会控制自己的动作。壮壮起初毫不犹豫地伸手就乱涂乱抹，动作粗鲁，涂得到处都是。必要时我们手把手教他或者轻轻按住他的双臂使他平静下来。

经过一段时间练习后，他开始有意识地控制动作规范画画。接下来我们便让他练习用手掌涂色，先用铅笔画好轮廓，再用手指涂色，最后用手掌完成。当他能较好地控制动作时，就升级到在画板上作画，这对手部控制能力要求更高。为了降低难度，初期让他在桌面上作画，再逐步增加难度。

经过一段时间的游戏治疗，壮壮的打人行为有了明显改善。现在，他非常喜欢做游戏，特别是和小朋友们一起玩，更可喜的是，他还会主动提醒别人遵守游戏规则。小朋友们不再躲着他，反而喜欢和他一起玩了。

（资料来源于本书作者的工作日记）

本案例不仅为攻击性行为的矫正提供了可操作方案，更深刻揭示了品德教育应当遵循儿童心理发展规律，通过创建适宜的发展环境，促进儿童品德心理的健康发展。这为教育工作者开展思想品德教育提供了宝贵的实践参考。

第一节　品德的界定及心理结构

品德作为个体在社会化过程中形成的稳定的心理特征，其内涵既包含社会规范的习得，也涉及个体内在心理机制的运作。要全面把握品德的概念需要从两个方面进行考察：一是作为社会规范的道德与品德之间的关系，二是品德形成的内在心理机制。

一、道德及品德的概述

要深入理解品德的概念，首先需要搞清楚与之密切相关的几个基础概念。道德、法律与品德三者既相互关联又有所区别，共同构成了社会规范体系的重要组成部分。下面我们将依次讨论这些概念的内容及相互关系。

(一)道德的概念及其起源

要深入理解道德的本质，我们需要从社会心理学实验和心理学两个方面展开讨论。

1. 关于道德的社会心理学实验

首先我们从动物道德起源实验引出人类为什么需要道德的问题。

1) 道德的起源

研究者把五只猴子关在一个笼子里，笼子顶部悬挂着一串香蕉(见图10-1)。研究者在笼子里装了一个自动感应装置，一旦侦测到有猴子要去拿香蕉，马上就会向笼子里面的五只猴子喷水。

有猴子想去拿香蕉时，会导致全笼子的猴子都淋湿了。经过多次尝试后，猴子们发现每次结果都相同，于是达成共识：谁也不要去拿香蕉，以免连累全笼子的猴子被水喷到。

实验初期，当研究者把其中的一只猴子放出去，换进去一只新猴子A，新猴子A看到香蕉后毫不犹豫地去够笼子顶部的香蕉，结果被其他四只猴子狠狠打了一顿。这是因为其他四只猴子认为猴子A会害他们被水淋到。接下来猴子A又尝试了几次，都被其他几只老猴子打得满头包依然没有拿到香蕉。当然，这五只猴子也没有被水喷到。

随后，研究者又把一只旧猴子放出去，换进去另外一只新猴子B。新猴子B看到香蕉，也是迫不及待地要去拿。当然，一如猴子 A 的遭遇一样，其他四只猴子又狠狠地打了猴子 B 一顿。值得注意的是，猴子 A 打起猴子 B 来打得特别用力(这种现象可类比"老兵欺负新兵"或"媳妇熬成婆"的社会心理)，猴子 B 试了几次总是被打得很惨，只好作罢。

在实验的最后阶段，研究者逐步将所有原有猴子替换为新猴子(最终笼内猴子编号为 A-E)。结果是所有的新猴子在经过了"取香蕉—被打—取香蕉—被打"的循环后，都不敢再去动那香蕉。有趣的是，这些猴子并不了解禁止拿香蕉的真正原因，仅仅知道"拿香蕉会挨打"这一行为准则。这个实验生动地展示了道德规范的形成过程，即道德的起源。

图 10-1　道德起源实验

2) 阶级的起源

研究者继续他们的实验，但这次改变了喷水装置的设置：一旦侦测到有猴子要去拿香蕉，马上就会有水喷向拿香蕉的猴子，而不是喷向笼子里的所有猴子。然后研究者将原有猴子 A 放出去，换进去一只非常强壮的新猴子 F。当然猴子 F 看到香蕉，也冲上去取香蕉。一如以前所发生的情形，其他四只猴子 B、C、D、E 也想打猴子 F 一顿。不过这几只猴子低估了 F 的实力，结果反而被 F 狠狠打了一顿。最终猴子 F 拿到了香蕉，当然也被淋了个透湿，只能一边打着喷嚏一边吃着香蕉。

值得注意的是，猴子 B、C、D、E 尽管没有吃到香蕉却也挺快乐的，因为毕竟没有被浑身湿透。猴子 F 很快发现只有拿香蕉的那个猴子才会被淋湿，于是开始胁迫最弱小的猴子 B 替它去拿香蕉。猴子 B 不堪忍受 F 的毒打，只好每天为猴子 F 冒险取香蕉并被水淋。这种新的结构让猴子 C、D、E 越发的快乐起来，形成了典型的"比上不足，比下有余"的心理状态。最终，笼内猴子自然分化为三个明显阶层：吃香蕉阶级(猴子 F)、干看着阶级(猴子 C、D、E)、拿香蕉阶级(猴子 B)。社会阶层便自然形成。

3) 道德的沦丧

实验在继续，天变热了，笼子里的猴子们想冲凉却找不到地方。"英雄猴子"在无意中碰到了香蕉，理所当然地引来了一顿暴打。然而在殴打过程中，猴子们享受到了冲凉的快乐。等身上的水干了之后，猴子 A 在无意识的身体接触中再次使"英雄猴子"碰到香蕉。于是，猴子们享受了第二次冲凉，而"英雄猴子"遭到了第二次殴打。

这一现象很快演变为一种固定模式：只要大家想冲凉的时候，就会有一只猴子 X 挺身而出，对"英雄猴子"进行合理冲撞从而使"英雄猴子"碰到香蕉而引发喷水装置，进而使得大家能冲上凉。这样一来大家对"英雄猴子"的态度也有了明显的改变，在平时大家会对"英雄猴子"异常温和，以补偿冲凉时不得不对它进行的暴力举动。

然而转折出现在某次冲凉时，饱受折磨的"英雄猴子"闻到了香蕉的清香，生物的本能使它在别的猴子忙于施暴和冲凉的时候将香蕉吃了。导致猴子们陷入新的困境：没有冲凉的水，也没有香蕉，只有"英雄猴子"。

实验仍然在继续着，新的行为规划逐渐形成：当猴子们烦躁时会痛打"英雄猴子"出气，而"英雄猴子"不得反抗。当笼子里的旧猴子被新猴子换掉时，新猴子会在最短的时间内学会殴打"英雄猴子"。终于有一天，老天有眼，历尽磨难的"英雄猴子"被另一只猴子取代。猴子们失去了固定的发泄对象，开始随意攻击目标。从此以后，笼子里的猴子们不吃不喝不冲凉，唯一的活动就是互相攻击。这一过程完整呈现道德的沦丧。

4) 道德的重建

目睹群猴持续不断地争斗，研究者决定介入干预。他们重新悬挂香蕉，试图重建秩序。一天，正在混战的群猴发现头顶多了一串香蕉，其中一只名为小 O 的猴子不顾身上的剧痛，把香蕉摘了下来。于是久违的甘露出现了，未曾尝过甜头的猴子们先是茫然失措，继而争先恐后地加入冲凉的行列，甚至暂时忘记了香蕉的存在。

然而，当猴子们发现猴子小 O 在享受淋浴的同时还吃着美味的香蕉，嫉妒心使它们暂时团结起来打了猴子小 O 一顿，并将猴子小 O 吃剩的香蕉夺过来。结果发现所有得到香蕉的猴子虽然可以享受美味，但付出的代价也是巨大的。研究者不断放入香蕉，却发现战斗比以前更激烈了。深入观察后，他们用木头做了一个假香蕉扔进了笼子。此时猴子们已经积累了足够的经验教训：它们知道触摸香蕉可以享淋浴，而试图独占香蕉则会遭到痛扁。于是一个新的行为模式逐渐形成——当有冲凉需要时，会有一只猴子将香蕉拿起来，而当它发现有遭到攻击的可能时，它会马上放下香蕉逃到一边去。这样，猴子们都能冲凉，但是又不至于再像以前那样被群殴。值得注意的是，没有一个猴子发现那个香蕉是假的，此时的香蕉已经成为开关冲凉的象征物，这就是道德的重建。

2. 道德的心理学概念

从心理学的角度来看，道德是一种复杂的社会心理现象。它涉及个体对善恶、是非、美丑等价值标准的认知和评价，以及在此基础上形成的道德情感和道德行为。道德的发展受到多种因素的影响，包括个体的认知发展、社会文化背景以及家庭教育等。

在个体成长的过程中，道德的发展是一个渐进的过程。从最初的模仿和服从，到逐渐形成的道德判断和道德行为，个体在不断地学习和实践中完善自己的道德体系。同时，社会文化背景也对个体的道德发展产生着深远的影响。不同的文化和社会环境会对个体的道德观念和行为规范产生不同的影响。

综上所述，道德作为人类社会生活中的重要基石，对于个体品德的塑造具有不可替代的作用。通过深入探究道德的起源、发展以及心理学概念，我们可以更好地理解品德的内涵和本质，为个体品德的培养提供有力的支持。

(二)法律的定义

法律是由国家立法机关制定,并由国家政权保障执行的行为规范体系。它由执法机关监督执行,是维护社会秩序、保障公民权益的重要工具。由于法律总是体现统治阶级的意志,因此它是阶级专政的工具。在剥削阶级统治的国家中,守法者不一定是道德高尚者,违法者也不一定是道德低下者。

然而,在一般情况下,道德和法律是一致的。大多数违法行为,如打架斗殴、偷窃、抢劫等,都是危害人民利益的,且被广泛认为是不道德的。尽管如此,也有道德与法律相违背或不一致的时候。例如,有些人的行为可能得到舆论的支持,但却受到法律的制裁。因此,作为评价个人行为善恶的尺度,道德规范是随着社会的发展而发展的。

(三)品德的定义

品德是指个人的道德面貌,是个体依据一定的社会道德规范行动时所表现出的稳定的心理特征和倾向,也称为道德品质。在我国,品德也可被称为德行、品行或操行等。良好的品德意味着个人按照社会主义道德标准行动时所表现出的稳定性或倾向。

品德是通过个人的道德行为来显现的,但偶尔或一时的道德行为并不足以证明一个人具备了某种品德。只有当一个人具有某种道德观念,并在其支配下一贯地展现出某种道德行为时,我们才能说他具有某一品质。例如,一个平时不学习的学生,如果某天忽然认真地看了两小时的书,我们不能仅凭此就认定他是一个勤奋好学的学生,因为这也许是他想讨好某人而临时伪装的。只有当他坚持认真学习,不论何时都能自我督促时,我们才能称他为勤奋好学的学生。同样,热爱劳动、艰苦朴素、助人为乐和遵纪守法等品质也需要长期一贯的表现,才能形成品德。

(四)品德与道德的关系

品德是道德的个性化表现,是社会道德在个体身上的具体化表现。它是一种个体心理现象,是个性中最有道德评价意义的部分。品德不是天生具有的,而是在特定的社会与教育环境中习得的。个人的品德是其性格的一个方面,构成了性格中具有道德评价意义的核心。

1. 品德与道德的联系

品德与道德的密切联系主要表现在:品德的内容来源于道德,个人品德的内容是社会道德在个体身上的具体表现。当社会道德内化为个体的心理品质时,就形成了品德。离开社会道德就不会有个人的品德。社会道德的发展变化对个人的品德面貌具有相当大的影响。在某些情况下,个人的品德面貌对社会的道德风貌也会有一定的影响,如雷锋的品德已被认定为我国当代社会道德的典范。

2. 品德与道德的区别

品德与道德的区别主要包括:

道德是一种社会现象,以行为规范的方式反映社会生活并依赖于人类社会的存在;品德是一种个体现象,依赖于个体的存在和是否具备某种品德。道德是随社会发展变化而变化的,完全受社会发展规律的支配;而品德则同时受社会发展规律和个体心理发展规律的制约，具有主观性和创造性。道德的内容是一定社会经济基础的反映，有完整的体系属于社会意识形态范畴；品德则是道德规范在个人身上的部分体现，是社会道德要求的局部反映。道德通过外在舆论的压力来实现对人行为的约束和调节；而品德则通过内心驱使来实现对人行为的约束和调节。

最后，道德是社会学与伦理学研究的对象，而品德是心理学和教育学研究的对象，它们分别属于不同的研究范畴。

■ 二、品德的心理结构

品德及其心理结构

个体的品德并非孤立存在，而是深深烙印在其一系列的行为表现之中。特别是在那些可能对他人利益产生影响的情境中，个体的行为选择更是品德的直观体现。伴随品德的不断发展，个体逐渐学会设身处地地理解他人，培养出自制力和利他精神。这些良好的行为举止，无一不是与个体的道德认识和道德情感紧密相连的。因此，我们可以将品德的基本心理结构分解为道德认识、道德情感、道德意志以及道德行为方式等核心组成部分。

(一)道德认识

道德认识，亦被称为道德观念，是人们对道德行为准则及其深远意义的一种内在理解。在道德事件的纷繁复杂中，个体的道德认识往往扮演着举足轻重的角色。对于一个特定的个体而言，如果缺乏了道德的实质要素——"意向"和"理由"，那么其行为的道德性便无从谈起。换言之，一个人若是在无意中行善(即没有明确的道德意向或理由)，那么这样的行为并不能被真正称为道德行为。

(二)道德情感

道德情感，则是指个体在审视自己或他人的道德行为时，基于自身道德需求所产生的一种情感态度和内心体验。这种情感始终伴随着道德观念，并深深地渗透到个体的道德行为之中。当个体对自身或他人的行为作出道德判断时，总会伴随着与这些判断紧密相关的情感反应。

正如著名教育家苏霍姆林斯基所言："道德情感——这是道德信念、原则、精神力量的血肉和心脏。没有情感的道德就变成了干枯、苍白的语句，这语句只能培养出伪君子。"道德情感在品德形成与发展中的重要性，已经受到了众多心理学家的广泛关注和深入研究。

积极、愉快的心境能够有效促进个体的助人行为。当道德情感与道德观念相结合，共同成为推动个体产生道德行为的内在动力时，这种动力便被称为道德动机。

(三)道德意志

道德意志则是指个体在面临道德抉择时，能够自觉地组织并调节自身的行为，以克服各种困难和挑战，最终实现既定的道德目标的心理过程。它能够使个体在面临道德冲突时，用正确的道德动机去战胜错误的道德动机，排除来自外界或内心的各种障碍与干扰，坚定不移地朝着既定的道德目标前进。道德意志与道德行为紧密相连，离开了具体的道德行为，道德意志便失去了表现的机会和舞台。

(四)道德行为

道德行为,是指个体在特定的道德意识指引下,所表现出的对待他人或社会具有道德意义的实际行动。它是衡量一个人道德品质的重要标准之一。

在评价一个人的品德时,我们更多的是依据其实际的行为表现,而非仅仅停留在口头的道德认识上。一个内心欲望强烈但缺乏自制力的人,其行为举止可能与其是非观念相悖,这在品德不良的个体中尤为常见。

因此,在评估一个人的品德时,我们需要重点关注其道德行为的一致性和稳定性。正是基于这样的考虑,教育部制定了一系列针对中小学生的行为规范和条例,旨在引导他们在日常生活中养成良好的道德品质和行为习惯。

第二节　品德的形成与发展

为何在同一个班级学习的学生,甚至在共享同一屋檐下的兄弟姐妹,他们的品德发展却大相径庭?有的成为国家的栋梁、社会的楷模,而有的却沦为道德败类,甚至走上违法犯罪的道路?随着社会的进步和经济条件的改善,家长们对子女的教育投入,包括品德教育,愈发重视。然而,不少孩子在品德方面所展现的问题仍令众多教师和家长倍感忧虑。这种投入与产出的不对等现象,恰恰揭示了品德形成的复杂性——它绝非简单的知识传授或行为模仿,而是涉及认知、情感、意志与行为等多个心理维度的系统工程。

现代心理学研究表明,品德的形成是一个动态发展的过程,需要经历从道德认知到道德情感、再到道德意志,最终落实到道德行为。下面详细解析品德形成的内在机制。

一、道德认识的形成

古人曾言:"知之深,爱之切,行之坚。"这句话深刻揭示了道德认识在品德形成过程中的重要作用。只有当我们对道德有深刻的认识,才能产生强烈的情感体验,明确行动的方向和方式,坚持正确的行为准则。道德认识是品德形成的核心,贯穿于其各个方面,起着至关重要的作用。

(一)道德概念的掌握与深化

道德概念的掌握是个体对道德认知的初步表现。这一过程是从具体到抽象,再由抽象指导道德实践的过程。最初,学生对道德概念的理解往往与具体事物相联系,随着知识的增长和生活范围的扩大,他们逐渐开始理解更为复杂和抽象的道德概念。

在这一过程中,教师的角色尤为重要。他们应当通过生动的例子和贴近生活的情境,帮助学生理解和掌握道德概念。例如,教师可以通过讲述真实的道德故事或组织学生参与道德实践活动,让学生在实践中体验和感悟道德概念,从而加深对道德概念的理解和掌握。

(二)道德信念的产生与稳固

道德信念是个体在道德认识的基础上产生的，是对道德准则的坚定信仰和执着追求。它是个体道德品质形成的关键因素，具有稳定性和推动性。

为了培养学生的道德信念，教师应注重以下几点：

首先，教育者要言行一致，为学生树立良好的道德榜样。儿童具有很强的模仿性，因此教师的言行对他们的影响深远。

其次，教师应为学生创造道德实践的机会和条件，让他们在实践中体验和感悟道德信念的重要性。例如，教师可以组织学生参与社区服务、志愿者活动等，让学生在实践中践行道德信念，从而加深对道德信念的理解和认同。

最后，道德信念的培养还需要长期地坚持和努力。教师应根据学生的年龄特点和认知水平，分阶段、有计划地进行道德信念的培养。在小学阶段，教师可以通过班会、课堂讨论等形式，引导学生认识和理解道德准则；在初中阶段，教师可以组织学生开展道德辩论、道德演讲等活动，培养他们的道德思维和判断能力；在高中阶段，教师可以引导学生深入思考人生价值和意义，树立崇高的道德理想和信念。

(三)道德评价能力的发展

道德评价能力是指个体依据一定道德标准，对自己或他人行为做出肯定或否定判断的能力，是道德认识形成的重要标志。其发展历程不仅有助于个体道德观念和信念的建构，更展现了儿童道德心理成长的渐进轨迹。

心理学研究表明，学生的道德评价能力并非一蹴而就，而是遵循一定规律逐步发展的。了解这一过程，对教师有针对性地提升学生的道德评价能力具有重要意义。

1. 道德评价能力发展规律

道德评价能力的发展呈现出鲜明的阶段性特征，这一过程既遵循普遍的认知发展规律，又受到个体经验和社会环境的影响。具体而言，可以概括为以下四个关键转变。

1) 从"模仿"到"独立"

儿童最初倾向于模仿父母、老师或其他成人的道德评价。在这一阶段，他们极易受外界的影响，尤其是来自权威人士的观点和评价，成为他们评价行为的标准。此阶段，他们特别看重奖励与惩罚，倾向于将成人的赞许视为行为的正面标准，而将惩罚视为负面标准。随着年龄的增长，特别是在小学中高年级阶段，学生逐渐开始形成自己的道德评价标准，能够更独立地进行道德判断。

2) 从"效果"到"动机"

在道德评价发展过程中，儿童最初往往只关注行为效果，即行为的直接后果。例如，当看到一名学生帮助老师打扫办公室时不小心打翻杯子，他们可能会因造成的后果而责备这名学生，却忽略其良好动机。随着年级升高，儿童开始关注行为动机，并尝试将动机与效果相结合，进行更为全面的道德评价。

3) 从"对他人"到"对自己"

在道德评价能力发展过程中，儿童最初更擅长评价他人行为，而对自己的行为评价相对滞后。这种倾向在小学低年级阶段尤为明显。随着年龄增长和自我意识发展，学生开始关注并评价自己的行为，学会反思内心活动和行为动机，尝试从更全面、深入的角度来评价自己的行为。

4）从"片面"到"全面"

儿童在道德评价初期往往具有较大片面性，容易以偏概全。他们可能会因为某人在某一方面表现出好的行为而对其整体做出过高的评价，反之亦然。随着经验积累和认知能力提升，他们逐渐学会从更为全面、具体和公正的角度来评价自己和他人的行为。

2. 道德评价中的心理效应

在道德评价过程中，评价者的心理效应往往发挥着至关重要的作用。这些心理效应不仅影响评价者的判断过程，还可能对评价结果产生显著影响。以下是一些常见的道德评价中心理效应。

1）首因效应

首因效应是指个体在评价过程中受到最初信息的影响，从而形成的对后续信息的偏见。这种效应可能导致评价者过分关注最初信息，而忽略后续更为重要的信息，最终影响评价的准确性。

2）晕轮效应

晕轮效应是指在评价过程中，个体往往将自己对某个人的整体印象或情感倾向投射到其具体的行为或特征上。这种效应可能导致评价者忽略被评价者行为的真实性质，而仅根据个人的喜好或偏见来作出评价。

3）刻板归因效应

刻板归因效应是指个体在评价他人行为时，往往受到固定经验模式的影响，将行为的外部表现归因于固定的内部原因。这种效应可能导致评价者忽略行为的真实原因和背后的复杂性，从而做出过于简单化的评价。

4）定势效应

定势效应是指个体在评价过程中受到以往经验和观念的影响而形成的思维定势。这种效应可能导致评价者在评价新情况时无法摆脱旧有的观念和偏见，从而影响评价的客观性和准确性。

二、道德发展理论

道德发展理论

理解品德形成需要借助经典的发展理论。皮亚杰的道德认知发展理论和柯尔伯格的三水平六阶段理论共同指出：道德发展具有不可逆的阶段性，教育干预必须符合学生当前的发展水平。

(一)皮亚杰的道德认知发展理论

瑞士心理学家皮亚杰认为，道德是由规则体系构成的，其实质包括两方面的内容：一是对社会规则的认识和理解；二是对人类关系中平等互惠原则的认知，这是道德发展的基础。

在研究过程中，皮亚杰设计多个包含道德价值判断的对偶故事。例如，在研究儿童对过失判断时，他向儿童讲述以下两则故事后，要求儿童对主人公的行为进行评价并说明理由。

故事 1：男孩约翰听到妈妈叫他吃饭，去开餐厅门时，不知道门外椅子上放着一个盘子，而盘子里有 15 只茶杯，结果撞翻盘子打碎了 15 只杯子。

故事 2：男孩亨利趁妈妈外出，想偷吃橱柜里的糖果。因糖果放得太高，他爬上椅子时碰翻了杯子，杯子掉到地上碎了。

皮亚杰基于认知发展理论，系统分析了儿童对这些问题的回答，将儿童道德认知发展划分为三个典型阶段。

1. 前道德阶段(2～5 岁)

此阶段儿童对行为因果仅有模糊认知，其行为完全受行为结果的支配。他们不是道德的也不是不道德的，随着年龄的增长才能对行为做出初步判断。

2. 他律道德阶段(5～8 岁)

此阶段儿童道德行为的判断主要依赖外部权威设定的标准。此时他们认为规则是不变的，判断行为的好坏仅根据后果的严重性，而不是主观动机。例如上述故事中，他们会认为约翰比亨利坏，因为打碎 15 个杯子比打碎 1 个杯子的后果更严重。

3. 自律道德阶段(9～11 岁)

此阶段儿童主要依据自己认可的内在标准进行道德判断。此时他们认为规则是相互协商而制定的。已经可以根据行为的意图和后果来判断行为了。此时他们针对上述故事的判断，会认为，亨利比约翰"坏"，因为约翰是无意中打碎了杯子。

(二)柯尔伯格道德发展阶段理论

20 世纪 60 年代，美国心理学家柯尔伯格采用道德两难故事法研究儿童道德发展。他设计了一系列道德困境故事，要求儿童在两难的推理中做出选择，并且说明理由。其中最著名的就是"海因兹偷药"的故事。

海因兹的妻子患了癌症，医生说只有本城一家药店的药才能救她。海因兹四处借钱一共凑得 1000 元钱，可药店的老板却把成本只有 200 元的药卖 2000 元。海因兹恳求老板降价或赊账，老板不同意，并且说他卖药就是为了赚钱的。走投无路的情况下，海因兹夜里撬开了药店的门，偷走了他妻子需要的药。

讲完这个故事，研究者会询问儿童：海因兹是否应该被判刑？为什么？

经过对 10 个国家儿童的测试，他发现，尽管民族、文化以及社会规范存在差异，但儿童的道德判断能力随年龄发展趋势是一致的。他把道德发展划分为 3 个水平 6 个阶段(见表 10-1)。

表 10-1　柯尔伯格道德发展阶段理论

水平	阶段	描述	年龄范围
前习俗水平	第一阶段：惩罚与服从定向	儿童缺乏是非善恶的观念，只是因为恐惧惩罚而要逃避，因而服从规范。他们认为所有逃避处罚所做的行为都是对的、好的。遭到批评指责的行为都是错的、坏的	学前至小学低年级

续表

水平	阶段	描述	年龄范围
	第二阶段：功利相对主义定向	认为对自己有利的就是好的，对自己不利的就是不好的，没有主观的是非标准	学前至小学低年级
习俗水平	第三阶段：人际和谐定向	跟随大众的判断，期望得到别人的赞许，从而按照人们所说的"好孩子"的标准来约束自己	小学中年级至成年
	第四阶段：法律秩序定向	服从团体的行为规范，严守公共秩序，尊重法律威信，这时判断是非已经有了法制观念，但把法制观念看成是固定不变的	小学中年级至成年
后习俗水平	第五阶段：社会契约定向	有强烈的责任心和义务感，尊重法律但不囿于法律条款，相信它是人订的，不适合于社会时应当修订	青年期人格成熟后
	第六阶段：普通伦理原则定向	形成了个人的人生哲学，对是非善恶有独立的价值标准。对事情可以做到"有所为，有所不为"，不受现实规则的限制	青年期人格成熟后

由此可见，处于前习俗水平惩罚与服从定向阶段的儿童会认为海因兹偷药是错的，会被警察抓；而功利相对主义定向阶段的则会认为海因兹偷药可以理解，因为他要救妻子，处于习俗水平人际和谐定向阶段的儿童会认为海因兹不该偷药，因为好人不能违法；而法律秩序阶段的则认为偷药违法，什么情况下都不能破坏法律。处于后习俗水平社会契约定向的儿童会认为海因兹偷药情有可原；普通伦理原则定向的则认为救人是最高道德，即使违法也是正义的。

这个理论告诉我们，道德教育应循序渐进，通过引发认知冲突来促进道德水平的提升。一个理想的社会，应既有规则，又包容人性关怀。

三、道德情感的培养

道德情感构建在道德认识的基础之上，是学生在评价道德行为时对符合道德标准的行为产生的积极情感体验，以及对不符合道德标准的行为产生的消极情感体验。这种情感不仅是道德认识的具体体现，还具有显著的感染力和自我监督功能。它能维护正确的心理倾向，促进正义感的形成，并通过自我反思调整行为，从而培养出高尚的道德情操。

儿童的道德情感大约从两岁开始逐渐发展。在幼儿期，道德情感主要与行为后果相关联，随后逐渐与更抽象的道德标准联系起来。学龄初期的儿童在教育的影响下，开始能够用道德标准来评价他人或自己的行为，这时责任感、义务感、爱国主义和集体主义情感等都有了新的发展。但这一阶段的情感体验基本上还是以直觉性为主，缺乏概括性和自觉性。到了青少年时期，道德情感的内容变得更加丰富，深刻性也不断增强。

在儿童的道德情感中，集体荣誉感、爱国主义情感、民族自豪感占据着核心地位，是道德情感形成的重要标志。而义务感、责任感和羞耻感则在儿童的道德情感中具有特殊意义，这些情感的形成对于其他道德情感的发展起到了关键作用。

四、道德意志的培养

一个人即使具备道德认识，或者拥有道德信念和道德情感，能否真正付诸道德行为，还取决于他能否抵御现实生活中的各种诱惑。这就需要道德意志的抵制作用。道德意志是指人根据道德认识来选择和执行道德行为的内在力量。它能使人们克服内部障碍，形成良好的道德动机，并促使个体排除外部干扰，坚持完成道德行为。

心理学家沃尔特斯(G.Walters 1963)等人的实验研究表明，抗拒诱惑的能力与榜样的影响密切相关。实验分三个阶段进行：首先，研究者挑选一批 5 岁男孩作为被试，带领他们进入一间有许多吸引人的有趣玩具和大字典的房间(没有单向观察口的实验室)，并明确告知"这里的书可以翻阅，玩具却不许玩"的禁令。而后把被试分为三组：

第一组为榜样-奖励组，让他们看一部电影短片，影片放映出的是一个男孩在房间中玩禁玩的玩具，当成人进来时不仅没有制止，反而热情地夸奖他，并跟他一起玩；

第二组是榜样-指责组，同样的影片，不同的是当成人看到男孩违反禁令时，立即严厉训斥，吓得孩子立刻放下玩具，显得很害怕的样子；

第三组是控制组，不看任何影片。

最后，让每个被试在最初参观过的房间内停留 15 分钟，主试通过观察。记录他们的行为。

结果发现：第一组儿童很快就被诱惑，克制行动的潜伏时间平均只有 80 秒左右；第二组儿童有较长时间的克制表现，平均潜伏时间为 7 分钟(400 秒)左右，有的甚至在 15 分钟内始终不去碰玩具；控制组的表现介于两者之间，潜伏时间为 5 分钟(290 秒)左右。

研究者认为，影片中儿童违反禁令后受到的鼓励或指责，之所以能对被试抗拒诱惑的能力产生戏剧性的影响，是由于榜样具有替代性作用。换而言之，儿童会通过内部言语把榜样者的行为受到的强化转化为自我强化。这个阶段的儿童不明确自己该做什么，不该做什么，主要依靠外部榜样的作用来增强或减弱特定行为倾向。

五、道德行为的培养

道德行为的评价标准主要包括三个方面：言行是否一致、行为是否符合社会道德规范以及行为是否具有一贯性。这些标准是衡量个体道德品质的重要指标。道德行为的反复出现便形成道德行为习惯。它是与一定的道德需要相联系的自动化的行为方式。养成道德习惯，就是使一个人由不经常的道德行为转化为内在的道德品质。资料表明，养成道德行为习惯的学生，60%是在初中，20%是在高中，余下 20%在高中毕业时还未完全养成。道德行为的培养主要从三个方面来进行：道德动机的激发、道德行为方式的掌握以及道德行为习惯的养成。

(一)道德动机的激发

道德动机是推动人们形成和完成道德行为的内在驱动力。良好道德品质的形成，更重要的是培养正确的道德动机，特别是要激发由道德信念和道德理想转化而来的道德动机，帮助学生用正确的道德动机战胜不正确的道德动机。大家都有这样的体会，小学生常常出现好心办坏事的现象。这个时候教师或家长应首先肯定其动机是好的，然后指出考虑不周、方法欠妥之处或者通过引导性对话、集体讨论等方式让学生自己得出正确结论。

(二)道德行为方式的掌握

道德行为方式是指个体按照一定的规范，经过训练而形成的具有道德意义的活动方法或形式。这是道德形成的初级形式。儿童在实施道德行为时，仅仅有良好的动机是不够的，还需要行为方式的指导。学生的年龄越小，这样的行为指导就越必要。随着年龄的增长每个个体的行为方式的培养也由他人的指导过渡到自己的领悟。比如，有人在完成一项任务时，开始也许没有好好规划，但渐渐地会发现规律，优化行为组织方式，从而形成个性化的行为模式。

(三)道德行为习惯的养成

良好的道德行为习惯一旦养成，就会成为个体自己内在的行为需求，并发展成为终身良好的品质。教师要教育学生及时改正各种不良习惯，形成良好的行为习惯。正如哲人所言："播种习惯，收获性格；播种性格，收获命运。"因此，道德行为习惯的养成具有十分重要的意义。道德行为可以通过以下方式养成。

(1) 正向强化。创设良好的情境条件使儿童重复发生良好的行为。例如，表扬主动帮助同学做好事的学生，使其能更加自觉地助人为乐，最终养成习惯。

(2) 自觉练习。让学生充分理解练习的意义、目的和阶段要求，做到能自觉地坚持行为练习，了解自己的进步从而以愉快的情绪促进习惯的养成。

(3) 合理奖惩。表扬或批评不当都会影响良好道德行为习惯的养成。过度的表扬会使学生产生自满的情绪，而频繁批评则会使学生产生自卑胆怯或逆反心理。

(4) 消除不良的行为习惯。以指导、练习、反思等方法消除不良习惯。教育者(家长、教师、长辈)要抓住儿童点滴的进步，及时给予支持。例如，对于后进生的一次偶然的助人行为应及时予以表扬。

(5) 运用榜样示范。为学生提供良好的榜样，使学生积极模仿学习，慢慢形成自己的行为习惯。

第三节　品德不良的矫正

在众多中小学教师群体中，他们经常聚在一起交流教学心得，其中，如何管理班级中的"淘气包"们往往成为讨论的热点。这些"淘气包"们让许多班主任头疼不已，因为他们似乎对软硬兼施的教育方式都置若罔闻，让老师们束手无策。

然而，一些富有经验的中小学教师分享了他们成功管理"淘气包"的策略。例如，针对体育素质尤为突出的"淘气包"，教师们首先会给予他们充分的肯定，赞扬他们在体育方面的特长和可取之处，使这些学生感受到成就感。接着，教师们会进一步发挥他们的特长，让他们担任班级球队的队长，负责组织和管理球队的各项事务。这些学生往往能够非常负责任地完成任务，赢得了同学们的信任。

在此基础上，教师们会逐步将这些"淘气包"引入班级纪律管理的角色中。他们明白，要想让别人信服，首先自己必须做到严于律己。因此，这些学生在管理班级纪律的过程中，也逐渐学会了自我约束和遵守规则。随着"淘气包"带头遵守纪律，整个班级的纪律状况得到了极大改善。

为了进一步强化这些学生的正面行为，教师们还会请班干部在黑板报上对他们进行表扬，并在全班面前再次夸奖他们的进步。这样的做法不仅消除了他们的自卑心理，还帮助他们改变了执拗、叛逆的性格，增强了自信心，使他们的思想得到了很大提升。

这些案例充分说明，面对品德不良的个体，教育者需要深入思考和探索有效的教育方法。

一、品德不良的定义

品德不良是指个体身上经常表现出的严重违反道德要求的行为，其后果往往比一般的过错行为更为严重。具有品德不良行为的个体往往存在错误的道德认识和不良的道德行为习惯，表现为偷窃、流氓行为、严重的打架斗殴等。

一般来说，品德不良的个体具有以下特点：他们的行为受不良认识和错误思想支配，具有明确的目的性，且对行为后果缺乏自责和悔恨；不良行为出现的频率高、次数多，具有一定的稳定性；行为后果往往严重损害他人和集体利益，具有较强的扰乱性和破坏性，给学校和社会带来不安定因素。

二、学生品德不良的原因分析

品德不良在学生中并非罕见现象，它是在特定的客观条件影响下，通过学生个体的心理活动逐渐形成的。其成因既包含客观因素，也涉及主观因素。因此，教育者应当针对每个学生的具体情况进行深入分析，以便有效预防和纠正不良品德行为，使教育工作取得显著成效。

学生品德不良的
原因分析

(一)客观因素

1. 家庭的影响

家庭作为学生成长的摇篮，对其品德形成具有至关重要的作用。

首先，家庭环境及教养方式对学生的品德塑造产生深远影响。家庭是个体出生后接触的第一个社会环境，对于未成年学生来说，家庭是他们度过大部分时间的地方，因此家庭氛围和家庭成员的言行举止对学生的人格和品德发展具有极大的影响力。

其次，家庭成员特别是父母和兄姐的行为和道德品质对学生有直接影响。他们的行为方式和道德品质会潜移默化地影响学生，成为学生模仿的对象。例如，徐应隆(我国著名的青少年教育研究专家)的研究表明，家庭主要成员的不良行为往往会对青少年产生教唆、熏染的作用，甚至可能导致其走上犯罪的道路。

最后，家庭教育方法的得当与否也直接关系到学生品德的发展。家长应当注重营造良好的家庭环境，采用科学的教育方法，如家庭环境熏陶法、言传身教法、倾听沟通法等，以培养学生的良好品德。同时，家长还应注意自身言行，以身作则，为学生树立榜样。

2. 学校的影响

儿童自六七岁起便踏入学校，开始接受系统的教育，其成长历程中的大部分时间均在校园中度过。尤其是在小学与初中这两个关键阶段，学生的智力开发与人格塑造处于极为敏感的时期。

然而，由于学生在班级中所处的地位各异，个人心理因素也千差万别，班集体对每位学生的教育作用呈现出明显的不平衡现象。面对这一情况，若能适当调整班级成员的地位，或努力改变影响学生心理发展的不利因素，将极大促进其品德的健康发展。

3. 社会的影响

如果说在儿童幼年时期，家庭环境是其品德塑造的主要基石，那么随着他们年龄的增长和社交圈的扩大，尤其是进入网络时代后，社会对他们的影响便日益显著，其中网络的影响更是占据了重要地位。

首先，网络信息环境对儿童的品德形成产生了重要影响。低俗、不健康的思想观念借助网络这一强大的传播媒介，如社交媒体、短视频平台等，迅速在青少年群体中扩散。这些不良信息不仅污染了网络环境，更对儿童的价值观产生了潜移默化的负面影响。儿童在浏览这些信息时，往往难以辨别真伪，从而容易受到误导，形成错误的道德观念。

其次，网络社交的兴起也带来了新的挑战。在网络空间中，一些品德不良甚至有过犯罪经历的人可能通过网络伪装成友善的个体，与儿童进行交往。这种虚拟世界中的不良交往，往往让儿童难以察觉，从而更容易陷入其中，受到不良影响。此外，网络社交还可能导致儿童过度依赖网络，忽视现实生活中的人际交往，进而影响其社交能力和品德发展。

除了网络信息环境和网络社交外，不良的网络使用习惯或过度依赖网络也是现代儿童面临的一大问题。长时间沉迷于网络游戏、短视频等虚拟世界，不仅会导致儿童在现实生活中的人际交往能力下降，还可能引发一系列心理问题，如焦虑、抑郁等。这些问题都可能间接影响儿童的品德发展，使其形成消极的道德观念和行为习惯。

然而，尽管网络对儿童产生了诸多负面影响，我们也不能忽视其在儿童品德形成过程中的积极作用。例如，通过网络，儿童可以接触到更广泛的信息和知识，拓宽视野，培养独立思考和批判性思维能力。同时，网络也为儿童提供了更多的社交机会，使他们能够与来自不同背景和文化的人进行交流，增进相互理解和尊重。

此外，传统社会因素仍然在一定程度上对儿童品德形成产生影响。社会中一些品德不良的人可能通过现实生活中的交往对儿童产生不良影响。然而，与网络信息环境和网络社交相比，这种影响已经相对较小。同时，大众传媒在儿童品德形成过程中仍然扮演着重要角色。特别是影视媒体，其生动形象的画面和故事情节往往更能吸引儿童的注意力。因此，我们需要加强对影视媒体的监管，确保其传播的内容健康、积极，对儿童产生正面影响。

最后，班级、同辈小团体、朋友之间的不良影响同样不容忽视。儿童在与同伴交往的过程中，很容易受到同伴的行为习惯和道德观念的影响。因此，我们需要加强对儿童社交圈子的关注和引导，帮助他们树立正确的价值观和道德观念，避免受到不良影响。

总之，现代社会中网络对儿童品德形成的影响已经占据了重要地位。我们需要正视这一挑战，加强网络环境的治理和儿童网络素养的培养。同时，我们也不能忽视传统社会因素在儿童品德形成过程中的作用。只有综合施策、多管齐下，才能有效地促进儿童品德的健康发展。

(二)主观因素

从品德结构的角度分析,学生不良品德行为的发生往往受到以下主观因素的影响。

(1) 道德认识水平低下。这类学生由于道德认知模糊或错误,甚至缺乏基本的道德观念,容易做出违背道德准则的行为。例如,当老师批评"个人英雄主义"时,有些学生可能因为无法区分"英雄行为"和"个人英雄主义"的界限,错误地将逞强闹事等不当行为视为值得炫耀的事情。

(2) 道德情感异常。这类学生往往缺乏正义感,存在善恶颠倒、美丑不分的现象。他们可能盲目追求"哥们义气",为维护所谓的朋友情谊而不顾道德和法律约束,进而参与打架斗殴等不良行为。

(3) 意志薄弱。有些学生虽然了解基本的道德准则和行为规范,但由于意志薄弱,缺乏抗拒诱惑的能力,难以坚定地执行这些准则和规范。他们易受个人欲望和不良习惯支配,屡次犯错。即便在犯错后表现出悔改之意,但由于缺乏自觉性和自制能力,往往经不起外界诱因的诱惑而重蹈覆辙。

(4) 青春期叛逆。青春期是个体生理和心理发生显著变化的关键阶段,也是性格形成的重要时期。此阶段的学生表现出强烈的叛逆倾向,可能对社会规范、家庭管教产生抵触情绪,甚至出现反社会、反家庭的行为,从而更容易发生不良品德问题。

三、学生品德不良类型

学生不良品德的形成过程因性质和程度不同而有所差异。根据相关研究,可将其划分为以下几种类型。

(1) 过失型。这类学生在特定情况下容易产生违反纪律或一般行为规范的行为,如骂人、打架、恶作剧、偶尔说谎、损坏东西或逃课等。其行为通常具有偶然性和情境性特征。

(2) 品德不良型。这类学生已形成某些不良的道德意识与个性特征,其表现行为对道德规范的持续性违反,如偷窃、欺骗、斗殴、浪荡、破坏公物等。在青少年群体中还可能具有群体性特征。

(3) 攻击型。这类学生在遭遇挫折后易产生愤怒情绪。在与他人发生冲突的情境中表现攻击行为。其特点包括:情绪易激动、易产生不适当的激情反应;为缓解内心紧张,常采取对抗、报复、迁怒等发泄方式。此类行为通常具有公开性、爆发性特点,且多针对特定对象(即被其视为阻碍需求满足的人)。

(4) 压抑型。这类学生主要表现为由于遭遇挫折而产生的焦虑情绪。其行为特征包括:性格内向、胆怯软弱;为缓解焦虑,常采取逃避策略,如回避学习或社交活动,或在参与时态度消极。此外,他们常常伴有自我否定和自暴自弃的倾向。此类问题虽对他人影响并不显著,但会严重阻碍其个性健康发展,且通常具有隐蔽性和持续性特点。

详见表 10-2。

表 10-2　学生品德不良类型特点及举例

类型	特点	小学生例子
过失型	好奇、好动、试探、畏惧等心理表现	小明在上课时好奇地玩弄同学的文具盒，不小心将其摔坏
	偶发性、情境性、盲目性	他在没有意识到后果的情况下做出了这个行为
	可能对集体、他人造成不良影响	同学们因此对小明产生了不满，影响了班级氛围
品德不良型	对道德规范有错误认识或明知故犯	小红经常在课间偷拿同学的零食，她认为这是种有趣的游戏
	缺乏道德感和抗拒诱惑的能力	她没有意识到这种行为是不道德的，也无法抵制这种诱惑
	经常性、倾向性、有意性，可能有群体性	小红的行为逐渐变得频繁，甚至与其他同学一起进行此类行为
	对集体、他人造成损害	同学们开始失去对小红的信任，班级团结受到破坏
攻击型	受挫折后引起的不良情绪，主要是愤怒	小华在竞选中落败后，对当选的同学心生不满
	采取发泄的方式，对抗、报复、迁怒等行为	他故意破坏当选同学的文具，甚至在背后说其坏话
	公开的、爆发的特点	小华的行为很快被同学们发现，引起了争议
压抑型	遭遇挫折后产生的焦虑情绪	小丽在连续几次考试失利后，变得沉默寡言
	性格内向、胆怯软弱、情绪低沉	她开始害怕参加课堂讨论，担心自己的答案会被同学嘲笑
	采取逃避策略，态度消极	小丽逐渐回避参加课外活动，对学习也失去了兴趣
	对自己悲观失望，自暴自弃	她觉得自己不是学习的料，对未来失去了信心

四、矫正品德不良行为的途径

针对小学生品德不良行为的矫正工作，需要构建家庭、学校、社会及学生个体"四位一体"的协同教育机制。在这一系统工程中，教师作为专业教育者，扮演着至关重要的角色。

(一)深入理解不良行为背后的动机与需求

驱使个体做出品德不良行为的动机有许多，通常也比较隐晦。同样一种不道德的行为可能由不同的需要引起。如学生要好好学习、取得好成绩的动机，可能是因为想让家长更多地关注自己，也许是怕家长打骂，也许是为了引起某个异性的注意等。家长和教师应充分了解学生的需要，以便使品德不良行为的矫正工作取得事半功倍的效果。

(二)改善人际关系，消除对立情绪

品德不良的学生往往因为受到教师的斥责、同学的嘲笑和歧视而产生敌对情绪。这种

情绪不仅影响了他们的心理健康，也加大了矫正工作的难度。因此，教师应以真诚、尊重和关爱的态度对待这些学生，让他们感受到教师的关爱和期望。同时，班级中的其他同学也应以包容和理解的心态接纳他们，帮助他们摆脱不良群体，重新融入温暖的集体。

此外，教师还应与家长保持密切联系，共同为学生营造一个充满关爱的成长环境。家长应调整家庭教养方式，改善与孩子的关系，为孩子树立正确的道德榜样。

(三)提升道德认识，培养辨别是非的能力

品德不良的学生往往缺乏正确的道德认识，对是非善恶的界限模糊不清。因此，教师应通过耐心地教育和引导，帮助他们树立正确的道德观念。在教学过程中，教师应注重实例的运用，让学生在生动具体的情境中领悟道德真谛。同时，通过主题班会等形式，组织学生讨论典型事件，加深他们对道德原则的理解和认同。

此外，教师还应善于发现学生身边的榜样，让他们从身边的人和事中汲取正能量。同时，教师还应反复强调道德原则，使其内化为学生自己的行为准则。

(四)锻炼意志力，巩固良好行为习惯

坚强的意志力是克服不良行为、形成良好品德的关键。因此，教师应注重培养学生的意志力。在教学过程中，教师可以通过举办各种活动来锻炼学生的意志力，如爬山比赛、长跑比赛等。这些活动既能锻炼学生的体魄，又能培养他们的毅力和坚韧不拔的精神。

同时，教师还应关注学生在行为矫正过程中的表现，及时给予肯定和鼓励。当学生在改正错误行为方面取得进步时，教师应及时给予表扬和奖励，以增强他们的自信心和动力。

(五)发挥集体教育的作用

集体教育在矫正小学生品德不良行为方面具有独特的作用。班级作为一个小集体，其氛围和舆论对学生个体的品德发展有着重要影响。因此，教师应充分发挥集体的力量，通过班会、小组活动等形式，引导学生树立正确的价值观和道德观。同时，班级中的同学之间应相互帮助、相互监督，共同促进良好品德的形成。

(六)因材施教，关注个别差异

每个学生都是独一无二的个体，他们的气质类型、个性特点以及成长环境都各不相同。因此，教师在矫正学生品德不良行为时，应充分考虑学生的个体差异，采用因材施教的方法。针对不同类型的学生，教师应采用不同的教育策略和手段，以最大程度地发挥教育的作用。

例如，对于性格内向、敏感的学生，教师应更多地采用鼓励和引导的方式，帮助他们建立自信、克服自卑；而对于性格外向、活泼的学生，教师则可以通过设置具有挑战性的任务来激发他们的斗志和潜力。

(七)争取社会力量的支持

矫正小学生品德不良行为是一个系统工程，需要社会各方面的支持和配合。学校应加强与社区、家庭以及社会各界的联系与合作，共同为学生营造一个良好的成长环境。例如，学校可以邀请社区工作人员或志愿者来校开展讲座或活动，帮助学生了解社会规范和价值

观；同时，学校也可以与家长合作，共同制定针对学生的教育计划，促进家庭教育与学校教育的有效衔接。

综上所述，矫正小学生品德不良行为需要多方面的努力和配合。只有家庭、学校、社会以及学生个体本身共同努力，才能有效地促进学生的品德发展和健康成长。

本章小结

本章详细探讨了品德的界定、心理结构以及形成与发展过程，同时也对品德不良的矫正进行了深入剖析。

首先对道德和品德进行了概述，揭示了品德与道德之间的紧密联系与微妙差异。

其次，本章详细剖析了品德的心理结构，包括道德认识、道德情感、道德意志和道德行为，为深入理解品德的形成与发展提供了理论基础。

再次，从道德认识的形成、道德评价能力的发展、道德发展理论等多个角度进行了深入探讨，揭示了品德发展的内在机制和规律。同时，本章还提出了道德情感、道德意志和道德行为的培养方法，为教育实践提供了有益的参考。

最后，对品德不良进行了定义，并分析了其产生的原因，包括家庭、学校、社会等客观因素，以及道德认识水平低下、道德情感异常、意志薄弱等主观因素。针对不同类型的品德不良行为，本章提出了相应的矫正途径，包括深入理解不良行为背后的动机与需求、改善人际关系、提升道德认识、锻炼意志力等。

总之，本章为我们提供了对品德的全面认识，揭示了品德形成与发展的内在机制，同时也为我们提供了矫正品德不良的有效方法。这对于我们在教育实践中培养学生的品德素质，促进他们的全面发展具有重要的指导意义。

思考题

(1) 简述品德与道德之间的关系，包括它们的联系和区别。

(2) 品德的心理结构包括哪些方面？请简要描述每个方面的主要内容。

(3) 道德认识的形成过程中，道德概念的掌握与深化如何影响个体品德的发展？

(4) 描述道德发展理论中柯尔伯格的道德发展论的三个水平及其特点。

(5) 在培养道德情感的过程中，你认为哪些方法或策略是有效的？请举例说明。

(6) 道德行为的培养需要从哪些方面着手？请详细阐述。

(7) 学生品德不良的原因主要有哪些？请从客观因素和主观因素两方面进行分析。

(8) 矫正品德不良行为的途径有哪些？请结合实际案例说明其中一种途径在矫正过程中的具体应用。

第十一章 小学教师心理

本章学习目标

➢ **知识目标**：理解小学教师角色认知的重要性；了解教师威信的概念、作用以及有威信的小学教师的特点。

➢ **能力目标**：运用小学教师角色认知的相关知识，分析自身在教育实践中的表现和成长点；提高分析和解决师生沟通问题的能力，妥善处理师生冲突；学会制定有效的课时计划，并能根据课堂实际情况灵活调整教学策略。

➢ **素质目标**：培养具备高尚品德和坚守教育信念的小学教师，做到以身作则，为人师表；增强积极主动和乐观稳定的教育态度，以积极的情绪情感影响学生；塑造良好的人际关系，与学生建立深厚的师生情谊，为教育工作的顺利开展奠定基础。

重点与难点

➢ **重点**：理解小学教师角色认知的重要性；掌握形成和维持教师威信的方法；学会制定课时计划和运用有效教学策略的技巧。

➢ **难点**：如何在实际教学中运用角色认知的相关知识；如何正确处理师生冲突，建立和谐的师生关系；如何根据学生的特点和需求灵活调整教学策略。

引导案例

李老师的苦恼

近期，小明因课堂纪律问题多次与李老师发生冲突，导致双方关系紧张。为缓解师生矛盾，恢复和谐关系，李老师决定采用以下教学策略：

首先，李老师邀请小明到心理辅导室，以平和的态度倾听小明的想法和感受，给予充分表达空间。同时，李老师也分享了自己对问题的看法，帮助小明了解老师的立场。通过沟通，师生共同分析冲突产生的原因，如沟通不畅、误解、个性差异等，从而找到解决问题的关键。

其次，李老师通过关心小明的日常生活和学习状况，逐渐建立起师生间的信任关系，为后续解决冲突奠定基础。

接着，李老师组织师生进行角色扮演活动，李老师扮演学生，小明扮演老师。通过换位体验，双方增进了相互理解。活动后，师生分享彼此的感受，进一步加深对问题的认识。

通过以上教学策略的实施，小明和李老师之间的冲突得到了有效缓解，师生关系得到了恢复和巩固。小明逐渐认识到了自己的错误行为，并开始积极改进；李老师也更加了解小明的需求，能够更有针对性地指导他的学习和成长。

（资料来源于本书作者的工作日记）

当前，我国基础教育正处于从应试教育向素质教育转型关键时期。《中国教育改革和发展纲要》明确指出，中小学教育要实现从单一应试模式向全面提升国民素质的转变，要面向所有学生，全面培养他们的思想道德修养、文化科学素养、劳动技能以及身心健康，促进学生生动活泼地全面发展。这一转型对小学教师角色定位提出了更高的要求。

第一节　小学教师的角色认知

小学教育阶段，代表着一个人生命中系统化、正规教育的开始。这是孩子的思想观念、道德品质、身体发展、知识积累、学习习惯和个性特点等打基础的关键时期。在这一阶段，儿童的知识建构和人格塑造都依赖于具备专业素养和崇高道德标准的老师引导。

"角色"这一概念起源于戏剧术语，指演员在舞台上扮演的特定人物。1934 年，美国社会心理学家乔治·赫伯特·米德首次将其引入心理学领域，用以解释个体在社会互动中的行为表现。在社会视角下角色被定义为个体在社会关系网络中所占据的特定地位以及与之相关联的行为规范，它体现了社会对个体身份和责任的期望。

莎士比亚在《皆大欢喜》中的经典台词生动诠释这一概念："全世界是一个舞台，所有的男男女女不过是演员，他们都有上场和下场的时候。"这句话深刻揭示了人生如戏，每个人都在不同阶段扮演着各自的角色。

一、教师的角色意识

教师的角色意识是指教师对自身社会角色规范的清晰认知和深刻体验。这种意识是教师自我认知中不可或缺的一部分，只有具备了明确的角色意识，教师这一群体才能形成与社会期望相符的职业行为标准，并且使得教师个人能够持续调整和完善自己的专业行为，以充分履行其社会职责。完整的教师角色意识由三个要素构成：角色认知、角色体验和角色期待，详见表 11-1。

表 11-1　完整的教师角色意识构成要素

名称	定　义	具体分析	案　例
角色认知	教师对自身社会地位、职能及行为规范的理解，以及与其他社会角色的关系的认知	这种认知是扮演角色的基础，能否成功扮演某个角色取决于对该角色的认知程度。对教师而言，只有具备准确的角色认知，才能在不同社会情境中恰当行事，实现良好的社会适应。通过学习、职业培训和社会实践等途径了解社会对教师角色的期望和要求，从而达成角色认知	小学生小明认为老师应该是知识渊博、能耐心解答问题、关心同学的，所以当他看到老师耐心辅导同学作业时，觉得这符合他对老师角色的认知

续表

名称	定 义	具体分析	案 例
角色体验	个体在扮演特定角色过程中，因各方评判和期待而产生的相应情绪体验	这些体验分为积极和消极两种，取决于个体行为是否合乎角色规范并得到相应的评价	小学生小红在担任班级小组长时，因为认真负责得到老师表扬，感到很自豪，这是积极的角色体验；而当她因为一次疏忽导致小组任务没完成被同学埋怨时，感到很失落，这是消极的角色体验
角色期待	包括自己和他人对应当展现出何种行为的看法和期望。它因人因境而异	包括自我形象即个人对自己的期许，以及公众形象即社会对他的期许。两者互相影响，教师需不断内化社会对教师角色的期望，减少角色冲突	小学生小刚觉得老师应该是公平公正的，当老师处理班级纠纷时做到了不偏袒任何一方，小刚认为老师符合他的期待

二、小学教师角色的特殊性

基础教育的"基础"有两层含义：一方面是个体终身发展的根基，另一方面是后续教育的基础。小学阶段是儿童发展的关键期，这一时期的儿童具有天真、依赖性强、可塑性大、好奇心旺盛和学习能力突出等特点，是实施教育的最佳时期。教育的核心任务在于引导儿童学会学习，适应学校生活，并为将来学习和形成积极的人生观打下坚实基础。对小学教师而言，学生年龄越小，教学难度反而越大。因此，小学教师通常比中学或大学教师付出更多努力，一个没有事业心和责任心的人很难胜任这份工作。

小学教师相对于其他教育阶段的教师既具有共性又有其独特性。这种独特性源自小学生的向师性和独立性。一方面，小学生如花草树木向往阳光一般倾向于模仿教师。教师应利用这一点，以身作则，热情真诚地教导学生，全力以赴促进其成长。另一方面，小学生也具有独立性，他们每个人都有独立思考和自主意识。教师不应代替学生思考，而应留给学生自主学习的空间，引导学生观察、分析和感受，体验独立完成学习任务的喜悦。

三、小学教师的角色定位

小学教师的
角色定位

教师在人类社会发展中扮演着至关重要的角色，学校是他们施展才华的主要舞台。社会的进步使得学校的功能日益复杂化和多样化，要求教师顺应现代教育发展需求，并在教育改革中扮演多元化的角色。特别是针对小学生的特点，小学教师需要承担以下重要角色。

1. 学习的启蒙者和促进者

小学教育是正规学校教育的开始。对刚入学的儿童而言，学习是一项全新的任务和活动形式。面对孩子们可能产生的学习困惑，教师需以细心教诲和启发式教学，帮助他们掌握学习方法，培养良好学习习惯。小学教师是儿童学习之路的引领者，这是首要且最显著的角色特征。

作为启蒙者，教师在引导儿童学习时，要关注每个孩子的发展特性，科学设计个性化的教学方案，鼓励儿童独立思考和创造性学习。教师要善于激发学生的学习动机，引导他们主动探索知识，并通过各种教学方法深化理解。同时，教师要在学习初期提供必要的指导，引导学生逐步过渡到自主学习，培养学生的学习能力。

2. 教学活动的协作者

后现代教育理念强调，教育过程中的师生关系应是平等共生的。教师不再是知识的绝对权威，而是学生中的"首席"，与学生共同成长。在课堂讨论和对话中，教师要以开放的态度与学生一起探究，建立平等、民主、自由、合作的互动关系。

3. 积极情感的培育者

小学阶段是儿童情感发展的关键时期。随着学习活动的开展和交往范围的扩大，情感教育显得尤其重要。教师的态度和情感投入对孩子的心理发展有着显著影响，因此，他们需要成为儿童积极情感的培育者。针对小学生情绪调节的特点，教师要教会他们有效的情绪管理方法。例如，通过转移注意力、倾诉等方式调节负面情绪，通过保持冷静等方法应对过度兴奋状态。

4. 心理健康的守护者

教师有责任维护学生的心理健康。一方面，教师要规范自身言行，避免给学生带来负面影响，用关怀和鼓励构建一个积极的教育环境。另一方面，教师要注重加强对学生心理发展的引导，帮助解决他们在学习、生活和人际交往中遇到的问题。

5. 行为规范的示范者

在小学儿童学习和实践社会道德规范的过程中，教师的示范和引导起着关键作用。由于小学生对教师的模仿意愿强烈，教师需以身作则，成为学生模仿的榜样。此外，教师应通过具体训练和情境设计，帮助学生理解和践行道德规范，促进他们在真实环境中主动学习和探索。

第二节　小学教师的威信

苏联教育家米哈伊尔·加里宁曾精辟地指出："一个拥有威信的教师，其影响力将在学生心中留下不可磨灭的痕迹。"历史和实践不断证明，当学生对其崇敬的、具有威信的教师的指导深信不疑时，他们乐于接受并且遵循这些教导；他们对这类教师所授的课程表现出更高的重视，积极按照教师的指导去认真学习。与此相反，对于缺乏威信的教师，学生通常持消极态度，这在一定程度上影响了教学和教育的效果。

具备威信的教师在开展教学活动时往往能够取得事半功倍的效果，他们的努力更容易赢得学生的尊重与喜爱。因此，建立和维护教师威信不仅是提高教学质量的关键因素，也是激发学生学习热情和促进他们发展的重要条件。教师的威信并非一蹴而就，而是通过专业能力、公正无私以及对学生无微不至的关怀逐渐树立的。

在教育过程中，有威信的教师能够为学生树立榜样，引导学生形成积极的价值观和人生观。这种影响是深远的，它不仅关乎知识的传承，更涉及人格的塑造和未来公民的培养。因此，教师威信的构建对教育工作者而言，是一项既光荣又艰巨的任务。

一、教师的威信及其作用

(一)威信的概念

威信，作为一种普遍存在的心理现象，在人群中具有显著影响力。它源自那些德才兼备者通过长期一致的言行所展现出的卓越品质，进而赢得众人的尊敬与信赖。在教育领域，威信尤为关键。教师的威信基于其深厚学识、丰富资历、崇高声望、卓越才能以及高尚品德，形成一种强大吸引力。这种吸引力使学生自然将教师视为榜样，对其言行思想产生认同并模仿。教师的威信既是威望，也是信誉，它体现了教师在学生心目中的崇高地位。

从本质上讲，教师的威信是其积极肯定的人际关系的体现。每位教师都渴望在学生心中树立崇高威信，以便更有效地施加教育影响。与权力不同，威信并非强制性力量，它依赖于学生对教师的真诚信服，是一种自然产生的现象。权力则更多地依赖于意志强制，其基础在于服从，甚至可能引发恐惧。在课堂中，教师的威信体现于知识、资历、才能、品德等多方面，这些元素以个性化方式融合在教师的言谈举止中，潜移默化地影响着学生。

(二)教师威信在教育中的地位和作用

在教育过程中，教师的威信发挥着至关重要的作用，是提高教育质量的可靠保障。当具有威信的教师发表观点时，学生往往热烈响应；相反，缺乏威信的教师可能面临学生的冷漠甚至反感。威信使教师成为学生心中的理想榜样和行为楷模，激发模仿意愿，从而增强教育效果。

威信教师的教育影响力主要体现在以下几个方面：①学生深信教师所传授的内容和指导具有真实性和正确性，更愿意主动接受学习并遵照执行；②教师要求更易转化为学生的内在需求，有助于培养良好品质；③教师的表扬或批评能够引发学生相应的情感体验，特别是威信教师的表扬，不仅能让学生感到愉悦和自豪，还能激发他们的学习动力和进步愿望；④学生将威信教师视为自己的榜样，其示范和要求能产生更大的教育效果。

(三)小学教师威信作用的特殊性

对小学教师而言，其威信在学龄初期儿童的成长中具有特殊作用。此阶段是儿童身心发展的关键时期，也是为今后学习和生活奠定基础的重要阶段。此时儿童思维正从具体形象思维向抽象逻辑思维过渡，更易接受直观、形象的刺激，教师的言行举止成为他们模仿的榜样。此外，刚入学的儿童往往具有强烈的"向师性"，视教师为无所不能，其影响力远超家长。在这一阶段，由于儿童自我评价的独立性较差，更容易受到教师的影响和暗示。

因此，在小学阶段(尤其是低年级)，教师的威信更容易建立，且对学生产生的影响更为显著。教师的崇高品德、渊博知识以及优秀个性品质作为一种最现实、生动、鲜明的教育影响力，潜移默化地感染、熏陶儿童，对其成长产生深远影响。小学教师更应注重自身修养，维护并提升在学生心目中的威信，以更好地发挥教书育人的作用。

二、有威信的小学教师的特点

苏联教育家米哈伊尔·加里宁以其深刻的洞察力阐述了"有威信的教师即学生心目中的好教师"这一理念。中国教育学者沈祖樾和曹中平在此基础上进行了深入研究，探讨了学生所敬仰的好教师应具备的品质，并得出了一些结论。他们认为，好教师应该具备如下特质：对学生充满热爱、理解以及信任；尊重学生的人格尊严；对待男女生以及各种水平的学生都一视同仁；保持亲切和善、易于接近的态度；具备强大的教学能力并认真对待教学活动；具有敬业精神和强烈的责任感；对学生保持耐心；敢于进行自我批评和他评；身体力行，以身作则；富有幽默感；拥有广泛的兴趣和丰富的知识；在组织管理和口头表达上具备突出能力；性格乐观开朗；专业知识深厚；具备创新精神；对自己要求严格而对他人宽容；衣着得体且大方。

通过对小学生的调研发现，学生心目中的理想教师特征包括：能够清晰地讲解课程内容，确保学生理解；工作态度认真负责；对待所有学生均无偏见；能够虚心接受意见和建议；与学生保持良好的关系；具备出色的口头表达能力；言谈举止礼貌得体；避免对学生使用打骂或嘲笑的方式；批改作业时认真细致；对学生持有耐心；面对困难不退缩，坚持到底；拥有广博的知识；鼓励学生积极思考和参与实践；帮助学生拓宽知识视野等。

综合以上分析，我们不难总结出，一个拥有威信的小学教师应当具备卓越的教师素养。这样的教师通常具有崇高的道德品质，对教育工作充满热情；愿意全身心投入，爱护学生，不知疲倦地教导他们；平等对待每一位学生，促进团队合作；对自己有着严格的要求，并以自己的言行成为学生的楷模；具有深厚的知识基础、卓越的职业技能；保持稳定的心理素质和健康的体魄；外表和日常举止庄重而有魅力。总之，这些教师在学生眼里自然地树立起威信，并赢得了学生的尊重和喜爱。

三、教师威信形成的影响因素

教师威信形成的
影响因素

教师威信的形成是一个复杂而多元的过程，既受到外部环境的影响，也与教师自身的特质和表现密切相关。下面将从客观因素和主观因素两个方面进行深入探讨。

(一)影响教师威信形成的客观因素

随着国家对教育事业的日益重视，教师职业得到了更广泛的尊重。教师社会地位的提升和物质待遇的改善，为教师威信的形成奠定了坚实的社会基础。同时，教育行政部门和学校领导对教师工作的支持和关怀，也极大地促进了教师威信的建立。他们积极解决教师在工作、学习和生活中的实际困难，为教师的专业成长和发展提供了有力保障。

此外，学生家长对教师工作的尊重和对教育合作的积极参与，也是提升教师威信的重要保障。家长的理解、配合与支持，能够为教师创造良好的教育教学环境。在全社会形成尊师重教的良好氛围，对于提升教师职业的威信具有至关重要的作用。

(二)影响教师威信形成的主观因素

就教师个人而言，其人格魅力、专业素质、评价艺术以及师生关系等因素，对教师威信的形成具有显著影响。

1. 教师的人格魅力

教师的人格魅力是形成真正威信的核心要素。热情、和蔼、诚实、谦逊、守信、公正等优秀品质，能够使学生对教师产生深厚的信任感，从而有助于教师威信的树立与提高。这种人格魅力往往能够超越单纯的教学能力，在学生心中留下深刻印象。

2. 教师的专业素质

教师的专业素质包括扎实的专业知识和精湛的专业技能。只有当教师具备足够的专业素质，才能有效地解决学生在学习过程中遇到的问题，满足他们的求知欲望，从而赢得学生的认可和尊重。专业素质是教师威信的重要支撑。

3. 教师的评价艺术

教师的评价艺术对于威信的建立与巩固具有重要影响。评价时机的把握、评价场合的选择、评价强度的控制以及评价方式的合理性等，都会影响到学生对教师评价的接受度。恰当的评价能够增强教师的威信，而不当的评价则可能适得其反。

4. 师生关系

良好的师生关系是教师威信形成的重要基础。当师生关系融洽时，学生更愿意宽容和理解教师的不足；反之，当师生关系紧张时，即使教师的观点正确，学生也可能产生抵触情绪。建立平等、互信的师生关系至关重要。

5. 满足学生需求的能力

教师在与学生的长期交往中，如果能够及时关注并满足学生各种合理的需求，给予真诚的关心和爱护，那么教师威信就能自然而然地建立起来。这种能力体现了教师的教育智慧。

6. 教师的仪表与综合素养

教师的仪表、风度、气质以及生活习惯等，都会对学生产生潜移默化的影响。得体的着装、优雅的举止、独特的气质，往往能够在学生中树立良好的形象。此外，教师具备较强的组织协调能力以及能写会画、能说会唱等多元化才能，不仅有助于更好地完成教学任务，还能丰富学生的学习体验，提升威信。

四、教师威信形成的途径

小学教师想要形成并维护自身的威信，首先应充分重视"自然威信"的基础作用。自然威信是指由于教师角色的特殊性,学生在与教师互动的初期阶段自然生成的信任和尊重。这种基于职业特性形成的威信,是教师威信建设的重要起点。在此基础上,教师需要通过以下途径进一步强化威信。

(一)以身作则,为人师表

高尚的道德品质、正直的行为操守、完善的人格修养及优良的工作作风,都能激发学生的敬仰之情。这种影响力虽无形却持久深远。汉代学者董仲舒提出"善为人师者,既美其道,又慎其行"的教育理念。教师必须用自己的道德魅力去感染学生,只有成为学生的表率,才能规范学生行为,从而巩固威信。

在实际教育工作中,教师要做到言出必行。这里的"言"是指师生共同约定的合理规范,"行"则要求教师率先遵守并维护这些规范的严肃性。教师要让学生明白,他们是言出必行的人,不会允许任何逃避和欺骗的行为发生。同时,教师应具备民主的作风,勇于承认错误并改正。他们应当具有宽阔的胸襟,愿意进行自我批评,坚持真理,并承担起责任,成为学生最信任的、才华横溢的、光明磊落的良师益友。

(二)提升专业素养,夯实知识基础

丰富的知识储备是教师威信的重要源泉。学生对教师的尊重不仅来自对其人品的认可,更来自对其专业素养的敬佩。

随着时代的进步,学生获取知识的渠道日益增多,他们的思维变得更加活跃,求知欲也相应提升,这导致他们对教师素质的期望值也随之提高。

因此,小学教师必须不断地学习,补充和丰富自己的知识体系,增加知识储备,只有让学生感受到教师拥有无穷的智慧,才能真正提高教师威信。

同时,教育工作是一项非常复杂的系统工程,具有特殊的规律性。教师只有深入了解教育的客观规律,准确把握学生的心理特点,采用科学的教育方法,掌握塑造学生心灵的艺术,才能取得优秀的教育成果。教师只有在知识和教学能力上都达到精深、广博和宽厚的境界,才能适应教学的需要,在学生心中树立和巩固威信。

(三)培养健康心理品质

爱与信任是构建良好师生关系的基石,也是教师树立威信的基础。对学生和教育工作抱有深厚的情意,保持耐心,拥有坚强的意志,展现出积极进取的精神,真诚地与学生交往,勇于承担责任,并且具备自我批评的精神。对待工作、学习和生活充满热情,取得成功时不自满,面对不愉快的事情时不怨天尤人或者气馁,始终保持乐观向上的态度。只有做到这一点,学生才会真心佩服。

(四)公平公正对待学生

追求平等和公正是人类的天性。只有当学生感受到教师的平等对待时,才会尊敬并信赖教师。这样,学生才可能敞开心扉,让教师更准确地了解他们,及时改进教育方法,从而进一步加强自己的威信。现代教师应该摒弃过去狭隘的观念,平等对待每一个学生,不论成绩优劣、家庭背景、性别或外貌差异,将师爱的阳光均匀洒向所有孩子。

关于教师威信形成的一些误区有如下几点需要避免。

(1) 权威压制，指的是有些教师错误地认为通过严厉管教来树立威信。他们将教育威信误解为一种威严，不理解也不尊重学生，对学生提出不合理的要求，稍有不满便滥用权力进行管制和打压，甚至无理惩罚学生，导致学生虽敬畏却远离他们，这样无法真正建立起威信。

(2) 施惠收买，指的是有些教师试图通过施予小恩小惠，甚至用分数或班干部职位作为诱惑来获得威信，这种行为无法帮助教师真正建立威信，反而可能损害教育公平。

(3) 空谈自吹，指的是有些教师喜欢在学生面前自我吹嘘、虚张声势来扩大影响和赢取威信。这种做法不仅不能建立真正的威信，反而会降低教师的可信度和形象。

第三节 教师的主要心理特征

教师的心理特征是其在长期教育教学实践中逐渐形成的独特心理品质。这些品质是从事教育职业者共有的，主要体现在认知、情感、意志和个性心理等方面。良好的教师心理特征不仅是教育才能的体现，直接影响教育教学效果，更作为强大的教育力量，潜移默化地影响学生的人格发展。因此，深入理解并培养这些心理特征对小学教师专业成长至关重要。

一、教师的认知特征

认知特征是教师在感知(观察)、记忆、思维和想象等认识活动中所展现的心理特点，是教师专业素养的重要组成部分。

(一)教师观察力的特点

观察是有目的、有计划的知觉过程，是教师专业能力的基础。优秀的教师应具备敏锐而精细的观察力，能够捕捉瞬息万变的现象，迅速并准确地作出判断。良好的观察力使教师能及时发现课堂中的消极因素，洞察学生的理解状态，从学生的回答和作业反馈中判断其知识掌握程度和存在的问题，为因材施教提供可靠依据。

(二)教师思维的特点

思维是人类大脑对客观事物间接而概括的反映过程。在教育领域中，教师的思维能力，特别是其创造性思维，显得尤为重要，是教育活动不可或缺的一部分。教师需要通过复杂的思维活动，对从观察中获得的材料进行细致的分析和综合，以便深入理解其本质并作出明智的教育决策。拥有优秀思维品质的教师，在教育工作中会展现出以下几个显著特点。

1. 逻辑性

逻辑性指的是教师在考察问题时，能够遵循严谨的逻辑顺序，推论中充满逻辑证据，提问时明确具体，思考时符合逻辑规律，确保思维的确定性、无矛盾性、连贯性和论证的合理性。逻辑性是教师思辨能力的体现，它使教师能够有条不紊地思考和处理各种问题。

在教育教学实践中，逻辑性强的教师能够更好地理解学生的需求，更有效地传授知识，从而提升教学质量。

教师思维的逻辑性不仅体现在个人思辨能力的提升上，还表现在教育教学过程中的具体实践。在教学过程中，逻辑性强的教师会注重课堂内容的条理性，讲话和写作时论点清晰、论据充分，力求为学生展示一个逻辑严谨的思维范例。这样的教学方式不仅有助于学生掌握知识，还能训练他们的逻辑思维能力，使他们在学习知识的同时，也学会了科学的方法。

2. 创造性

创造性思维是指教师在解决问题时，能够灵活地运用已有的知识和信息，通过想象和联想，进行知识的更新、组合和综合，从而产生新的知识和信息。在当今这个日新月异的社会，培养学生的创造性已成为教育的重要目标，而教师的创造性思维则是实现这一目标的关键。

教师的创造性思维表现在多个方面。首先，他们具有创新意识和创新精神，敢于对传统教育观念和方法质疑，并尝试新的教学方法和策略。其次，他们能够对所教授的知识进行再创造，将凝固的文化知识转化为生动的教学内容，激发学生的学习兴趣和创造力。最后，他们还能够灵活运用各种教育教学方法，根据不同的教育对象和条件进行有针对性的教学。

鼓励学生创造也是教师创造性思维的重要体现。他们积极营造有利于学生进行创造的教学氛围，鼓励学生发表不同意见和看法，接受学生的个人见解，并鼓励学生用不寻常的方法解决问题。这样的教学方式不仅有助于培养学生的创造性思维能力，还能够促进师生之间的交流和互动，提高教学效果。

3. 批判性

批判性思维是指教师能够对各种教育观念、言论和现象进行客观的价值判断，并根据自己的判断作出合理的决策。拥有批判性思维的教师能够独立思考、明辨是非，不盲目追随他人的观点或传统做法，而是根据自己的教学实践和理论知识进行判断和选择。

教师的批判性思维不仅有助于他们形成自己独特的教育思想和教学风格，还能够促进他们对教育教学工作的不断反思和改进。通过批判性思维，教师可以更加深入地了解教育教学的本质和规律，从而制定出更加符合学生实际的教学计划和策略。同时，教师还可以通过批判性思维来应对各种教育挑战和问题，提出切实可行的解决方案。

综上所述，教师的思维品质在教育教学工作中具有举足轻重的作用。逻辑性、创造性和批判性是教师思维品质的三大核心要素，它们共同构成了教师优秀思维品质的基础。因此，我们应该注重培养教师的这些思维品质，以提高他们的教育教学水平和能力。

(三)教师注意力的特点

注意力是教师心理活动中对特定事物的定向和集中，它虽非独立的心理过程，却伴随其他心理活动而存在。注意力在教师的教育教学活动中扮演着调节和监控的角色，它能够使教师在教学中进行细致的观察，提升感知能力，确保记忆的准确性，增强思维的敏捷性，并最终提高教学效果。教师在注意力方面的优秀品质主要体现在他们善于合理分配注意力的能力上。

　　具体来说，教师在教学过程中能够同时关注多个方面：他们不仅关注讲授的内容，还能观察学生的反应和表现；他们能够同时注意时间的安排和课堂纪律的维护，在讲授的同时进行书写和指导；他们既要关注全体学生，又要巧妙地处理个别学生的问题和突发事件，排除各种内外干扰。教学实践证明，那些能够合理分配自己注意力的教师，不仅在教学内容和方法上表现出色，而且在组织教学和激发学生思维方面也颇有成效，能够使学生保持积极的思维状态，从而实现令人满意的教学成果。

　　美国教育心理学家霍华德·加德纳的多元智能理论也强调了教师在教学中需要具备的注意力分配能力。加德纳教授认为，教师应当能够识别并适应不同学生的智能类型，这需要教师具备高度的注意力和洞察力。

　　通过这些教育专家的观点，我们可以看到，教师的注意力分配能力是实现有效教学的关键。教师需要不断地提升自己的注意力管理技巧，以便更好地适应教育的多元化需求，促进学生的全面发展。

二、教师的情感和意志特征

教师的情感特征

　　教师的情感和意志特征在教育过程中扮演着至关重要的角色，它们不仅影响教师自身的教学实践，也深刻地影响着学生的情感发展和学习态度。

(一)教师的情感特征

　　情感是个体对客观事物是否满足自身需求所形成的态度体验。当事物满足需求时，人们会产生积极的情感体验，如喜爱和高兴；反之，则可能产生消极情感，如厌恶和愤恨。情感基于认识而形成，并能反作用于认识——积极的情感促进认识活动，而消极情感则可能阻碍认识的发展。教师的情感不仅影响自身，还具有感染力，能直接影响学生的情感状态、学习兴趣以及智力活动的积极与创造性，进而影响教育和教学效果。

　　在教育实践中，教师的情感具有崇高而丰富、成熟而稳定的特点。

1. 崇高而丰富的情感

　　教师的情感世界是丰富多彩的，其中最为核心的便是师爱。这种师爱是一种深沉而真挚的情感，它不仅涵盖了对教育事业的无限热忱，也包括了对学生的深切关怀和对所教学科的浓厚兴趣。师爱是教师心理品质中不可或缺的一部分，它是教师投身教育事业、不断探索教学真谛、关心学生成长和尊重学生个性的源泉。正是这种师爱，激发了教师内心深处的奉献精神，成为他们不懈努力、追求卓越的动力。

　　师爱还是一种强大的情感力量，它能够深深触动学生的心灵，激发学生的学习兴趣和求知欲望，使学生在愉悦和满足中接受教育。当教师以满腔的师爱对待每一位学生时，他们不仅能传授知识，更传递了一种积极向上的人生态度和价值观，引导学生形成正确的世界观、人生观和价值观。

　　除了师爱，教师的情感世界还包括了强烈的道德感、深刻的理智感和高水平的美感。教师的道德感是他们作为人类灵魂工程师的重要标志，它驱使教师以高尚的道德标准要求自己，以身作则，为学生树立良好的榜样。教师的理智感则是他们理性思考、客观分析问题的能力体现，它帮助教师在复杂的教育情境中做出明智的决策，引导学生正确看待和处理问题。而教师的美感，则是对美的追求和创造，它不仅体现在教师对艺术和自然美的欣赏上，更体现在他们对教育过程和学生成长美好瞬间的感悟和创造上。教师通过自己的言行，传递美的理念，激发学生的审美情趣，引导他们发现美、欣赏美、创造美。

综上所述，教师的情感世界是多维度的，师爱是其核心，而道德感、理智感和美感则是其重要组成部分。这些丰富的情感品质共同构成了教师独特的人格魅力，使他们能够在教育的道路上不断前行，培养出一代又一代优秀的学生。

2. 成熟而稳定的情感

情感的成熟与稳定构成了教师情感表达的显著特征，它们是教师专业素养的重要组成部分。一个情感成熟的教师，能够深刻理解并响应社会的期望和要求，他们能够以一种合理而平衡的方式调节自己的情绪反应。这种能力使他们能够在多变的教育环境中保持冷静和专注，无论面对何种挑战，都能够维持一种积极和支持性的教学氛围。

情感稳定的教师在评价自己的教学活动时，能够展现出客观和自省的能力。他们不仅关注教学结果，更注重教学过程中的自我反思和持续改进。通过合理评价自己的教学实践，教师能够识别并强化有效的教学策略，同时改进不足之处，以实现教学目标和提升教学质量。

此外，情感成熟的教师在表达情感时，能够做到恰当和适度。他们知道如何在学生面前展现温暖和同理心，同时也能够设定界限，保持教师角色的专业性和威信性。这种平衡的情感表达不仅有助于建立学生的信赖和尊重，还能够促进学生的积极参与和情感发展。

总之，情感的成熟与稳定是教师情感智力的关键表现，它们对于教师的专业成长和教学实践的成功至关重要。通过不断地自我提升和实践反思，教师可以进一步发展这些能力，从而更有效地支持学生的学习和个人成长。

(二)教师意志的特征

意志，作为人类自觉确定目标并为之努力的心理过程，是主观能动性的集中体现。它在个体的行动中得以彰显，对教师而言，良好的意志品质不仅是教育工作成败的关键因素，更是教师克服工作困难、调动内在力量的基石。此外，教师的意志力量还直接影响着学生，促进学生良好意志品质的形成。

基于教师职业特有的长期性、滞后性和复杂性特征，教师在职业生涯中展现出一系列独特意志品质特征。

1. 明确的目的性和坚定意向

教师对教育教学任务具有清晰的目标意识和坚定的意志。这种目的性和意向成为他们克服工作难题、全身心投入教育事业的动力。面对教育过程中的各种干扰和挑战，教师必须保持明确的目标意识和坚定的意志，以确保教育目标的实现。

2. 处理问题的果断性和坚定性

在教育教学实践中，教师的果断性和坚定性是直接影响学生的重要内在力量。优秀教师总是从爱护和关心学生的角度出发，以冷静和善的态度，果断而坚定地实施教育措施。这种意志品质能够赢得学生的尊敬和信任，从而提高教育效果。

3. 解决矛盾时的沉着、自制、耐心和坚持性

教师在处理矛盾和冲突时表现出的沉着冷静、自制力、耐心和坚持性，是其意志品质的重要体现。他们能够有效地控制自己的情感，避免消极情绪的干扰，即使在逆境中也能保持坚定的意志，面对挫折不轻言放弃。

4. 充沛的精力和顽强的毅力

教师长期保持精神饱满的工作状态，显示出充沛的精力。面对繁重的工作任务、众多的难题和不利的条件时，他们依然能够坚持不懈，展现出顽强的毅力。实践证明，具备坚强意志的教师能够持续努力，即使遇到挫折也能保持积极态度，最终实现良好的教学成果。

三、教师的能力特征

能力是直接影响活动效率、确保活动顺利完成的心理条件。它既在活动中得到体现，又通过活动不断发展。依据能力在不同领域的表现，可分为一般能力和特殊能力。一般能力(也称认知能力或智力)，是在各种活动中所表现的基本能力，包括观察力、记忆力、注意力、想象力、思维概括能力和言语表达能力等；特殊能力则是在特定专业活动中所表现的能力。教师既要具备一定的智力，还需拥有特定的教育专业技能。前面已经分析了教师一般能力特征，下面重点探讨教师的特殊能力——教育能力。

教育能力是顺利完成教学活动必备的心理条件，主要包括以下几个主要方面。

(一)教学能力

教学能力是教师进行教学活动的基本要求，也是衡量其专业素养的关键因素，具体如下。

(1) 教学设计能力。指教师根据学生特点组织教学内容、设计教学方案、选择恰当教学模式和方法，以达成最优教学效果的综合能力。具体包括：分析学生特点、确定教学目标、选择教学策略、预测和处理课堂变化等能力。

(2) 语言表达能力。语言是教师实施教学的主要工具。教师需要具备：口头和书面(板书)表达能力、根据学生理解水平调整语言的能力、运用表情、动作等体态语言的能力，同时，按照国家推广普通话的政策，教师应能说标准的普通话。

(3) 课堂组织与管理能力。指教师在课堂上调度各种元素以确保教学顺畅进行的能力，主要包括：维护课堂秩序、营造学习氛围、调动学生参与和把握课堂节奏等能力。

(4) 运用现代教学技术的能力。随着科技的进步尤其是计算机网络的发展，教师需要更新教育观念，掌握计算机技术，具备运用多媒体等现代教育技术辅助教学的能力。

(5) 教学测量与评价能力。这是反馈教学成效、激发学生学习热情的重要环节，包括：作业布置与批改、试卷编制与分析以及教学效果综合评估的能力。

(二)交往沟通能力

交往沟通能力是教师职业中不可或缺的一项关键能力，它涵盖了教师有效沟通、建立和谐人际关系的各个方面。这种能力不仅体现在教师与学生的互动中，更涉及与校内外的

同仁、家长以及其他社会成员的沟通交流。

在与学生的交往中，教师需要具备耐心倾听、积极回应和精准表达的能力。他们需要能够真正理解学生的需求和困惑，提供有效的指导和支持，从而建立起师生之间的信任和亲近感。同时，教师还需要掌握有效的沟通技巧，如提问、反馈和激励等，以激发学生的积极性和参与度。

除了与学生交往外，教师还需要与校内外同仁、家长和其他社会成员建立良好的合作关系。他们需要与同事共同探讨教学问题、分享教育经验，以促进教育教学的不断进步。同时，教师还需要与家长保持密切的联系，及时反馈学生的学习情况，解答家长的疑问和担忧，以增进家校之间的合作与信任。此外，教师还需要关注社会的变化和需求，与各类社会成员建立良好的沟通和联系，以便更好地服务于学生和社会。

因此，交往沟通能力对于教师而言至关重要。它不仅有助于提升教师的教育教学水平，还能够促进教师与各方利益相关者之间的和谐关系，为教育事业的发展注入新的活力和动力。

(三)教育机智

教育机智是教师在教与学的互动中表现出的专业敏感度，这种能力使得教师能够在教学场景中，尤其是在出现不可预料的情况下，迅速做出反应，灵活调整并采取恰当措施。教育机智是观察力、思维敏捷性及决断力的独特结合，是教师智慧和丰富经验的结晶，能够将教学过程提升至艺术境界。具有教育机智的教师通常表现出以下几个方面的能力特征。

(1) 巧妙顺应形势，引导学生。面对突发事件时，能够从学生需求出发，调动其心理积极因素，强化战胜困难的内在力量，从而自主地提高学习效率，促进良好品德发展。

(2) 灵活应变能力。当教学中遭遇意外情况时，能快速评估事态，确定应对策略，采取坚决的措施，及时解决冲突，巧妙地避开困境，有效影响学生。

(3) 因材施教能力。根据学生实际情况，采用灵活多变的方法进行有针对性教育。

(4) 精于把握教育的尺度。在坚持教育科学性和有效性的前提下，合理处理问题，对学生持有合理的期待，以最合适的方法实现最佳的教育效果。

在教育科研方面，教师的教育研究能力有其特殊性。它主要体现在教师的研究意识、研究态度、对问题的探究精神及解决策略。在当前素质教育背景下，教师在教学过程中必然会碰到前所未有的挑战。现有理论和方法可能不足以应对这些新问题，教师必须进行独立思考和判断，通过研究寻找最优的教学策略和解决方案。在进行教育科研时，教师应当做到：克服畏惧心理，坚信自己的能力；深入学习现代教育理论与研究方法；充实专业知识和技能基础；作为细心的教育实践者，持续发现和记录问题，积累相关资料；定期进行分析和总结，不断提升自身的教育科研能力。

四、教师的性格特征

性格是指个体在对待现实生活的稳定行为习惯中表现出来的心理特征。它反映一个人的行为倾向，在个性结构中扮演核心角色。对小学教师而言，良好的性格特征对教育成效至关重要，主要包括以下内容。

(1) 公正无私。作为学生的榜样和引路人，小学教师应秉承公正无私的品格。在教育教学过程中，对待学生及同事都应持公平态度，无偏倚地尊重每个人。老师要摒除个人好恶和私心，平等关爱每一位学生，促进全体学生的全面发展。

(2) 诚实谦逊。以诚信为本、谦逊为怀是每位小学教师应具备的职业品格。作为学生的知识导师，教师要始终保持学习的谦逊姿态，虚心接受来自同事或学生的建议，不断充实提升自己，为学生树立终身学习的榜样。

(3) 热情开朗。面对复杂且富有挑战性的教育工作，小学教师需要保持持久的热情和乐观的态度。要用积极向上的情绪投身教学工作，用饱满的热情去迎接每一个挑战，用开朗的性格去感染学生，帮助他们形成积极的人生态度。

(4) 独立善断。在多变的教育场合中，小学教师会面临各种问题和挑战。考虑到学生的差异性，教师在解决问题时需要全面思考，独立、果断地作出判断，确保问题得到妥善解决。

(5) 自律自强。教师的言行举止潜移默化地影响着学生。因此，小学教师必须对自己严格要求，善于控制情绪冲动，展示出优秀的道德修养和坚韧的意志品质，以正面的形象成为学生心目中的楷模。

培养这些良好的性格特征，小学教师不仅能提升自身的专业素质，也能更好地塑造学生的性格和价值观念，为社会培养出更多德才兼备的未来人才。

五、小学教师心理特征的独特性

在儿童成长的关键阶段，小学教师肩负着塑造心灵的重要使命。由于小学阶段是儿童身心发展的关键时期，小学教师的心理特征呈现出鲜明的独特性，主要体现在以下几个方面。

1. 多才多艺的综合素养

小学生正处于身体发育和精力充沛的年纪，他们充满活力，热衷于唱歌跳舞、游戏运动和各种实践活动。为了促进学生全面发展，教育必须寓教于乐。因此，小学教师需要具备多种才艺，无论是乐器演奏、美术创作、舞蹈表演，还是手工艺术与小动物养护等。只有教师自身兴趣广泛、多才多艺，才能组织丰富多彩的学生活动，在活动中促进学生的全面成长。

2. 突出的教育能力

小学教师的教育能力主要体现在以下几个方面。

(1) 扎实的教学基本功。教学基本功是开展教育教学工作的基础技能。小学教师应掌握许多基本技能，包括：使用标准的普通话授课，书写规范的粉笔字、毛笔字和钢笔字，以及正确、清晰、流畅的朗读能力等。由于小学生正处于学习启蒙阶段，教师的示范作用将对学生的学习兴趣和习惯产生深远的影响。因此必须持续加强基本功训练。

(2) 使用符合小学生特点的教学语言。课堂教学的对象是小学生，因此教师的语言除了要准确、清晰且具有教育性外，还必须符合不同年龄段学生的特点及接受能力。低年级小学生的思维以具体和形象为主，要求教师语言表达通俗易懂、生动活泼、富有意趣，同时需要具备良好的比喻说明技巧。高年级小学生的思维开始向抽象发展，教师语言应更精确、严谨和简洁。

(3) 强大的课堂组织与管理能力。鉴于小学生年龄较小、活泼好动但自控力较弱、注意力易分散的特点，小学教师必须具备出色的课堂组织管理和教学引导能力。要善于根据学生的特性创设有利的学习环境，挑选适当的教学方法，调整教学节奏，激发学生的学习热情和主动性。

3. 小学教师富有童心

保持童心是小学教师独特的性格特征。具有童心的教师能够全心全意为儿童着想，站在孩子的角度去理解和体验他们的世界，与孩子们分享快乐与悲伤。这种童心融合了教育者的理性与儿童的表现方式，具有极强的吸引力、感染力和教育影响力。

4. 典范的师表形象

小学生知识经验有限但好奇心旺盛，对未知的世界充满了探究欲。在这个年龄段，孩子的自我评价独立性不强，善于模仿且易受他人影响。作为父母之后的又一"重要他人"，小学教师的言行对儿童发展有着举足轻重的影响。因此，要求小学教师必须严于律己，不断提高自身素养，以身作则，成为学生可敬的榜样。

第四节 师 生 关 系

在现实社会中，每个人都不可避免地会与周围的人建立联系和互动，从而形成某种程度的社交关系。这些人际关系基于个体间的互动，进而演化为相对稳定的心理连接，这种连接体现在交往的深入性、亲密度、和谐性和协调性等各个心理层面。

师生关系的优劣对学生的学习和教师的教学活动，以及双方个性的成长与发展都具有显著的影响。然而，在师生关系的形成过程中，难免会遇到师生之间的矛盾和冲突。为了构建积极健康的师生关系，教师需要树立正确的"学生观"，并积极创造条件，以促进这一关系的良性发展。

一、师生关系的特点及作用

师生关系作为教育活动中最基本、最重要的人际关系，具有其独特的特点和作用。深入理解这些特点及作用，有助于我们更好地构建和谐的师生关系。

(一)师生关系的特点

现代教育中的师生关系呈现出以下几个显著特点。

(1) 民主、平等、合作的伙伴关系。在现代教育中，师生关系已经逐渐从传统的威信型转变为民主、平等、合作的伙伴关系。这种新型关系强调师生之间的互相尊重、平等交流和共同成长。具体来说，虽然教师与学生在知识水平和社会经验上存在差异，但他们都具有独立的人格和自主的情感，因此在人格上应该是完全平等的。教师应该尊重学生，理解他们的意愿，以公正、平等的态度对待每一位学生，并且勇于向学生学习，实现真正的"教学相长"。而学生则应当在教师的引导下，发挥自己的主观能动性，积极参与教学活动，与教师形成亲密无间的合作伙伴关系。

(2) 教师主导与学生主体相结合。在师生关系中，教师和学生各自扮演着不同的角色。教师扮演着主导者的角色，而学生则是学习的主体。教师的主导作用主要体现在对教学活动的组织、引导和管理上，他们需要设计合理的教学方案，激发学生的学习兴趣，帮助学生掌握知识和技能。同时，教师还需要关注学生的个体差异，因材施教，促进每个学生的全面发展。而学生作为学习的主体，则需要积极参与教学过程，发挥自己的主观能动性，通过自主学习、合作学习和探究学习等方式，不断提高自己的综合素质和能力。

(3) 双向性交流与互动。师生关系具有明显的双向性特征，即教师和学生之间不是单向的信息传递和接受，而是双向的交流和互动。在这种关系中，教师和学生都是交往的主体，他们通过对话、讨论、合作等方式进行信息的传递和思想的碰撞。这种双向性的交流和互动有助于增进师生之间的了解和信任，促进教学相长，提高教学效果。

(4) 互动性影响与促进。师生关系的互动性体现在彼此的心理和行为上。在交往过程中，教师和学生会相互产生影响，彼此促进成长。教师的行为、态度和情感会对学生产生积极的影响，激发学生的学习热情和兴趣；而学生的反馈、反应和进步也会给教师带来动力和满足感，促使教师不断改进教学方法和策略。这种互动性的影响与促进有助于形成良好的师生关系，提高教育质量。

综上所述，师生关系的特点主要表现为民主、平等、合作的伙伴关系、教师主导与学生主体相结合、双向性交流与互动以及互动性影响与促进。这些特点共同构成了现代教育中健康、和谐的师生关系，为教学活动的顺利开展和学生的全面发展提供了有力保障。

(二)良好师生关系在教育教学中的重要作用

教育教学过程本质上是师生间持续交往、相互影响的动态过程。在这一过程中，师生关系的好坏往往直接关系到教育教学活动的顺利进行以及教育教学目标的达成。良好的师生关系不仅是教育工作的积极成果，更是推动教育向前发展的有力工具，对学生的学习与教师的教学，以及双方的个性发展都产生了深远的影响。

首先，良好的师生关系对学生的"学"与教师的"教"都起到了积极的促进作用。作为教师对学生进行教育的基础与重要手段，它直接影响了课堂教学的质量与效果。在和谐融洽的师生关系下，课堂纪律自然得以维护，教学秩序井然有序，这使得教师能够更加投入地发挥其教学积极性，更加自如地控制和协调教学内容与教学方法。同时，这样的环境也极大地提升了学生的学习热情与积极性，使他们能够更为敏感地接受知识，更为迅速地作出反应，思维更加活跃，对知识的理解与掌握也更为深刻。

其次，良好的师生关系对于学生的心理健康发展也至关重要。每位学生与教师都是具有独特个性的个体，师生间的交往本质上是一种个性与人格之间的交流与碰撞。在良好的师生关系中，师生能够相互理解、减少摩擦，增强彼此之间的心理凝聚力，为双方的心理健康发展创造有利条件。在这样的环境中，学生能够感受到安全与快乐，有利于其健康个性的形成与发展。反之，不良的师生关系则可能使学生陷入戒备与焦虑的状态，不利于其心理的健康发展，甚至可能成为不良行为产生的诱因。

最后，对于教师而言，良好的师生关系也是一种精神上的鼓舞与支持。它能够给教师带来莫大的欣慰与鼓励，使其保持愉悦的心情与积极向上的心理状态。这种心理状态有助于教师更好地满足其尊重需要与成就追求，进而以更加饱满的热情投入到教育工作中去。

综上所述，良好的师生关系在教育教学过程中具有不可替代的作用。它不仅能够促进学生的学习与教师的教学，还能够为双方的心理健康发展提供有力保障。因此，我们应当高度重视师生关系的培养与维护，努力创造和谐融洽的师生关系，为教育教学工作的顺利开展创造有利条件。

二、良好师生关系的形成

在小学教育的殿堂中，良好的师生关系是教学成功的基石。这种关系的构建是一个渐进的过程，需要教师、学生以及社会各界的共同培育和不懈努力。在这一过程中，小学教师扮演着至关重要的角色。

1. 树立正确的教师与学生观

小学教师作为知识与智慧的传递者，必须深刻理解并尊重师生之间的辩证关系。他们应当认识到，在教育的舞台上，学生是主角，教师则是引导者和协助者。教师应尊重每一位学生的个性，鼓励他们发挥主动性，以平等和公正的态度对待每个孩子，实施因材施教，促进学生的全面发展。同时，教师也需意识到学生正处于成长的关键时期，需要教师的悉心指导和支持，帮助他们克服成长中的困难，为他们创造一个充满爱与关怀的学习环境。

2. 深入了解学生

在小学教育的实践中，教师需要超越表面现象，深入了解学生的内心世界和个性特点。初次见面时，教师应避免仅凭学生的外在特征做出判断，而应通过持续地观察和交流，全面了解学生的兴趣、能力和需求。教师应当摒弃任何成见和刻板印象，尊重每个学生的独特性，以开放的心态接纳每个孩子的差异，从而建立起基于理解和尊重的师生关系。

3. 正确使用权力

作为班级的领导者和教学活动的组织者，小学教师拥有一定的权力和责任。他们应当正确行使这些权力，以促进学生的全面发展和班级的和谐。在运用权力时，教师应严格遵守教育政策和法规，尊重学生的权利，公正无私地管理班级，确保每个学生都能在公平的环境中学习和成长。

4. 爱岗敬业，为人师表

良好师生关系的建立，关键在于教师的个人素质和职业操守。一个优秀的小学教师，必须对自己的职业充满热爱，对学生充满爱心。他们应当在各个方面严格要求自己，以身作则，成为学生学习的榜样。通过自己的专业素养和道德风范，教师能够赢得学生的信任和尊敬，建立起一种基于爱与尊重的师生关系。

总之，小学教师在师生关系的构建中扮演着至关重要的角色。通过树立正确的师生观、深入了解学生、正确使用权力以及爱岗敬业，教师能够与学生建立起一种积极、健康、富有成效的关系，为学生的全面发展奠定坚实的基础。

三、师生冲突

在小学教育的温馨园地里，师生之间的和谐关系至关重要。然而，不可避免地，师生间有时也会出现冲突。

(一)师生冲突及其原因

师生冲突，指的是教师与学生之间情绪上的对立或明显的对抗行为。在学校这个特殊的环境中，师生间的关系本质上是一种制度化的威信与服从关系。虽然师生间可能存在潜在的对立情绪，并且他们之间可能有着根本的愿望冲突，但这种冲突可以通过适当的管理和沟通大大减少，甚至被有效控制。

师生冲突的产生通常有以下几个原因：

(1) 角色地位的差异。教师与学生因角色地位不同而产生的冲突是常见的。教师作为成人社会的代表，被赋予了一定的威信，期望学生能够服从和接受指导。这种由成人社会传递给教师的威信与学生的自然期望之间可能存在差异，一旦双方严格遵循这些角色期望，冲突便可能产生。

(2) 年龄代沟。代沟是由于年龄差异导致的沟通障碍。小学教师与学生之间存在的客观年龄差距可能在价值观、认知水平、兴趣爱好和思维模式等方面造成显著差异。这种差异可能导致师生在沟通时遇到难题，尤其是在尝试理解对方的立场和需求时。

(3) 奖惩运用的争议。奖励与惩罚是教师在教育管理中常用的手段，旨在维持课堂秩序、激励学习热情和培养良好行为。然而，不当的奖励可能造成学生的依赖性，而过度或不公正的惩罚可能给学生带来心理压力，伤害他们的自尊心。当学生感到压力过大或认为惩罚不公时，可能会产生反抗，从而导致冲突。有时，教师若滥用惩罚，对学生的小错误反应过激，不允许学生申辩，也可能激化师生间的矛盾。

(二)师生冲突的解决

师生间的冲突不仅会导致双方情绪上的紧张和不快，还可能对课堂教学效果和师生的心理健康产生不利影响。因此，对于师生间发生的冲突，教师必须采取积极的态度来解决。

1. 加强沟通，促进心理接近

师生冲突的产生往往是由于思想认识、价值观、兴趣及个性品质的差异。解决冲突的首要步骤是加强师生之间的思想沟通，消除隔阂，促进心理接近。例如，获得"优秀班主任"称号的中国教师李华，他经常与学生进行深入的心理沟通，倾听他们的声音，表达自己的观点，并努力赢得学生的理解。同时，李华老师也鼓励学生大胆发表意见，这不仅有助于他及时了解学生的思想动态，调整自己的教育策略，也为学生提供了一个宣泄情绪、缓解心理压力的平台。

2. 角色互换，培养宽容理解的氛围

角色互换是一种有效的解决冲突的方法，它要求教师和学生设身处地为对方着想，从对方的视角来看待问题，以实现相互理解和宽容。通过角色互换，可以解决因角色地位差

异和代沟产生的师生冲突。例如，李华老师在处理师生冲突时，会让学生扮演教师的角色，自己则扮演学生，通过这种方式，师生双方都能够更好地理解对方的立场和需求。

3. 合理运用惩罚，避免滥用

惩罚作为教育的一种手段，如果使用得当，可以帮助学生认识到自己的错误，并学会为自己的行为负责。然而，惩罚也可能带来痛苦和消极情绪，甚至导致学生的自主性丧失。因此，教师在使用惩罚时必须谨慎。教师在使用时应注意以下几点。

(1) 惩罚应当保护学生的自尊心，对事不对人。

(2) 惩罚前要向学生讲清楚原因，避免因一人之错而惩罚全班。

(3) 处理纪律问题时，不牺牲教学质量。

(4) 避免单纯责难和惩罚，而应激发学生的内在自觉性。

只有当外部惩罚与学生内心的认同相一致时，惩罚才能发挥其应有的作用。通过这些方法，小学教师可以有效解决师生冲突，促进师生关系的和谐，为学生创造一个更加健康、积极的成长环境。

第五节　专家型教师与新任教师的比较研究

在教育心理学领域，针对小学教师这一特定群体进行研究时，我们关注专家型教师与新任教师的不同表现。专家型教师通常能够感知更复杂且有意义的教学刺激模式，而这种能力往往是新任教师所缺乏的。

专家-新手比较研究是认知心理学家探索特定领域知识时常采用的一种方法。该研究方法分为三个步骤：首先选择出特定领域的专家和新任者；然后给他们安排一系列的任务；最后观察两者完成任务的方式有何不同。这种方法起初被应用于棋类、物理学、数学和医学等领域的研究，到了 20 世纪 70 年代后期，开始用于探讨教师的认知过程。

一、课时计划的差异

专家型教师的课时计划以其简洁性、灵活性、学生为中心的导向，以及高度的预见性而著称。例如，专家型教师的课时计划只强调课程的核心步骤和教学内容，而不会过多纠结于细节的处理。专家型教师能够根据学生的实时反应和课堂动态，灵活调整教学策略，而不是严格依赖预设的计划。

相比之下，新任教师往往会将大量时间投入到课时计划的细节上，希望通过详尽的准备来确保课堂的顺利进行。他们可能会在课前对课时计划进行反复的演练，甚至在两个平行班教授相同课程时，还会利用课间时间对计划进行调整。

专家型教师认为，教学的细节应由课堂教学中的学生行为来决定。他们能够根据学生的反应和互动来即时调整教学方法，从而获得关于教学细节的深刻见解。而新任教师的课时计划往往依赖于既定的课程目标，局限于课堂中的特定活动或已知的课程知识，未能充分将教学计划与学生的课堂行为相结合。

此外，专家型教师在制定课时计划时能够充分考虑学生的先前知识，并据此安排教学进度。他们相信教学计划的实施需要教师的主动性和创造性，因此他们的课时计划具有较大的灵活性。而新任教师可能只是机械地执行课时计划，试图完成既定的任务，而未能根据课堂情境的变化灵活调整。

在备课阶段，专家型教师展现出高度的预见性。他们在心中构建起包括教学目标在内的完整课堂教学表象和心理表征，并能够预测执行计划时可能遇到的情况。相比之下，新任教师可能认为自己难以预测计划执行时的具体情况，他们更多地关注自己要做什么，而忽视了学生的反应和需求。

总之，专家型小学教师的课时计划体现了他们对学生的深刻理解、对教学内容的精准把握，以及对课堂情境的灵活应对。而新任教师在成长为专家型教师的过程中，需要不断学习如何从学生的角度出发，如何根据课堂实际情况调整教学计划，以及如何预见并应对可能出现的教学挑战。通过不断地实践和反思，新任教师将逐渐提升自己的教学能力，成为能够灵活应对各种教学情境的专家型教师。

二、课堂教学过程的差异

课堂教学是教师专业能力最直接的体现。专家型教师和新任教师在各个环节都表现出显著差异。下面我们从六个方面分析这些差异。

1. 课堂规则的制定与执行

课堂规则是教学有序开展的基础保障。专家型教师制定的课堂规则既明确又易于坚持执行。而新任教师所制定的规则往往不够具体，执行起来也显得犹豫不决。专家型教师能够准确区分学生的行为是否符合课堂要求，并能集中精力指导学生应该做什么以及不应该做什么。他们深知许多课堂规则是可以通过练习和反馈来习得的，因此他们会教授学生鉴别课堂活动的能力。而新任教师在阐述规则时往往不够清晰明确。

在执行课堂规则时，专家型教师和新任教师的差异尤为明显。例如，在关键时刻，如果有外来干扰，专家型教师通常能保持专注，不会离开教室。而新任教师可能会中断教学去处理干扰，忽略了正在上课的学生。

2. 吸引学生注意力

注意力的管理是课堂教学的重要环节。专家型教师拥有一套成熟的策略来吸引学生的注意力。他们运用声音、动作和步伐的调节等多种技巧，预先规划每天的工作任务，确保学生从上课开始就能集中注意力并参与到活动中。相比之下，新任教师可能在没有适当提示的情况下突然改变课堂活动，或在遇到干扰时停止讲课，希望学生能忽略这些干扰。

3. 教材呈现方式

教材的呈现方式直接影响学生的学习效果。专家型教师在教学时会注重联系先前的知识，并根据教学内容选择适当的教学方法。他们在上课前会回顾先前学过的内容，并采用导入式的方法，从实例出发，逐步引入新知识。而新任教师可能一上课就开始讲授难度较高或容易混淆的内容，缺乏必要的导入环节，忽视了学习的认知准备。

4. 课堂练习指导

练习环节是检验学习效果的关键。专家型教师将练习视为检验学生学习效果的重要手段。他们会提醒学生在规定时间内完成练习，帮助学生掌握作业节奏，并在课堂上巡视以检查学生作业情况。而新任教师可能对练习时间把握不准确，只关注特定学生，缺乏系统性反馈，影响了练习效果的最大化。

5. 家庭作业检查

作业检查的效率体现教师的专业水平。专家型教师拥有一套规范化、自动化地检查家庭作业的程序。他们会要求学生完成作业后在黑板上签名，以便快速了解完成情况，并针对性地讨论难题。而新任教师可能需要花费更多时间来检查家庭作业，且效率较低。

6. 教学策略的运用

教学策略的灵活运用是专家型教师的显著特征。以"全国模范教师"李华为例，他们拥有丰富的教学策略，并能够根据课堂实际情况灵活运用。相比之下，新任教师可能缺乏有效的教学策略，或者不擅长将策略运用于教学实践中。

在提问策略与反馈策略方面，专家型教师与新任教师的差异尤为突出，主要集中在下面几点。

(1) 专家型教师提出的问题数量多于新任教师，为学生提供了更多的反馈机会，从而增加了学习精确性的可能性。

(2) 当学生给出正确答案时，专家型教师更倾向于继续提问，激发学生进行更深层次的思考。面对学生的错误回答，专家型教师更倾向于对同一学生提出另一个问题或给出指导性反馈，帮助学生识别并理解学习过程中的具体错误。

(3) 专家型教师在学生自发讨论中更可能提供反馈，而新任教师可能未能充分利用这一教学时机。

在非言语线索的处理上，专家型教师能够利用学生的肢体语言、面部表情等非言语信息来判断教学效果并及时调整教学策略。而新任教师可能更多关注课堂的具体细节，难以把握学生行为之间的内在联系。

在处理学生分心问题时，专家型教师常运用课堂管理策略，如李华老师可能会对说话的学生说："××同学，我注意到你对××话题很有见解。现在，请你帮我完成这个表格。"这样的策略能够平和地引导学生的注意力回到课堂，而不打扰其他同学的学习。相比之下，新任教师可能最初会忽略这种行为，直到它开始影响课堂秩序时才采取行动，这种做法可能会中断教学流程，影响整体教学效果。

三、课后评价的差异

在课后评价方面，专家型教师和新任教师的关注点也有所不同。新任教师可能会更多关注课堂中的具体细节，而专家型教师则更倾向于讨论学生对新材料的理解情况，以及他们认为课堂中值得注意的活动。专家型教师很少谈论课堂管理问题或自己的教学成功与否，他们更关注那些对完成教学目标有实质性影响的活动。新任教师的评价可能更加多样：有的可能会描述课程的特点，有的可能会对课程的成功进行大致评估，还有的可能会集中关注自己上课的有效性。

通过这些差异，我们可以看到专家型教师在教学策略运用、课堂管理和课后评价方面的专业性和成熟度，以及新任教师在这些方面的成长空间。新任教师需要通过不断的学习和实践，积累经验，提升自己的教学策略运用能力，以实现更高效的教学效果。

本章小结

本章系统阐述了小学教师心理素质的内涵、角色认知、教师威信以及教育实践能力的提升等方面。

在知识层面，我们深入探讨了小学教师的认知特征、情绪情感、意志品质和人格特征，以及他们对自己角色的认知，包括角色的特殊性、定位、意识和期待。同时，我们理解了教师威信的概念、作用及其影响因素，这对于提升教师在教育实践中的影响力至关重要。

在能力层面，强调了小学教师需具备的实践能力。通过运用心理特征和角色认知知识，我们能够审视自己的教育实践，发现成长点。我们学会了如何形成和维持教师威信，这有助于建立良好的师生关系，提升教学质量。此外，本章还教授了如何妥善处理师生冲突，以及制定灵活有效的课时计划和教学策略，这对小学教师的日常工作具有重要的指导意义。

在素质培养方面，着重强调了教师品德修养和教育智慧的培养。教师不仅要以身作则，为人师表，更要保持积极乐观的教育态度，用正向的情绪感染学生。此外还需提升教育机智和专业责任感，以适应复杂多变的教育环境。

思考题

(1) 请解释小学教师的认知特征包含哪些方面。

(2) 描述小学教师在情绪、情感中应具备的特征。

(3) 简述小学教师的角色定位在教学过程中的重要性。

(4) 阐述教师威信在教育中的地位和作用。

(5) 描述有威信的小学教师具有哪些特点。

(6) 影响教师威信形成的主观因素有哪些？

(7) 教师如何通过自身的心理品质和心态来提升威信？

第十二章 教 学 心 理

本章学习目标

➢ 知识目标：掌握教学目标的分类体系及其在教学实践中的作用和意义，掌握教学测量与评价的基本理念、主要方法和关键技术；理解不同教学策略的理论基础和具体实施方法；了解课堂管理的基本原则和实用技巧。

➢ 能力目标：能够根据教学内容和学生特点设计科学合理的教学目标；能够灵活运用各种教学策略提高教学效果；能够有效管理课堂，创造积极互动的学习氛围；能够合理运用教学测量与评价工具评估学生的学习成效和教学质量。

➢ 素质目标：培养学生深厚的教育情怀和敬业精神，增强对教育的责任感和使命感；提升学生的教学创新能力，鼓励其不断探索新的教学方法和策略；发展学生的团队协作能力，促进教师之间的交流与合作。

重点与难点

➢ 重点：教学目标的分类与表述方法，及其对教学策略选择的指导作用；课堂管理的基本原则和实用技巧。

➢ 难点：如何根据教学内容和学生特点设计恰当的教学目标；如何运用教学测量与评价工具进行客观、公正的评估；如何基于评估结果提供有针对性的反馈和改进建议。

引导案例

《草船借箭》课堂教学设计

李老师是一位经验丰富的五年级语文老师。在一个阳光明媚的早晨，她走进熟悉的教室，准备为学生上一堂关于《草船借箭》的语文课。这篇课文情节生动，蕴含着丰富的历史背景和智慧。李老师决定运用加涅的教学事件理论，结合多种教学方法和媒体，为学生营造充满趣味性和启发性的学习环境。

李老师首先播放了一段关于三国时期的动画短片，短片中诸葛亮的神机妙算和草船借箭的惊险场景立刻吸引了学生的注意力。短片结束后，李老师提问："同学们，你们知道这段故事出自哪里吗？"学生纷纷举手，课堂气氛活跃起来。

在导入新课之前，李老师先让学生回忆之前学过的三国故事，如《桃园三结义》《三顾茅庐》等。她鼓励学生分享这些故事中的精彩片段，以便更好地建立新旧知识之间的联系。

在学生阅读课文的过程中，李老师巡视课堂，随时解答学生的疑问。对于人名、地名等事实性问题，她给予直接指导；而对于与故事情节和人物形象相关的逻辑性问题，她则通过提供暗示或提示的方式，鼓励学生自主思考并寻求答案。

随后，李老师组织小组讨论，让学生分享自己对诸葛亮人物形象的理解和看法。在讨论过程中，她通过观察学生的眼神、表情和发言情况，评估他们的学习进展。此外，她还安排了一次课堂小测验，检查学生对课文内容的掌握情况。

在讨论和小测验结束后，李老师及时给予学生反馈。她表扬了表现优秀的学生，并指出了需要改进的地方。同时引导学生将新知识与旧知识相结合，形成完整的知识体系。

李老师这节课的教学实践充分体现了以下特点：

(1) 成功运用了加涅教学事件理论，融合了多种教学方法。

(2) 激发学生兴趣，引导学生主动参与。

(3) 关注个体差异，提供了个性化的指导。

(4) 重视思维能力和表达能力的培养。

(5) 优化了教学环境，营造了舒适的学习空间。

综上所述，李老师的教学实践充分展示了教学艺术的魅力和力量。通过精心设计和灵活实施，成功地激发了学生的学习热情，取得了显著的教学效果。

(资料来源于本书作者的工作日记)

第一节　教　学　设　计

教学设计，作为一种科学的教学活动策划过程，其核心在于根据教学对象特点和既定的教学目标，精心策划并确定教学的起点与终点，优化安排教学要素，最终形成切实可行的教学方案。

一、设置教学目标

(一)教学目标及其意义

教学目标是教学活动的预期结果，既为教师提供了明确的教学方向，又对学生的学习成果进行了具体的预期。作为教学活动的重要指导指标体系，教学目标具有导向、激励和检测等多重作用，是教学活动的出发点和归宿。其重要性主要体现在以下几个方面。

(1) 指导学习结果的测量和评价。教学目标为评价学生的学习成果提供了客观、可靠的标准。教师在测量学生的学习成果时，必须紧密结合教学目标进行。如果教师的测验内容偏离教学目标，那么所得到的结果将无法准确反映学生的学习情况。例如，英语课的教学目标是让学生熟悉课文内容，而测验却侧重于单词的记忆，这样的评价显然是无效的。

(2) 指导教学策略的选择。在明确教学目标后，教师可以根据这些目标选用最为合适的教学策略。若教学目标侧重于知识探索过程，宜采用发现学习法；若教学目标侧重于知识掌握结果，则接受学习法更为合适。

(3) 引导学生学习。在上课开始时，教师明确告知学生本节课的学习目标，有助于引导学生集中注意力，关注课中的重要信息，并对所学内容产生预期。这不仅有助于提高学生的学习效率，还能增强学生的学习动机。

(二)教学目标的分类

美国著名教育心理学家本杰明·布鲁姆(Benjamin Bloom)在其教育目标分类系统中，将教学目标划分为认知、动作技能和情感三大领域，并为每个领域设定了层级化的目标序列。

1. 认知目标

布鲁姆将认知领域的教学目标细分为知识、领会、应用、分析、综合和评价六个层次。这些层次形成了一个由低到高的阶梯，旨在引导学生逐步深化对知识的理解和应用(详见表 12-1)。

表 12-1　布鲁姆认知领域教学目标分类

阶段	描　　述
知识	对学习材料的记忆能力，包括具体事实、方法、过程、理论等的回忆。是认知学习的最低水平，为后续高级认知活动奠定基础
领会	对知识材料意义的理解和把握能力。学生可通过转换、解释和推断等方式展现对知识的领会程度，超越了单纯记忆，代表初步理解
应用	将所学知识迁移到新情境中解决实际问题的能力。要求将理论知识与实际操作相结合，展现较高的认知水平
分析	将复杂知识整体分解为组成部分，并理解各部分之间联系的能力。要求深入理解知识内在结构，形成系统知识体系
综合	将所学知识重新组合，形成新知识体系的能力。强调创造性和创新性思维，要求能够产生新思想或解决方案
评价	对所学材料进行价值判断的能力。要求基于明确标准对知识进行评价和判断，展现高水平的认知能力

对于认知目标的评价，教师可以采用不同的测验方法。例如，对于知识水平的目标，可以采用是非题、简答题等测验形式；而对于更高层次的目标，如领会、应用和分析等，则可能需要采用更为复杂的测验形式，如写作文测验等。

2. 动作技能目标

动作技能目标关注学生骨骼肌肉的运用、发展和协调能力。布鲁姆等人将其分为知觉、模仿、操作、准确、连贯和习惯化六个等级。这些等级旨在引导学生逐步掌握各种动作技能(详见表 12-2)。

3. 情感目标

情感目标旨在培养学生的情感态度、价值观和高尚情操。美国教育心理学家戴维(David R.)和克拉斯伍(Krathwohl)等人提出的情感领域教育目标分类体系，将情感目标分为接受、反应、价值化、组织和个性化五个层次。这些层次反映了学生在情感领域的发展过程(详见

表 12-3)。

表 12-2　布鲁姆动作技能教学目标分类

阶段	描　述
知觉	通过感官获得信息以指导动作的能力。学生需了解动作技能的相关知识、性质和功用等
模仿	学生按照提示或示范做出动作的能力。初级阶段可能缺乏控制，但随练习增加，模仿准确性逐渐提高
操作	学生根据指示独立做出动作的能力。要求学生在没有外部指导的情况下独立完成动作
准确	学生精确完成复杂动作的能力。通过反复练习，减少错误，提高动作准确性和稳定性
连贯	学生按规定顺序和协调要求调整动作的能力。如音乐演奏中，需准确而有节奏地演奏曲目
习惯化	学生自动或自觉地做出动作的能力。当动作技能达到习惯化水平时，学生能下意识地、有效率地完成操作

表 12-3　戴维和克拉斯伍情感领域教学目标分类

阶段	描　述
接受	学生愿意注意特定现象或刺激，并表现出主动接受的意愿。这是情感内化的初级阶段
反应	学生积极参与并表现出对学习内容有较高兴趣。学习态度积极，愿意投入更多时间和精力
价值化	学生对所学内容形成了一定的价值判断，能将其与生活经验和价值观相联系。开始认识到所学内容的重要性和意义
组织	学生能够将不同的价值观念进行组织和整合，形成较为系统的价值体系。开始能够独立思考和判断，形成自己的见解和观点
个性化	学生的价值观念已经内化为个人的信念和行动准则。能够在不同情境中坚持自己的价值观，表现出高度的自我认同和责任感

(三)教学目标的表述

1. 行为目标

行为目标是以具体、可观察和可测量的方式表述教学目标。它明确规定了学生在完成学习任务后应该表现出的具体行为或达到的具体水平。例如，"学生能够准确背诵并默写课文中的重点段落"就是一个典型的行为目标表述。这种表述方式有助于教师更清晰地了解学生的学习需求，也为教学评价提供了明确的标准。同时，行为目标的表述也有助于引导学生明确自己的学习目标和方向，提高他们的学习效率和积极性。

因此，教学目标在教学设计中具有举足轻重的地位。它不仅为教师提供了明确的教学方向和评价标准，也为学生提供了清晰的学习目标和动力来源。因此，在实际的教学工作中，教师应充分重视教学目标的设置和表述工作，确保教学目标的科学性、合理性和可操作性。

2. 心理与行为相结合的目标

根据著名的认知学习理论，小学教学活动中的核心在于学生所经历的内在心理层面的转变与成长。然而，由于内在心理变化本质上是难以直接观测和量化的，因此，教育领域的专家学者们提出了一个创新性的目标陈述方法，将内部心理与外部行为紧密结合起来。

这一方法主要包含两个核心部分。

(1) 普遍意义上的教学目标，它通过特定的动词来描绘学生在教学过程中所经历的内在心理变化。这些动词可能包括记忆、知觉、理解、创造、欣赏等，它们能够精准地捕捉到学生在学习过程中的心理动态和认知发展。

(2) 具体化的教学目标，它列举了能够反映学生内在心理变化的具体行为样例。这些行为样例不仅仅是对学生学习成果的简单展示，更是对他们内在心理成长的直观反映。例如，在要求学生表述自己的感受时，可以让他们用自己的话来描述，或者通过具体的例子来加以说明。

这种心理与行为相结合的目标陈述方法，既避免了单纯使用心理过程来描述教学目标可能带来的笼统性和模糊性，又克服了仅从行为取向出发可能导致的机械性和局限性。因此，这种方法得到了众多心理学家的广泛认同和支持，并在小学教学实践中得到了广泛应用。

通过这种方式，我们不仅能够更加准确地把握学生的学习状态和进步情况，还能够为他们提供更加个性化、科学化的教学指导，从而促进他们全面而健康地发展。

(四)教育目标的任务分析

任务分析，作为一种将整体教学目标细分为一系列相互关联的子目标的过程，对于小学教师而言，是一项极为重要的技能。在执行任务分析时，教师需要从最终期望达成的教学目标开始逆向思考，逐步揭示学生在达到这些终极目标之前所必须具备的各项能力或先决条件。在这一过程中，教师会不断地询问自己："为了让学生实现这一目标，他们首先需要具备哪些基础能力？"这个问题会一直持续到追溯到学生的最初学习状态为止。随后，教师将根据这个逆推的过程，将所有必要的学习目标按照先后顺序组织起来。

通过这种系统化的任务分析，教师能够明确地识别学生的起始水平，并据此分析出学生在到达最终教学目标途中所需掌握的关键知识点、技能和行为倾向。此外，任务分析也帮助教师确定各个子目标间的逻辑排序，从而设计出一条清晰的教学路线图。这种方法的优势在于，它使得整个教学过程变得更加具体化、细致化，方便教师更好地理解、规划和实施教学活动。而所有这些努力，最终都将惠及我们的小学生，因为他们能够通过一个更为有序和高效的学习过程来达到学习目标。

在教学实践中，任务分析不仅有助于提升教学质量，还能改善学生的学习体验，确保他们能够在一个支持性和有条理的环境中成长。因此，作为教育工作者，我们有责任精通这项技术，并将其应用于日常的教学设计中，以助力学生获得成功。

二、组织教学过程

(一)教学事项

加涅的教学过程组织

教学，作为一项有序且富有逻辑的教育活动，其核心在于构建一个适宜学生获取知识的教学情境。在这个情境中，学生依照教师预先设计的教学步骤(即"教学事项")逐步深入学习。美国教育心理学家加涅曾对此进行深入剖析，并总结出九个关键的教学事项，它们构成了一个完整的教学循环。

1. 引起学生注意

吸引学生的注意是启动整个教学过程的关键。教师可以通过设置悬念、展示新奇事物或联系学生日常生活经验等方式，调动学生的好奇心和探索欲，使他们全身心地投入学习中。

2. 提示教学目标

明确教学目标至关重要。清晰的目标不仅为学生指明了学习方向，还帮助他们在心理上做好准备，以更积极的态度迎接接下来的学习挑战。教师在表达教学目标时，应使用通俗易懂的语言，确保每个学生都能准确理解。

3. 唤起先前经验

激活学生已有知识是有效学习的基础。新知识的学习往往建立在旧知识的基础上，因此，教师需要引导学生回顾与新知识相关的已有知识和技能，促进新旧知识之间的联系。

4. 呈现教学内容

教学内容呈现是教学过程的核心环节。教师应根据教材的特点和学生的学习特点，选择恰当的教学方法和策略，使教学内容更加生动直观，易于学生理解和掌握。

5. 提供学习指导

在进行课堂练习时，教师的指导作用不可或缺。对于学生在人名、地名等事实性问题上的困惑，教师应给予直接而明确的指导；而对于与学生经验紧密相关的逻辑性问题，则应通过提供暗示或提示的方式，鼓励学生自主思考并寻求答案。同时，教师还应关注学生的个性差异，因材施教，确保每个学生都能得到适合自己的指导和帮助。

6. 展现学习行为

在教学过程中，展现学生的学习行为同样重要。教师可以通过观察学生的眼神、表情，以及他们在课堂上的表现来评估他们的学习情况。此外，定期的课堂小测验和作业检查也是了解学生学习效果的有效途径。

7. 适时给予反馈

在学生学习行为展现后，适时给予反馈至关重要。反馈不仅能让学生及时了解自己的学习成果和不足，还能帮助他们调整学习策略，提高学习效果。同时，教师还应引导学生将新知识与旧知识相结合，形成完整的知识体系。

8. 评定学习结果

通过评定学习结果，教师可以全面了解学生对本节课内容的掌握情况，并对存在的问题进行有针对性的辅导。这一环节不仅有助于巩固学生的学习成果，还能为他们后续的学习打下坚实的基础。

9. 加强记忆与学习迁移

加强记忆与学习迁移是教学过程的终极目标。当学生掌握了新知识后，教师应教会他们如何有效地记忆这些知识，并通过复习巩固学习效果。同时，教师还应帮助学生建立新旧知识之间的联系，使他们的知识体系更加系统化、完整化。

值得注意的是，上述九个教学事项并非固定模式，而是可以根据不同的课型和教学目标进行灵活调整。因此，在实际教学过程中，教师应根据具体情况进行选择和运用，以确保教学过程的顺利进行和教学效果的最大化。

(二)教学方法

教学方法，作为教育领域的核心概念，是指在教学过程中为实现预定的教学目的和完成既定的教学任务而共同采用的活动方式。它不仅是教学过程整体结构的关键组成部分，更是教学活动中不可或缺的基本要素。

在教学设计过程中，一旦明确了教学内容，教学方法的选择和设计便显得至关重要。因为教学方法的选择恰当与否，直接影响到教学的效果，甚至决定了教学目标能否顺利实现。

在学校教育实践中，教师们通常会灵活运用多种基本的教学方法来促进学生的全面发展。其中，讲解法以其系统性和条理性强的特点，有助于学生掌握基础知识；演示法则通过直观展示，帮助学生形成对抽象概念的直观理解；课堂问答则能激发学生思考，培养他们的思维能力和表达能力；而练习法则能够让学生在实践中巩固所学知识，提高应用能力。

此外，指导法、讨论法、实验法、游戏法、参观法以及实习作业等教学方法也各具特色，适用于不同的教学内容和学生特点。例如，指导法能够根据学生的个体差异提供个性化的辅导；讨论法则能够促进学生之间的交流与合作；实验法则能够培养学生的科学探究精神和动手能力；游戏法则能够让学生在轻松愉快的氛围中学习；参观法则能够让学生亲身感受社会的多样性和复杂性；而实习作业则能够让学生在实践中锻炼自己的专业技能。

总之，教学方法的选择和设计是教学过程中的一项重要任务。教师需要结合教学目标、教学内容和学生特点灵活运用多种教学方法，以达到最佳的教学效果。同时，教师也应不断更新自己的教学理念和方法，以适应不断变化的教育环境和学生需求。

(三)教学媒体

教学媒体作为传递教学信息的重要载体，在小学教育中起着不可替代的作用。教学媒体种类丰富，各具特色。常见的非投影视觉辅助材料包括黑板、实物模型、图形图表、图片以及教学提纲等，它们直观易懂，便于教师现场演示和讲解。而投影视觉辅助设备如投影仪和幻灯机，则能够展示更为丰富和生动的视觉内容，激发学生的学习兴趣。此外，听觉辅助设备如录音机等，可以让学生通过听觉感受知识的魅力；而视听辅助设备如电影、电视、录像以及多媒体计算机和远程传播系统等，则能够结合视觉和听觉，提供更为全面的学习体验。

在选择教学媒体时，教师需要综合考虑以下多种因素。

(1) 关注教学情境因素，如全班教学、小组活动或学生自学等，不同的教学情境需要不同类型的教学媒体来支持。

(2) 考虑学生的学习特点，如阅读习惯、视觉偏好或听觉敏感度等，以便选择最适合学生的教学媒体。

(3) 教学目标的性质也是选择教学媒体的重要依据，认知目标、情感目标和动作技能目标需要不同的教学媒体来辅助实现。

(4) 教师还应了解教学媒体的特性，如静止图像、动画、文字说明以及口语表达等，以便选择能够最有效传达教学信息的媒体形式。

(四)课堂教学环境

课堂教学环境是影响教学质量的关键因素，主要包括物理环境和社会环境两个方面。物理环境主要指教室的布局、设施配置以及空间资源等，而社会环境则涉及师生关系、学生之间的互动以及课堂氛围等因素。

在物理环境优化方面，教师需要关注教室的设计和座位安排。教室的设计应充分考虑教师和学生的活动需求，合理安排教学设备和活动空间。座位的安排也是一个重要的考虑因素，研究表明，坐在教室前排和中间列的学生往往更加积极参与学习活动，因此教师应根据教学活动的需要和学生特点来合理安排座位。

教师可以采用灵活多样的座位安排方式，如按领域原则或功能原则来划分课堂空间。按领域原则安排座位时，可以将课堂空间划分为不同的学习领域，每个学生或小组拥有相对固定的学习区域；而按功能原则安排座位时，则可以根据教学活动的需要灵活调整座位布局，以便更好地支持学生的合作学习和探究活动。

总之，优化课堂教学环境需要教师在日常教学中不断探索和实践。通过关注教室设计和座位安排等细节问题，教师可以为学生创造一个更加舒适、安全和有利于学习的课堂环境。同时，教师还应注重与学生的互动和沟通，营造积极、和谐、充满活力的课堂氛围，以促进学生的全面发展。

三、选择教学策略

教学策略，是指教师为了有效达成教学目标而制定的一系列教学行动计划，涉及教学活动的排序、教学方法的采用、教学媒体的选择、教学环境的营造以及师生互动的设计等多个方面。在教育实践中，教师需结合具体的教学目标、课程内容特点及所依据的学习理论，科学选择教学方法、媒体和环境，以确保教学过程的有效性。

比如，当课程中包含大量结构性强的知识与技能，且教学目标旨在使学生迅速掌握这些知识和技能时，采取传统的以教师为中心的讲授式教学策略往往更为适宜。然而，若课程内容较为灵活开放，需要学生的积极参与和实践，且教学目的在于增强学生的创造力、抽象思维能力和问题解决能力时，开放式的、非正式的教学方式(如发现式或探究式教学策略)将更为妥当。此外，为了增进学生的学习态度、激发好奇心和促进学生间的合作，教师可以实施合作学习的策略。针对学生学习能力和先前经验的个体差异，教师亦可采用个别化教学以满足学生的个性化需求。

(一)以教师为主导的教学策略

以教师为主导的教学策略，亦称指导性教学，强调通过结构化材料进行课堂教学。这种策略适合团体教学场景，强调教师在整个教学中的引导作用。在此模式下，教师需向学生明确阐述学习目标，并在持续的教学时间内展开教学内容；同时对学生进行监控，并即时提供反馈，帮助学生及时纠正和理解学习内容。

指导性教学通常包括六个核心步骤：复习和评估之前的学习成果；引入新教材；指导性练习；反馈与纠正；独立练习；周期性复习。这些步骤并非固定顺序，而是构成有效教学的基本要素，它们共同构建了一个用于教授结构化基础知识与技能的基本框架，与中国传统的讲授式教学相契合。

(二)以学生为中心的教学策略

1. 发现教学

由美国教育心理学家杰罗姆·布鲁纳提出的发现教学法强调学生通过自己的探索活动获取知识，包括四个实施步骤和四个设计原则。它特别适合小组学习和个别辅导的场合(详见表 12-4)。

表 12-4　发现教学策略

	具体内容
四个步骤	创建一种问题情境，引发学生对其中矛盾的关注，并激发他们解决问题的欲望
	学生利用教师提供的材料和问题框架，构建假设
	学生需要从理论与实践的角度检验这些假设
	学生根据实验结果，进行细致的评估后得出结论
设计原则	教师需要向学生清晰解释学习情境和教材的性质
	根据学生的经验适当组织教材
	考虑学生的心理发展水平，合理安排教材难度和逻辑顺序
	保持材料适当的挑战性，持续激发学生的内在动机

2. 情境教学

情境教学法强调在类似于现实生活的问题情境中教授知识技能，目的是激发学生的情感反应。在这种教学模式下，学生解决真实世界的问题，使用未经简化的真实任务。

教学过程模仿现实中问题解决的步骤：教师提出问题，引导学生经历类似专家解决问题的探索过程。学生在解决问题的过程中，会深入理解隐含在情境中的原理和概念，并将其应用于具体情境。学习的结果通过学生在解决问题过程中的表现来评估。

3. 合作学习

合作学习强调学生之间的主动合作，以代替传统的教师主导模式。它的目的在于培养学生的自主学习能力和团队合作中的人际交流能力。有效的合作学习包含五个关键要素，详见表 12-5。

该方法要求学生具备有效沟通和基本社交技巧这两项基本能力，这对于成功的合作至关重要。

表 12-5 合作学习关键要素

关键要素	具体描述
分工合作	确保每个成员都认识到共同责任并考虑每个人的能力与经验合理分配工作
密切配合	协调不同时间点上的任务分配，以提高效率
个体贡献	鼓励每个人为集体的学术成就尽力
社会互动	促进团队成员之间在态度、认知和情感上的相互尊重和支持
团体过程	通过团队活动实现预定目标的过程

(三)个别化教学策略

个别化教学是一种以学生为中心的教学策略，强调根据学生的个体差异调整教学节奏和程度。它主要包括以下环节。

(1) 对学生的初始学业水平或学习上的不足进行诊断。

(2) 建立起教师与学生或学生与机器之间的一对一对应关系。

(3) 引入有序且结构化的教学材料，并辅以相应的练习。

(4) 允许学生按照自己的速度进行学习。

以下简要介绍几种经典的个别化教学策略。

1. 程序教学

程序教学，作为 20 世纪具有全球影响力的教学改革之一，由美国心理学家斯金纳和教育家普莱西等人创立。它是一种允许学生以自身速度和水平进行自学的教学方法，通过精心设计的顺序来呈现教学内容，要求学生通过填空、选择答案或解决问题等方式进行互动，并即时获得反馈。程序教学注重学生的个体差异，使学生在学习过程中能够按照自己的节奏逐步掌握知识和技能。

2. 计算机辅助教学

计算机辅助教学(Computer Assisted Instruction，简称 CAI)利用计算机技术作为教学辅助工具，为学生呈现信息、提供练习机会、评价学习成绩以及提供额外的教学支持。CAI 具有交互性、即时反馈、生动形象以及自定步调等优点，使得学生可以根据自己的学习情况选择学习路径和内容。

CAI 为教学活动带来了革命性的变化。通过 CAI，学生的自主学习成为可能，个别化教学得到普遍实现，教师的角色也实现了重要转变。尽管当前 CAI 与这些设想还存在一定的差距，但它们无疑代表着教学发展的方向。

3. 掌握学习

掌握学习理论的基本理念是：只要给予足够的时间和适当的教学，几乎所有学生都可以达到对所有学习内容的掌握程度。

基于这一理念，布鲁姆等人主张将学习任务分解为一系列小的学习单元，每个单元都建立在前一个单元的基础上。在学习过程中，教师会编制形成性测验，以评估学生对每个单元内容的掌握情况。如果学生未达到规定的掌握水平，将需要重新学习该单元的部分或全部内容，并再次进行测验，直到达到掌握标准为止。

掌握学习的核心在于确保每个学生都能在适合自己的节奏和水平上学习。学生的成绩不再以团体测验的名次为依据，而是以成功完成单元内容所需的时间来衡量。这种教学方法有助于缩小学生在学习成绩上的差异，使他们都能在各自的基础上取得进步。

掌握学习包含多方面的内容。首先，学生具备必要的认知结构是掌握学习的前提。布鲁姆认为，学生的认知结构对于新知识的输入、理解和接纳具有重要影响。因此，教师在教学前应充分了解学生的认知结构，并为他们提供所需的预期性知识。

其次，学生积极的情感特征是掌握学习的内在因素。具有较高学习动机和兴趣的学生往往能够更快更好地学习。因此，教师在教学中应关注并满足学生的情感需求，帮助他们体验到学习的乐趣和成就感。

最后，反馈-矫正系统是掌握学习的核心。在教学过程中，教师应通过评价来判断每个步骤的有效性，并及时反馈和调整教学策略。对于学生在学习中出现的问题，教师应提供个别化的矫正性帮助，以确保他们能够顺利掌握所学内容。

第二节　课堂管理

课堂纪律与
课堂结构

课堂管理是小学教师实现教学目标、促进学生全面发展的重要手段。它不仅影响教学效果，还关系到学生和教师的互动质量。以下将从课堂管理的因素、课堂群体管理、课堂纪律管理等方面进行详细探讨。

一、课堂管理及其功能

作为教育者，小学教师肩负着培养下一代的重任。他们需要确保教学活动顺利进行，这就需要对课堂进行有效管理。课堂管理是教师通过协调课堂内的各种人际关系，以实现预定教学目标的过程。它不仅影响着教学效果，还关系到师生互动的质量。课堂管理具有促进和维持两大功能。

1. 促进功能

促进功能体现在教师创设有利于教学的条件，组织良好的学习环境，满足学生和集体的合理需求，激发学生潜能，从而提升学习效果。这种促进不是通过强制或说教实现的，而是借助群体动力，具体包括：

建立尊师爱生、团结协作的师生关系，以及互帮互学、和睦相处的学生关系，共同完成教学任务；培养良好的课堂风气，引导学生自觉遵守课堂规范；明确群体目标，增强群体对成员的吸引力，提升群体内部的凝聚力；正确处理正式和非正式群体的关系，促进班级结构的完善。

2. 维持功能

维持功能是指在教学过程中保持良好的内部环境，使学生的注意力始终集中在课业上，确保教学任务顺利完成。具体包括：

面对新的教学情境，通过课堂管理帮助学生迅速适应变化；出现师生或生生关系紧张时，及时调解冲突，维护和谐的人际关系；出现纪律问题时，利用课堂管理中的行为准则，排除干扰，维持课堂纪律；针对学生的问题行为，通过管理缓解学生的紧张和焦虑，减轻心理压力，保障学生的心理健康。

二、影响课堂管理的因素

课堂管理是教学活动的重要组成部分，其效果受到多种因素的综合影响。这些因素既包括教师自身的教学风格和行为，也包括班级的客观条件和学生的特点，以下从四个方面进行探讨。

1. 教师的领导风格

教师的领导风格，即教师在课堂环境中传达信息、设定规则并引导学生行为的方式，对课堂管理效果具有直接影响。不同的教师会展现出不同的领导风格，这些风格会显著影响课堂氛围和学生参与度。参与式领导能够营造开放、自由的课堂氛围，鼓励学生积极发表观点，从而促进课堂互动和深度学习；而监督式领导则更注重纪律和规则的执行，但可能忽视学生的个体需求和情感表达，导致课堂氛围较为沉闷。

2. 班级规模

班级规模(即班级中学生的数量)是影响课堂管理的重要因素。首先，班级规模会影响学生间的情感联系。在人数较多的班级中，学生之间的情感纽带可能相对较弱，导致班级凝聚力不足。其次，班级规模也会放大学生的个体差异。学生人数越多，能力、兴趣等方面的差异可能越明显，这给课堂管理带来了更大挑战。此外，班级规模还会影响学生的交往模式。在大型班级中，学生之间的互动可能较少，这对教师的课堂管理技巧和策略提出了更高的要求。最后，大型班级更容易形成非正式小群体，这些小群体可能对课堂教学和课堂管理产生负面影响。

3. 班级的性质

班级的性质(包括群体规范和凝聚力等因素)，也会影响课堂管理。不同班级可能具有不同的文化背景、价值观念和群体规范，这要求教师在课堂管理中采用灵活多样的策略。教师需要深入了解班级特点，掌握班级集体特征，以便运用有效地促进和维持技巧，实现理想的课堂管理效果。

4. 对教师的期望

人们对教师在学校环境中的期望往往受固有观念影响。即使教师的外貌或言行与这些观念不符，人们仍会基于固有印象来解读和期待教师的行为。这种定型的期望包括对教师行为、动机和意向的预设，通常源于教师长期以来的交往方式和日常表现。同样，学生也会对教师的课堂行为形成一定的期望。当教师的课堂行为不符合学生期望时，可能会引发学生的不满和抵触情绪。因此，教师需要了解学生的期望并尽量满足，以促进良好的课堂管理和教学效果。

三、课堂群体的管理

课堂管理不仅涉及教学活动的组织和纪律维护，还涉及对课堂群体的管理和协调。课堂群体的性质和互动模式对学生的行为和学习效果有着深远的影响。因此，教师需要深入了解课堂群体的特点，并采取有效的管理策略。以下将从课堂的群体及其对个体的影响、正式群体和非正式群体的协调、群体动力的表现这三个方面进行探讨。

(一)课堂的群体及其对个体的影响

在教学环境中，学生并非孤立存在，而是通过互动形成各种社交群体。这些群体基于共同活动连接在一起，形成了团体生活的基本单元。在这样的团体中，成员间不仅相互作用，而且在心理上存在共同感和情感联系。与临时聚集的人群不同，群体通常具备三个基本特征：①由两个以上个体组成；②成员围绕特定的目的承担任务，展开互动并协同工作；③群体成员的行为受到共同社会规范约束。群体内部会形成一套多数成员认同的价值观念和行为规范，从而产生一种强大的群体舆论压力，促使个体在思想和行为上遵循这些规范。

课堂内的各种群体显著地影响着每位学生的行为模式。研究显示，群体对于个人活动的促进或阻碍作用，取决于多种因素，包括活动的难度、竞争动机的激发、他人评价的意识以及注意力的干扰等。对于小学生而言，尤其是低年级学生，学习任务通常不算是过度复杂的脑力劳动。因此，在群体中进行学习和活动，如在课堂上合作完成作业或集体复习，往往比单独学习效果更好。在体育活动和志愿服务等公益活动中，任何年龄段的学生都会发现自己作为团队一部分时比独自活动更有热情和动力，表现也更加出色。然而，随着学生升入较高年级，学习任务变得更为复杂，群体情境可能带来干扰，这时候学生逐渐需要更多的独立空间来进行学习活动。

(二)正式群体与非正式群体的协调

在小学教育中，教师们经常需要处理正式群体与非正式群体之间的关系。正式群体，如班级、学习小组和少先队，是按照教育管理的要求组织起来的，成员有明确的编制、职责和权利，组织地位确定。它们的发展经历了从松散群体到联合群体，最终形成集体的三个阶段。松散群体的成员在空间和时间上聚集，但缺乏共同活动的目的和内容。联合群体的成员开始有共同目的的活动，但这些活动主要对个人有意义。而集体则是群体发展的高级阶段，成员的共同活动不仅对个人有意义，也具有重要的社会意义。

非正式群体则是在正式群体内部基于个人兴趣、爱好等非正式联系形成的群体。成员不受规章制度的约束，群体具有强烈的情感色彩。这类群体通常是为了满足成员间相互关心、交流思想感情等特定需求而自发形成的。非正式群体没有明确的群体目标和责任分工，结构不稳定，但存在不成文的规范和自然涌现的领袖。在课堂上，常见的非正式群体包括朋友群体和小集团。

非正式群体对个体的影响可能是积极的，也可能是消极的，这主要取决于非正式群体的性质以及与正式群体目标的一致性。为了有效管理课堂，教师们必须注意协调正式群体与非正式群体的关系。

首先，教师需要不断巩固和发展正式群体，使班级内的学生形成共同的目标和利益关系，产生共同遵守的群体规范。这有助于满足成员的归属感和相互认同，使班级成为一个坚强的集体。巩固和发展正式群体是抵御非正式群体对学生产生消极影响的最有效措施。

其次，教师需要正确对待非正式群体。对于积极型的非正式群体，教师可以利用其信息沟通畅达的特点，了解学生的思想动态，促进师生沟通，并利用其凝聚力强和感情融洽的特点，发挥其激励和约束作用，帮助开展班集体活动；对于中间型的非正式群体，教师应持慎重态度，积极引导，加强班级目标导向；对于消极型的非正式群体，教师需要创造条件，使其目标与班集体目标一致，争取其领导人的协作，改变其消极准则，引导其走向正确方向；对于破坏型的非正式群体，则需要依据校规和法律，给予必要的制裁。

(三)群体动力的表现

在小学教育领域，群体动力是影响课堂管理效果的重要因素之一。无论是正式群体还是非正式群体，都包含群体凝聚力、群体规范、群体气氛以及群体成员间的人际关系等要素。这些要素综合起来，形成了影响群体及其成员行为发展变化的群体动力。小学教师在课堂管理中，应巧妙运用这些群体动力，以实现课堂管理的促进功能。以下是群体动力的主要表现。

1. 群体凝聚力

群体凝聚力是指群体对成员的吸引力。凝聚力强的群体通常具有民主的内部气氛，成员间沟通顺畅，交往频繁；成员对群体有强烈的归属感，积极参与群体活动；成员责任心强，愿意自觉维护群体利益，承担相应责任。因此，增强群体凝聚力是维持群体存在和提高群体效能的关键。然而，群体凝聚力并非越强越好，其对群体效率的影响与外界诱导密切相关。高凝聚力的群体，成员行为高度一致，个体倾向于服从群体，若得到积极引导，可显著提升群体效率；反之，若受到消极诱导，则可能降低效率。

群体凝聚力是衡量课堂管理成效的重要指标。教师应采取策略提升课堂群体的凝聚力。首先，了解群体凝聚力的现状；其次，帮助学生在重大事件和原则问题上形成共同的认识和评价，增强认同感；再次，鼓励学生在情感上融入群体，培养归属感；最后，对学生符合群体规范和期待的行为给予肯定和鼓励，增强力量感。

2. 群体规范

在小学教育中，群体规范是引导学生行为的重要准则，它确保了群体成员在思想、情感、态度和行为上的一致性。缺少了群体规范，群体的凝聚力和整体性就会受到削弱，甚至可能导致群体的解体。群体规范既包括明确的正式规范，也包括不成文的非正式规范。非正式规范往往是群体成员间相互影响、约定俗成的结果。

根据美国社会心理学家穆扎费尔·谢里夫(Muzafer Sherif)的研究，非正式规范的形成经历了三个阶段：①相互影响阶段，成员就某一事物表达自己的评价和判断；②优势意见的形成阶段；③评价、判断和行为上的一致性阶段，这一过程中，成员受到模仿、暗示和顺从等心理因素的影响。而正式规范则是有目的、有计划教育的结果。

群体规范对成员产生一种心理上的压力，称为群体压力。在这种压力下，成员可能会放弃自己的意见，采取与大多数人一致的行为，这种现象称为从众。从众现象的发生通常有两个原因：①人们倾向于相信群体中多数人的意见是正确的；②个体不愿被视为越轨者或不合群者。例如，美国社会心理学家乔治·埃尔顿·梅奥(George Elton Mayo)通过霍桑实验(Hawthorne Studies)发现，工人为了不被视为群体的偏离者，宁愿放慢工作速度，减少报酬。

群体规范通过从众行为，使学生在认知、情感和行为上保持一致，并为学生的课堂行为设定了方向和范围，成为引导学生行为的重要指南。然而，消极的群体规范也可能导致不良行为在课堂上蔓延，影响学生的判断力。因此，在课堂管理中，教师应积极引导学生形成良好的群体规范，既要考虑规范与群体成员个人价值观的一致性，也要考虑群体规范与社会规范的一致性，帮助学生正确处理个体与群体的关系。

然而，在群体压力下，也可能出现反从众现象。一些学生在发现群体多数人的意见与自己不一致时，可能会选择保持独立性或采取相反的行为。这可能是因为他们个性独立，不易受人暗示，或具有逆反心理。反从众现象虽然可能对群体规范构成挑战，削弱群体凝聚力，但同时也可能激发群体的创新精神和活力。

3. 课堂气氛

课堂气氛反映了课堂上主导的情感和态度的综合状态。它不是由个别学生的态度和情感所决定，而是由大多数学生共同构成的综合状态。每个课堂都有其独特的气氛，甚至同一课堂在不同教师的引导下，也会展现出不同的氛围。课堂气氛通常可分为三种类型：积极的、消极的和对抗的。积极的课堂气氛是活跃与恬静、热烈与深沉、宽松与严谨的和谐统一。消极的课堂气氛则以紧张、拘谨、心不在焉和反应迟钝为特点。而对抗的课堂气氛则表现为失控状态，学生过度兴奋，行为随意，甚至故意捣乱。

在课堂教学中，教师扮演着至关重要的角色。教师的领导风格、对学生的期望以及教师的情绪状态是影响课堂气氛的三大主要因素。

(1) 领导风格。教师的领导风格是其发挥领导作用的行为方式。如心理学家勒温在1939年将教师的领导风格分为集权型、民主型和放任型三种。这些不同的领导风格会引发学生不同的行为反应，进而塑造出不同的课堂气氛，其中民主型的领导风格往往能够营造出最佳的课堂气氛。

(2) 对学生的期望。教师对学生的期望同样对课堂气氛有着显著的影响。教师基于过去的经验和当前的情况，对学生的未来发展形成预期。这些期望会影响教师对待学生的方式，从而影响课堂气氛的形成。那些对学生抱有较高期望的教师，更倾向于接受学生的意见，提供丰富的信息，与学生进行更多的交流，展现出更多的耐心，这有助于营造一个轻松愉快的积极课堂气氛。研究表明，教师的期望通过四种途径影响课堂气氛：接受学生意见的程度、给予学生的反馈、提供的学习材料的难度和数量，以及教师在允许学生提问和回答问题时的耐心程度。

(3) 教师的情绪状态。教师无意中带入课堂的个人情绪同样对课堂气氛有着重要影响。教师的积极情绪能够传递给学生，建立起师生间的情感共鸣，有利于创造积极的课堂气氛。相反，如果教师情绪低落，可能会导致教学缺乏激励，形成消极的课堂气氛，使学生注意力分散，情绪压抑。

4. 课堂上的人际交往与人际关系

在小学课堂中，人际交往是教师与学生之间传递信息、沟通思想和交流情感的重要过程。这一过程需要依赖一定的符号系统，其中语言符号系统和非语言符号系统是最主要的工具。班级中的人际关系主要涉及师生关系和同学关系，而班级人际关系的和谐与否，取决于这两部分关系的有机结合和有效整合。以下将从吸引与排斥、合作与竞争两个方面探讨课堂上的人际关系及其对课堂管理的影响。

1) 吸引与排斥

人际吸引表现为交往双方相互亲近的现象，其特征包括认知协调、情感和谐和行动一致；而人际排斥则表现为双方关系不融洽、相互疏远，特征为认知失调、情感冲突和行动对抗。影响人际吸引和排斥的因素包括距离的远近、交往频率、态度的相似性、个性的互补性以及外形等。在课堂上，这些因素会导致学生处于不同的地位，形成人缘好的学生、被排斥的学生和被孤立的学生。作为课堂管理者，教师必须关注并妥善处理课堂上的排斥和孤立现象。

2) 合作与竞争

合作是指学生为了共同的目标一起学习、工作或完成任务的过程，它是实现课堂管理促进功能的必要条件。竞争则是指个体或群体在适度的基础上，通过努力实现自身潜能，争取超越对手。许多心理学家提倡在群体间开展竞争，而竞争的效果往往取决于群体内部的合作。

在实践教学中，可以采用"组内合作，组间竞争"的教学组织形式。小组合作学习有利于讨论式教学的开展，通常以座位前后左右的学生组成小组，小组成员间各有分工。组间竞争则是讨论式教学有效开展的保障。有竞争才能激发合作的动力，组内成员需要互帮互助，发挥学习的主动性和积极性，以确保小组在竞争中处于优势。实践证明，组间竞争有助于发挥群体的主体性，激发每个成员讨论的积极性。

合作与竞争是相互对立又统一的关系，它们都以能否满足各自的利益为转移。在课堂人际交往中，合作与竞争可能同时发生，也可能交替出现。我们不能片面强调合作而忽视竞争，也不能滥用竞争而忽视合作。有效的课堂管理应该协调合作与竞争的关系，使两者相辅相成，成为促进学生全面发展的有益手段。

四、课堂纪律的管理

课堂纪律是课堂教学顺利进行的重要保障，它不仅影响教学秩序和学习效果，还对学生的行为习惯和人格发展产生深远影响，以下从三个方面进行探讨。

(一)课堂纪律的性质

维持正常的教学秩序、协调学生的行为以实现课堂目标，这要求学生共同遵守课堂行为规范，从而形成课堂纪律。课堂纪律是对学生课堂行为施加的准则与控制，它有助于保持课堂学习秩序，提高教学质量和学习效率。课堂纪律可以根据形成原因分为四种类型，详见表12-6。

表 12-6　课堂纪律的类型

类型名称	描　述
教师促成的纪律	教师在课堂管理中起着关键作用，通过指导、监督、奖励、组织等手段，创设课堂结构并体贴学生，维护课堂纪律
集体促成的纪律	同辈群体在学生社会化过程中扮演重要角色，学生通过观察同伴的行为来决定自己的思考和行动方式
任务促成的纪律	基于学生对活动任务的深入理解，学生在参与任务的过程中接受纪律的约束
自我促成的纪律	当外部纪律控制内化为个体自觉的行为准则时，形成自律

(二)课堂结构与课堂纪律

课堂结构是课堂管理的重要基础，它由学生、学习过程和学习情境的稳定组合模式构成，包括课堂情境结构和课堂教学结构。

1. 课堂情境结构

课堂情境结构独立于具体教学内容，涉及班级规模、课堂常规和座位分配等要素。这些要素对课堂纪律有着直接或间接的影响。

(1) 班级规模的控制。班级规模的大小直接影响学生成绩、教师与学生的态度以及课堂管理的效率。较大的班级可能会限制师生互动，减少学生参与课堂的机会，妨碍个别化教学，从而可能引发纪律问题。

(2) 课堂常规的建立。课堂常规是学生必须遵循的基本行为准则，它为学生行为提供指导，明确价值标准，具有规范和指导学生行为的功能。

(3) 学生座位的分配。座位的安排对学生学习态度、行为和成绩有显著影响。在分配座位时，教师需考虑其对人际关系的影响，旨在有效控制课堂行为，预防纪律问题，同时促进学生间正常交往，形成和谐的师生关系，帮助学生培养良好的人格特征。

2. 课堂教学结构

课堂教学结构支持教师自信地依照教学设计，有序地开展教学活动，合理的教学结构能够有效维持课堂纪律。

(1) 教学时间的合理利用。学生在课堂上的活动分为学业活动、非学业活动和非教学活动。学业活动投入时间与学业成绩成正比。

(2) 课程表的编制。课程表的编制是保证教学有序进行的关键。应优先把语文、数学和外语等核心课程安排在学生精力充沛的上午，而将音乐、美术、体育和书法等技能课程安排在下午。此外，交错安排文科与理科、形象性与抽象性学科，避免长时间单一类型刺激导致的学生疲劳和厌烦，有助于保持学生精力，提升学习兴趣和教师的教学水平。

(3) 教学过程的规划。合理规划教学过程是维持课堂纪律的重要条件。紧凑合理的教学结构、富有启发性的教学内容、适度的课堂节奏，可以让学生全神贯注于学习，减少违反纪律的机会。

(三)问题行为与课堂纪律

问题行为是课堂纪律管理中不可忽视的重要内容,它不仅影响课堂教学的顺利进行,还可能对学生的个人发展产生负面影响,以下从问题行为的本质特征、成因及应对策略三个方面进行探讨。

1. 问题行为的本质特征及其界定

问题行为,是指那些不符合公认的儿童行为规范和道德准则,且在人际交往与学习过程中表现出明显偏差的行为。具体表现为注意力分散、情感冷漠、逃避集体活动、师生关系与同学关系紧张、情绪易冲动、课堂上随意插话、坐立不宁以及过度活跃等现象。需明确的是,问题行为并非针对某一特定学生群体的标签,而是针对具体行为的描述,它既可能出现在学业成绩不佳的学生中,也有可能在优秀学生群体中偶发。

对于问题行为的成因,我们可以从多个维度进行剖析:

(1) 部分学生因对教学内容失去兴趣,寻求课堂外的刺激,从而违反课堂纪律。

(2) 一些学生因学习压力过大,面临诸多困难,产生挫败感和焦虑情绪,通过违反纪律来寻求情绪的发泄。

(3) 个别学生因学习成绩不佳,渴望得到老师和同学的关注与认可,可能采取违反纪律的方式来获取在群体中的存在感。

在处理课堂问题行为时,教师应细心观察,深入分析,对行为进行正确的归因,并根据学生的个体差异,采取因材施教的策略。除了传统的说服教育和行为训练方法外,教师还可运用一些课堂管理技巧,如通过眼神交流、轻微摇头、轻声叹息等方式,及时制止学生的不良行为,从而维护良好的课堂纪律。

2. 问题行为的多样化分类

心理学家对课堂问题行为进行了多角度的分类。一种观点是将破坏课堂秩序、不遵守纪律和不道德的行为归为扰乱性问题行为,而将退缩、神经过敏等行为归为心理问题行为。然而,这两类问题行为在实际表现中可能存在部分重叠,需要教师具备敏锐的洞察力,以准确识别学生的问题所在。

另一种分类方法则将问题行为分为品行性问题行为、性格性问题行为以及情绪上和社会上的不成熟行为。这种分类方法有助于教师更全面地了解问题行为的多样性,从而制定更具针对性的干预策略。

3. 课堂问题行为的应对与矫正策略

问题行为往往对课堂教学的顺利进行构成威胁,因此教师需要予以高度重视。若处理不当,不仅可能使原本中性的行为转化为消极行为,还可能引发师生矛盾、冲突,甚至导致整个班级纪律的混乱。

在应对课堂问题行为时,教师应秉持正确的态度,对积极与消极的课堂行为加以区分。对于积极的课堂行为,应给予鼓励和肯定;而对于消极的课堂行为,则应采用积极的语言进行引导,避免使用消极或负面的评价。

此外,行为矫正与心理辅导是处理课堂问题行为的重要手段。通过运用行为矫正技术,帮助学生建立正确的行为模式;同时,结合心理辅导,关注学生的心理健康,帮助学生解决心理问题，从而从根本上减少问题行为的发生。

综上所述，教师应全面了解问题行为的性质、类型及成因，并采取科学有效的策略进行应对和矫正。通过细心观察、深入分析、因材施教以及综合运用行为矫正与心理辅导等手段，维护良好的课堂纪律，促进学生健康成长。

第三节 教 学 评 价

教学评价的概念、
类型与作用

教学评价是教育活动中的重要环节，它不仅能够帮助教师了解学生的学习进展，还能为教学决策提供科学依据，下面将从四个方面进行探讨。

一、教学评价的内涵与重要性

教学评价是指系统地收集有关学生学习的资料，参照预定的教学目标对其进行价值判断的过程，其目的是对课程、教学方法及学生培养方案作出决策。具体而言，教学评价是一种系统化的持续过程，包括确定评估目标、收集相关资料、描述并分析资料、形成价值判断以及做出决定等步骤。它是一种中观和微观的教育评价，依据一定的教学目标和标准，对学生的学与教师的教进行系统的调查，并评定其价值和优缺点，以求改进。

教学评价不等同于测量和测验。测量主要是一种收集资料数据的过程，用来表示学生对所测问题了解的程度，即给事物的某种属性赋予数值的过程，回答了"有多少"的问题。测验是测量的一个行为样本的系统程序，即通过观察少数具有代表性的行为或现象来量化描述人的心理特征。为了减少误差，测验在编制、施测、评分以及解释等方面都必须遵循一套系统的程序。如果测量回答了"有多少"的问题，主要考查量的大小，测验则回答了"某人做得怎么样"的问题，包含了对测验结果的解释和评判。

一些教育工作者在教学现场经常把教学评价与测量和测验混淆或误用。比如，一些教育工作者可能仅仅对学生成绩进行测验和打分，而没有深入分析数据或者结合教学内容来探究分数背后的真实情况，误以为这就是进行教学评价。另一些教师可能在缺乏客观数据的支持下，急于对学生的知识掌握、技能发展和品行表现作出评判。

二、教学评价的分类

在小学教育中，教学评价扮演着至关重要的角色。根据其应用的阶段和目的，教学评价可以划分为多种类型。这些分类不仅帮助教师更好地理解学生的学习状况，还为教学决策提供科学依据。以下将从三个方面进行探讨。

(一)诊断性评价、形成性评价和总结性评价

按照执行时机和既定目标，教学评价可分为三种主要类型：诊断性评价、形成性评价和总结性评价。

(1) 诊断性评价。诊断性评价，又称为前置评价，是开展教学前的一种评估方式。它通常由教师在课程启动之前实施，旨在了解学生的学习基础和准备情况，同时揭示学生在学

习上可能遇到的难点，为个性化的教学策略提供信息。通过诊断性评价，教师能更好地规划教学内容和方法，确保教学活动的高效开展。

(2) 形成性评价。形成性评价，也称为过程评价，是在教学过程中持续进行的评估。其目的是确保教学活动能更贴合既定目标并取得理想成效。这种评价帮助教师及时了解学生的学习进展、存在的问题，并根据这些反馈调整教学方法。形成性评价通常通过非正式测试或单元测验来执行，涵盖全部重要教学目标。它为老师提供了关于学生学习状况的实时信息，并作为调整教学计划和方法的依据，一般在课程开始或进行期间采用。

(3) 总结性评价。总结性评价，又称事后评价，是在教学活动完成后对其终端成效的评估。常见的学期考试或年终考核都是此类评价的例子，其宗旨在于验证学生是否达到了课程的教学目标。总结性评价让教师能判断本学期的教学效果，识别哪些地方需要改进，并为未来设定新的教学目标提供依据，一般在学期或学年结束时进行。

在这些不同的评价类型中，教师像美国教育家拉尔夫·W. 泰勒(Ralph W. Tyler)所提倡的那样，必须明确自己的教学目标并选择合适的评价方法来实现这些目标。只有这样，教师们才能确保评价手段与教育结果之间的一致性，并有效地促进学生的整体发展。

(二)常模参照评价和标准参照评价

在教学评价中，根据资料处理方式的不同，我们可以将其分为常模参照评价和标准参照评价两种类型。这两种评价方式各有特点，适用于不同的教育场景和目的。

1. 常模参照评价

常模参照评价，顾名思义，是以某一团体的平均成绩作为参照标准来评价学生的表现。这种评价方式关注的是学生在团体中的相对位置，而非其绝对成绩。例如，如果一个学生在数学测验中获得了 80 分，通过与百分位数常模进行对比，我们可以得知该生的百分等级为 85，这意味着他在数学方面优于团体中 85% 的学生。常模参照评价强调学生之间的比较和差异，因此常用于选拔性考试或编组、编班等场景。

2. 标准参照评价

标准参照评价基于特定的标准来评价学生对特定知识和技能的掌握程度。这种评价方式侧重于学生是否达到了教学目标所规定的学习标准，而不是与其他学生进行比较。在实施标准参照评价时，我们通常以考试分数作为评价标准。例如，100 分代表学生完全达到了教学目标的要求，而 60 分则代表及格，是对学习的最低要求。无论其他学生的成绩如何，只要学生的分数达到 60 分，就可以被视为及格。反之，即使一个学生的分数是全班最高的 50 分，但如果该分数未达到及格标准，那么这个学生的成绩仍被视为不及格。

标准参照评价的意义在于它能够客观地诊断学生对知识、技能的掌握情况，从而帮助教师调整教学策略和改进教学方法。然而，这种评价方式的有效性在很大程度上取决于教师在编制测验时试题的代表性和难度是否符合教学目标及教学内容的要求。因此，教师在使用标准参照评价时，需要确保测验的试题能够准确反映教学目标和教学内容，以便更准确地评估学生的学习成果。

总的来说，常模参照评价和标准参照评价各有其适用场景和优势。在实际教学中，教师可以根据具体的教学目标和需求选择合适的评价方式，以更全面地了解学生的学习状况并做出相应的教学调整。

(三)正式评价和非正式评价

在小学教育中，根据教学评价的正式程度，可以分为正式评价和非正式评价。这两种评价方式在实际应用中各有侧重，为教师提供了全面了解学生的途径。

1. 正式评价

正式评价是一种系统性的评价方式，通常采用规范的程序和工具，如纸笔测试、知识竞赛、演讲比赛等。这些活动都是经过精心策划和组织的，旨在有针对性地评估学生在特定领域的知识和技能。正式评价的优点在于其标准化和可量化的特点，可以为学生的学业成绩提供明确的依据。然而，正式评价可能无法涵盖学生的所有方面，尤其是那些难以通过传统测试手段来评估的素质和能力。

2. 非正式评价

相对于正式评价，非正式评价更注重教师在日常教学中与学生的互动过程。通过观察和交流，教师能够不断地了解学生的兴趣、动机、态度等内在因素。这种评价方式可以帮助教师更好地理解学生的个性特点和需求，从而为他们提供更加个性化的教学支持。非正式评价的优势在于其灵活性和实时性，能够帮助教师及时发现并解决学生在学习过程中遇到的问题。

总之，作为教育工作者，我们需要灵活运用正式评价和非正式评价，以便更全面地了解学生并为他们提供更有效的教育支持。

三、教学评价的作用

在小学教育领域，教学评价是检验教学效果、确定学生学习成果和教师教学质量的重要手段，为教学过程中的有效决策提供了关键信息，成为不可或缺的环节。虽然日常观察可以提供一定的教学效果信息，但这类信息往往是表层的、粗略的，有时甚至可能产生误导。为了准确评估教学成效和双方水平，必须进行科学严谨的教学评价。这是其最基本且普遍的功能，而其核心目的在于深入了解学生的学习状况、改进教学方法，从而提高学习效果。以下从三方面探讨教学评价的主要作用。

(1) 教学评价的成果为教师检验和改进教学提供了依据。教学评价以明确的教学目标为基础。若学生的学习结果达到预期目标，说明教师完成了既定的教学任务，所设定的目标合适，采用的教学方法得当。反之，若结果与预期不符，教师需重新审视并调整教学目标和方法，以改善教学效果。

(2) 教学评价的成果为学生提供了学习进展的反馈。通过评价，学生能了解自己的学习内容和程度，判断自己是否取得了进步，以及与其他同学相比的表现如何。这种反馈机制能够激励学生，帮助他们认识到自己的成就和需要提高的领域。

(3) 教学评价的成果帮助家长了解孩子的在校学习情况。学校有责任将学生的在校表现告知家长。优秀的成绩自然令家长满意，而对于不佳的成绩，家长不仅需要了解具体情况，更希望知道原因和改进措施，以便更好地履行督促和支持子女学习的职责，并与学校及教师协作，共同解决学生的学习问题。

不同类型的教学评价也各具特色，每种都发挥着特定的作用，以满足不同的教育需求。例如，美国心理学家本杰明·布鲁姆提出了著名的布鲁姆分类学(Bloom's Taxonomy)，这一理论框架在教学评价中广泛应用，帮助教师设计出能够全面覆盖知识和技能的评价体系。通过这样的分类学，教师能更系统地规划课程、设计评价活动，确保学生能够在认知、情感和动作技能等多个层面得到发展。

总之，教学评价对于提升教育质量至关重要。教师应充分利用各种评价工具和策略，持续优化教学实践，促进每位学生的全面发展。

四、教学评价的方法和技术

在教学评价的过程中，小学教师们往往会自觉或不自觉地采用多种方法和技术来衡量和判断学生的学习情况。这些方法和技术是进行评价工作的基石，离开了它们，评价就会失去方向和依据，从而变得毫无意义。因此，对于小学教师来说，了解和掌握各种评价方法和技术，是进行科学评价的关键所在。

与教学目标保持一致，教学评价也应从认知、情感和技能三个维度进行全面考量。对于学生在认知和技能方面的表现，最常用的评价手段是标准化成就测验和教师自编测验。而对于情感态度和道德行为等非智力因素方面，则更多地采用案卷分析、课堂观察、问卷调查以及师生对话等非测验性评价方式。这些非测验性评价方法，不仅可以作为学业成就评价的补充，更能提供更为全面和深入的学生发展信息。

(一)标准化成就测验

1. 标准化成就测验的内涵与特点

标准化成就测验是由教育和心理学领域的专家或学者精心编制的，用于在大规模范围内评估学生学业成就水平的一种标准化测试工具。这种测验从命题、施测、评分到结果解释，都有一套严格的标准和规定，从而保证了测验结果的客观性和一致性。由于标准化成就测验具有高度的标准化特点，其适用范围广泛，可以用于不同地区、不同学校甚至不同年级之间的比较。

标准化成就测验具有以下几个显著特点。

(1) 测验题目经过精心设计和筛选，具有较高的技术水平和预测性。这些题目由教育和测验专家共同审查和完善，旨在确保题目的难度和区分度适中，能够真实反映学生的学业水平。

(2) 对于测验的实施和评分过程，都有明确的指导和说明。这确保了不同使用者在实施过程中能够遵循相同的标准，从而保证了评分的客观性和一致性。

(3) 常模是标准化成就测验中用于解释测验分数的重要参考依据。这些常模通常是在全国或省级范围内根据不同年龄和年级的学生群体收集数据而得出的。对于特殊群体，如私人学校的学生，也可以建立专门的常模。

(4) 标准化成就测验通常需要提供等同和可比的测验表格，以便对不同学生的测验结果进行横向和纵向比较。

(5) 测验手册和其他必备材料为测验的实施、评分以及结果解释提供了详细的指导和参考。这些材料有助于教师更好地理解和运用标准化成就测验，提高评价的科学性和有效性。

虽然标准化成就测验在评价学生学业成就方面具有诸多优点，但也需要认识到每个测验都有其独特的内容和技巧要求。因此，在选择和使用标准化成就测验时，需要根据测验内容、被测对象以及评价目的进行综合考量。

2. 标准化成就测验的优越性

(1) 客观性。标准化成就测验采用统一的标准和程序进行施测和评分，从而有效减少了主观因素的影响，使得评价结果更为客观公正。

(2) 计划性。由于标准化成就测验在编制过程中已经充分考虑了所需的时间和经费等因素，因此其实施过程更具计划性，有助于确保评价的顺利进行。

(3) 可比性。标准化成就测验采用统一的参照标准对测验结果进行解释和比较，使得不同学生的成绩具有可比性，有助于了解学生在群体中的相对位置。

3. 标准化成就测验的局限性

(1) 与学校课程的不协调。由于我国各地区教学状况存在差异，标准化成就测验的内容可能与部分地区学生的实际学习内容存在不一致的情况。因此，在使用标准化成就测验时，教师需要仔细查阅测验内容效度，确保其与评价目的相匹配。

(2) 测验结果的不当使用。有时教师或学校会过于依赖标准化成就测验的结果对学生进行分类和贴标签，这不仅可能对学生造成心理压力和负面影响，还可能影响教育的公平性和有效性。因此，在使用标准化成就测验时，需要谨慎对待测验结果，避免将其作为评价学生的唯一标准。

(二)教师自编测验

1. 自编测验的含义与特点

教师自编测验，也被称为教师自定义测试，是指教育工作者根据具体的教育目标、教材内容以及测试目的，亲自编制的测验。这种测试方式主要是为了特定的教学服务，通常用于评估学生的学习状况，而标准化成就测试则主要用于判断学生与其他同龄人相比的水平。

2. 测验前的计划

编制教师自编测验前，需要进行周密的计划，以确保测验的有效性和科学性。具体步骤如下。

(1) 明确测试的目的。这是整个计划的基础，也是最重要的一步。

(2) 确定测试要考察的学习成果。这可以帮助教师了解学生在特定领域的学习情况。

(3) 列出测试要涵盖的课程内容。这一步可以帮助教师确保测试内容的全面性。

(4) 制定考试计划或细目表。细目表是具体化考试的最重要工具，它能使测试与教学目标和内容保持一致。细目表通常以二维表格的形式呈现，纵栏代表学习成果，横栏代表课程的内容或范围。中间的栏目是教师根据自己的情况填写，用于计划在测试中测量的学习成果和课程内容。

(5) 针对计划测量的学习成果，选择合适的题型。自编测试包括客观题和主观题两种类型。教师使用哪种类型的题目是由测试的目的、内容和时间决定的。一般来说，由于这两种题型各有优点和不足，最好综合使用。

3. 自编测验的类型

1) 客观题

客观题以其清晰的结构而著称，对学生的回答设定了明确的限制。学生的答复仅能是正确或错误，相应地，教师的评分也简化为得分或失分。这类题目包括选择题、是非题、匹配题和填空题等。

(1) 选择题。选择题是由题干和多个选项组成，题干可以是直接提问或以不完整的句子形式出现，旨在构建问题情境。选项则提供了包括正确答案在内的多个选择，其中可能包含干扰项或迷惑项。学生的任务是阅读题目，并从选项中选出正确答案。

在设计选择题时，教师需要综合考虑题干和选项，确保题目的清晰度。选项的数量并无固定规定，教师可根据需要确定，通常为 4 至 5 个，以减少学生猜测答案的可能性。良好的选择题设计应使题干简洁明了，而选项则具有较高的迷惑性。

此外，选择题还有多选题这一变体，其中包含一个或多个正确答案，其难度高于单选题，能有效检验学生的高阶思维能力。

(2) 是非题。是非题要求学生识别并选择正确答案，通常以陈述句的形式出现，要求学生判断其正确性。这种题型形式简单，能够在一份试卷中覆盖广泛的内容，评分客观且计分简便。

然而，是非题的一个缺点是学生在完全猜测的情况下也有 50%的机会选择正确答案。为解决这一问题，可以通过增加题目数量来提高测试的难度。

(3) 匹配题。匹配题提供了另一种多选项的考试形式，通常包括两列词句，一列是问题选项，另一列是反应选项。学生需要根据题意将两列中的项目按照某种关系连接起来。匹配题形式简单，能有效测量学生对知识联系的掌握情况，且易于计分。

(4) 填空题。填空题是呈现给学生一句或一段不完整的话或者直接提问，要求学生简要作答。当教师的目的是考查学生对知识的回忆时，填空题十分有用，它可将学生猜测的可能性降到最小。如果经过精心设计，也可以通过填空题来考查学生对知识的记忆和理解，以及推理和判断能力。填空题的问题在于，学生的答案各不相同，甚至还会出现出人意料的答案，学生的答案还会受笔迹、用词等无关因素的影响，详见表 12-7。

表 12-7　不同形式的客观题

题　型		举　例
选择题	单选题	中国历史上唯一的女皇帝是(　　) A. 吕雉　B. 武则天　C. 孝庄　D. 慈禧
	多选题	唐宋八大家包括(　　) A. 王维　B. 韩愈　C. 苏辙　D. 范成大

题　型		举　例
是非题	无需说明理由的是非题	埃里克森把人格发展划分为八个阶段
	需说明理由的是非题	田园诗人包括陶渊明、王维、高适
匹配题		请把下列人物与历史事件连接起来
		刘　备　　　　　　不为五斗米折腰
		洪秀全　　　　　　清君侧，靖国难
		朱　棣　　　　　　三顾茅庐
		陶渊明　　　　　　金田起义
填空题		自编测验包括客观题和(　　)两种类型

2) 主观题

与客观题不同，主观题要求学生自行组织材料，并以适当的方式表达出来。这类题型包括论述题和问题解决题。在评分时，教师需要根据学生的回答给出不同等级的分数，而不仅仅是满分或零分。

(1) 论述题。论述题要求学生以文字论述的方式阐述观点，回答的长度可以从简短的几段到详尽的几页不等。论述题通常分为有限制的问答题和开放式论述。有限制的问答题，如简答题，要求教师对回答的内容和长度有明确的要求。开放式论述则允许学生自由选择内容和发挥，篇幅较长。

论述题不仅能测试学生的知识、理解和应用能力，还能考查学生的分析、综合、类比和评估能力，以及组织信息和表达观点的能力。

然而，论述题也存在一些不足之处。首先，学生回答论述题需要花费较多时间，这限制了试卷中题目的数量和对课程内容的覆盖范围。其次，教师在评分时可能受到主观印象的影响，导致评分的信度降低。

(2) 问题解决题。问题解决题提供给学生特定的问题情境和目标情境，要求学生通过组织、选择和运用知识来解决问题。这种题型有两种形式：间接测验和直接测验。间接测验通常采用纸笔测验的形式，而直接测验则要求学生实际操作，如编制测验题目或解决实际问题。

直接测验，也称为操作评价，能有效考查学生的高级思维技能，但可能存在费时、费钱和主观性较大的问题，其效度也可能受到质疑。

4. 有效自编测验的特征

为了确保教师自编测验的有效性和科学性，需要关注以下几个特征。

(1) 信度。信度是指测验的可靠性，即多次进行测验时分数的稳定性和一致性。它不仅包括时间上的一致性，还涵盖了内容和不同评分者之间的一致性。例如，如果有位教师使用性格量表连续三次测量学生，并且这三次的结果大致相同，那么我们就可以认为这个测验具有较高的信度。

(2) 效度。效度是指测量的准确性，即测验能否准确测量其预定的目标。效度是一个相对的概念，一个测量工具只有在特定目的下才被认为是有效的。效度关注的是测验测量的内容以及其测量的精确性和真实性。效度的重要性超过了信度，因为一个低效度的测验，即便信度很高，也无法提供有用的信息。例如，如果有位教师使用磅秤连续测量学生的体重，并且每次测量结果都相同，那么这个测量工具的信度和效度都很高；但如果用磅秤来测量身高，尽管测量结果一致，但由于它不能反映个体的高度，因此它不是一个合适的测量身高的工具。

(3) 区分度。区分度是指测验项目对所测量属性或品质的区分能力。它是根据学生对测验项目的反应与某种参照标准之间的关系来估计的。例如，如果有位教师使用年级或教师评定的等级作为标准，那么他可以观察测验项目是否能够有效地区分不同年级或不同水平的学生。

5. 自编测验的常见错误

在教师自编测验的过程中，一些常见的错误可能会对测验的有效性和科学性产生负面影响。以下是几种常见错误及问题。

(1) 一些教师可能过于依赖自己的主观判断，而忽视了测验的信度和效度指标。
(2) 许多教师对测验准备的重要性认识不足，导致测验准备不充分，甚至完全没有准备。
(3) 一些教师编制的测验过于简单，题量不足。

总之，如果教师在测验准备上不充分、题量过小，或者过分依赖主观判断，都可能导致过分强调无关的细节，而忽略了本章提到的那些重要的原则或注意事项。这些问题不仅会影响测验的质量，还可能对学生的专业评价产生误导。因此，教师在编制测验时，应充分考虑测验的信度、效度、内容和题量等因素，确保测验的科学性和有效性，详见表12-8。

表 12-8 学生课堂守纪行为检查单

行为表现	出现行为表现，打"√"
1.使用礼貌用语，如"您好""打扰了"等	
2.爱护学校公共财产	
3.积极参加学校活动	
4.认真完成作业	
5.遵守课堂行为规范	

(三)非测验的评价技术

在小学教育实践中，除了传统的纸笔测验，教师们也广泛运用了多种非测验的评价技术。这些技术尤其适用于情感领域的教学评价，因为情感教学的成效往往渗透于各个学科的教学之中。以下将介绍几种常见的非测验评估技术。

1. 案卷分析

案卷分析是一种重要的评价策略，它涉及根据既定标准收集学生的认知活动成果。这些成果可能包括家庭作业、课堂练习、日记、手工模型、绘画等各类作品。通过细致的考察和分析这些作品，教师可以形成对学生学习情况的全面判断，并据此做出相应的决策。

2. 观察

观察是教师收集学生学业成就信息的重要手段。这种观察不仅限于智能发展，还应涵盖学生的生理、社会和情绪发展。为了确保观察的有效性，教师需要全面、系统地观察学生，并客观、详尽地记录观察结果。以下是几种常用的观察工具。

(1) 行为检查单。行为检查单是教师记录教学观察结果的有用工具。它通常包含一系列教师认为重要的目标行为，并采用"有/无"或次数记录的方式。这种工具简便易行，尤其适合在课堂上使用，帮助教师及时记录观察到的行为，以便指导和帮助学生。

(2) 轶事记录。轶事记录提供了一种描述观察事件的详细方式。与行为检查单相比，轶事记录可以提供更加丰富的信息。教师可以根据明确的观察目标记录特定行为，也可以在没有明确目的的情况下记录事件，以便事后分析。轶事记录要求教师客观记录，避免掺杂个人意见。

(3) 等级评价量表。等级评价量表适用于评估连续性的行为，它可以量化行为的发生频率和活动的质量。作为一种间接观察技术，等级评价量表通过量化观察信息，使教师能够快速获得概括化的信息。它与行为检查单有关联，但评价标准不同，等级评价量表侧重于定量判断。

3. 情感评价

情感评价是对学生情绪、学习动机、个人观点等方面的评价。虽然可以借助现有的量表，但学校也鼓励教师自行编制评价量表。为了收集这类信息，教师可以设计开放式问题、问卷等工具。在评价结果时，教师需要撰写一份详细的报告，类似于前述的观察报告。

(四)教学评价结果的处理与报告

在教学评价过程中，评价结果的处理与报告是至关重要的环节。它不仅影响学生对自身学习情况的了解，还对教师的教学决策和家长的教育支持起到关键作用。以下将从三个方面进行探讨。

1. 评分

在进行评分时，教师应依据明确的比较标准，这些标准分为绝对标准和相对标准两种。绝对标准基于学生所学课程内容，强调学生的成绩与他人无关，考虑到不同学生的起点和背景差异，学习结果不可横向比较，适用于标准参照评价。而相对标准则以其他学生的成绩为参照，适用于常模参照评价，不仅关注学生个人成绩，也与其他同学的成绩相比较。

评分过程中，教师可能会受到一些无关因素的影响，导致评分主观性问题，从而影响评分的信度。因此，评分标准应与测验的编制计划和实际编制工作保持一致，确保评价活动按照统一标准进行。这样，评价结果才能真实反映教师的预期，具有较高的信度，并能对教学活动产生积极影响。

合理的评分过程应遵循以下步骤：①收集关于学生的各类信息，这些信息可以来源于不同类型的测验或观察评价。例如，一位教师在评价学生期末学习成绩时，可能会采用期末考试成绩占70%，平时作业和考试成绩占20%，课堂表现占10%的评分体系；②系统地记录评价结果，并保持结果的最新性；③尽量将收集的资料量化，用数据来表示学生的学习情况。此外，为了突出最终学习成就，教师应增加最后测验得分的权重。最后，评价应基于成就，避免与其他特征的评价混淆。

2. 合格与不合格

在某些课程中，教师可能会采用合格与不合格的方式来评价学生的成就。评价标准可能基于学生是否完成了每次作业，或者根据学生在几次作业中的表现，甚至可能是基于学生的出勤情况。

3. 其他报告方式

除了传统的评分方法，教师还可以采用其他方式来报告评价结果。例如，教师可以撰写学生的个人鉴定或定期的综合评价报告，提供给家长和学生。观察报告也是呈现评价结果的有效形式。此外，通过与家长进行面谈，教师可以交流关于学生学习、行为和态度等方面的信息，这种方式有助于家长更全面地了解孩子在校的表现。

本章小结

本章重点探讨了教学心理在教学设计、课堂管理和教学评价中的应用。

首先，从教学目标的设定出发，深入分析了认知、动作技能和情感三大领域的教学目标及其意义，并阐述了如何根据不同的教学内容和学生特点制定恰当的教学目标。同时，强调了教学目标对于教学策略选择、学生学习结果测量和评价的重要作用。

其次，在组织教学过程方面，本章详细介绍了教学事项、教学方法、教学媒体和课堂教学环境等多个方面，为教师提供了全面而系统的指导。特别强调了在教学过程中如何引起学生注意、提供学习指导、适时给予反馈等关键步骤，以促进学生的有效学习。

再次，本章还深入剖析了课堂管理的核心要素，包括课堂群体的协调、群体动力的表现以及课堂纪律的管理等。通过对教师的领导风格、班级规模、班级性质等因素的探讨，揭示了这些要素对课堂管理效果的影响，为教师提供了改善课堂管理、提高教学质量的思路和方法。

最后，在教学评价部分，本章介绍了教学评价的基本理念、分类、作用以及方法和技术。通过对诊断性评价、形成性评价和总结性评价等不同类型的介绍，使教师能够根据不同的评价目的选择合适的评价工具。同时，还强调了教学评价结果的处理与报告方式，为教师提供了科学、客观评估学生学习进展和教学效果的依据。

综上所述，本章内容涵盖了教学心理在教学设计、课堂管理和教学评价等多个方面的应用，为教师提供了系统的理论指导和实践指导，有助于提升教师的教学水平和学生的学习效果。

思考题

(1) 布鲁姆是如何将认知领域的教学目标进行分类的？请列举出至少三个层次。

(2) 动作技能目标包括哪六个等级？这些等级是如何帮助学生发展动作技能的？

(3) 情感目标的五个层次是什么？这些层次如何反映了学生在情感领域的发展？

(4) 教育目标的任务分析在教学设计中起什么作用？

(5) 列举出至少四个在组织教学过程中需要关注的教学事项。

(6) 描述"以教师为主导"和"以学生为中心"的教学策略的主要区别。

(7) 合作学习在课堂上有哪些潜在优势？

(8) 影响课堂管理的因素包括哪些？并简要说明每个因素的影响。

(9) 解释课堂纪律的四种类型，并给出每种类型的一个实例。

(10) 课堂问题行为可能由哪些原因引起？教师应如何有效应对这些问题行为？

(11) 教学评价的基本理念是什么？教学评价的成果对教师、学生及家长有哪些作用？

(12) 诊断性评价、形成性评价和总结性评价分别在教学的哪个阶段使用，它们各自的功能是什么？

(13) 标准化成就测验具有哪些优越性？它的局限性主要表现在哪里？

参 考 文 献

著作:

[1] 夏凤琴，姜淑梅. 教育心理学[M]. 北京：清华大学出版社，2017.

[2] 夏凤琴. 教育心理学[M]. 北京：高等教育出版社，2010.

[3] 夏凤琴，李淑芬. 心理学[M]. 长春：东北师范大学出版社，2005.

[4] 张红梅，朱丹. 小学教育心理学[M]. 北京：北京师范大学出版社，2013.

[5] 学习考试用书研发中心. 中学教育心理学[M]. 北京：清华大学出版社，2013.

[6] 刘国权. 小学教育心理学[M]. 北京：人民教育出版社，2004.

[7] 李淑莲. 心理学基础(微课版)(思政版)[M]. 北京：清华大学出版社，2023.

[8] [苏]西·索洛维契克.学习与兴趣[M]. 袁长在，甘雨泽译. 哈尔滨：黑龙江人民出版社，1983.

期刊:

[1] 姜银成，王银. 浅谈小学生数学学习迁移能力培养策略[J]. 甘肃教育研究，2023(3):45-47.

[2] 张楠，唐章蔚. 中小学课堂中促进深度学习教学策略研究[J]. 中国教育技术装备，2022(17)，3-8.

[3] 杨颖慧. 具身认知与教育心理学交叉研究的新进展——评《具身教育心理学：从镜像神经元到心智化课堂》[J]. 绍兴文理学院学报，2024，44(4)：119-120.

[4] 柳萌学，邱妮. 自我调节学习策略对学业成就的影响：学习倦怠的中介和调节作用[J]. 四川职业技术学院学报，2024，34(2)：40-46.

[5] 郭益廷. 多元智能理论下小学生体育学习兴趣培养策略研究[J]. 当代体育科技，2024，14(10)：156-159.

[6] 王涛，徐侃. 基于身体性认知的小学生体育动作技能教学[J]. 教学与管理，2023(2)：56-59.

[7] 李成芳. 青少年发展与教育心理学在小学教育中的应用[J]. 智力，2022(20)：163-166.

[8] 张长义. 小学数学教学的有效策略分析[J]. 科技资讯，2021，19(19)：129-131.

[9] 石磊业. 联结学习理论对中学生终身体育观念形成的启示[J]. 当代体育科技，2021，11(19)：248-250.